Prof. Dr. Oğuz OYAN
Gazi Üniversitesi İ.İ.B.F. Maliye Bölümü

TÜRKİYE EKONOMİSİ:
NEREDEN NEREYE?

Ankara - 1998

1. Baskı : Temmuz 1998 (TÜRK-İŞ Yayınları)
2. Baskı : Kasım 1998 (İmaj Yayıncılık)

Kapak Düzeni : Mehmet Bağdatlıoğlu

© : İmaj Yayınevi
Ankara - Kasım, 1998
ISBN 975-7852-54-6

KİTAP İSTEME ADRESİ

İMAJ YAYINEVİ
Cemal Gürsel Caddesi
Yeni Acun Sokak No: 5/A-B
Tel: (0.312) 319 32 25
Fax: (0.312) 363 09 91
06590   Cebeci/ANKARA

Baskıya Hazırlık: İmaj Yayınevi
Baskı : Form Ofset - 417 47 50

*Sevgili **Işınsu**'ya...*

İÇİNDEKİLER

I. BÖLÜM
1980'LER SONRASI VE TÜRKİYE : NEO-LİBERAL POLİTİKALARA KOŞAR ADIM 1

- **YENİ BİRİKİM MODELİNİN DÖNÜM NOKTALARI** 3
  1. Giriş 3
  2. 1980-1988 : Ticaret Yoluyla Bütünleşme 6
  3. 1989 Sonrası: Finansal Serbestleşme 13
  4. Bazı Sonuçlar 17
- **1980 SONRASININ MALİ-İKTİSADİ YAPISI** 23
  - **A. Maliye Politikasının Ana Yönelişleri** 23
    1. Devletin Küçültülmesi 24
    2. Dışa Açık Bir Ekonomik/Mali Yapılanmanın Desteklenmesi 30
    3. Devlet Ağırlıklı Bölüşüm Dinamiklerine Geçiş 34
  - **B. Kamu Maliyesinin Yönetsel ve Hukuksal Yapısının Değişimi** 36
    1. Ekonomik Yönetimin Merkezileştirilmesi 37
    2. Kamu Tüzel Kişiliğinin Parçalanması 38
    3. Mali-Hukuk Düzeninin Altüst Edilmesi ve Fon Sisteminin Kuruluşu 39
- **Ek 1: Yatırım Tabloları** 43

II. BÖLÜM
BÜTÇE POLİTİKASI VE DEVLETİN BOYUTLARINA KARŞILAŞTIRMALI BİR YAKLAŞIM 47

- **1980 BÜTÇESİNİN MALİ/İKTİSADİ ANALİZİ BAĞLAMINDA BÜTÇELERİN DEĞİŞEN YAPISI 49**
  1. Giriş: 1997 Bütçesinin "Denkliği" 49
  2. 1998 Bütçesi ve Ekonomik İstikrar 51
  3. Ekonomik Ayırıma Göre Bütçe Bileşimi 57
  4. İdari-Fonksiyonel Ayırıma Göre Bütçe Bileşimi 60
  5. Bütçe Gelirleri 63
  6. 1998 Mali Yılı Ocak-Ağustos Dönemi Bütçe Gerçekleşmeleri 68
  7. 1999 Bütçesi Üzerine İlk Değerlendirmeler 73
  8. Vergi-Faiz İlişkileri veya Hangi Vergileri Faiz Ödemelerine Ayırıyoruz? 77
  9. Genel Sonuç 81

- **DEĞİŞEN DÜNYADA DEĞİŞMEYEN DEVLET Mİ? 84**
  1. Giriş 84
  2. Bazı Anımsatmalar 85
  3. Gelişmişlerde Devletin Boyutlarına İlişkin Farklılıklar 88
  4. Gelişmişler ile Gelişmekte Olanlar Arasındaki Farklılıklar ve Türkiye 90
  5. Evrimin Doğrultusu ve Dünya Bankası Raporu 100

III. BÖLÜM
VERGİLEME VE EMEK KESİMİ 107

- **VERGİ TASARISININ EMEK KESİMİ AÇISINDAN GENEL ELEŞTİRİSİ** 109
  1. Tasarının Dayanakları 109
  2. Bir Vergi Reformunun Öncelikleri 112
  3. Ücretliler Üzerindeki Gelir Vergisi Baskısı 116
  4. Ücretliler Lehine Yapılması Gerekenler 120
  5. Sermaye Yönlü Düzenlemeler 126
  6. Sonuç Yerine: Verginin Hizmete Dönüşmesi Sağlanmalıdır 134
  7. Vergi Yasası Çıktıktan Sonrası 137

IV. BÖLÜM
ÖZELLEŞTİRME, SAĞLIK, SOSYAL GÜVENLİK: NEREYE? 155

- **SÖYLEMİN ÇÖKÜŞÜNE RAĞMEN ÖZELLEŞTİRME** 157
  1. İki Farklı Çerçeve: Kuramsalcılar ve Uygulamacılar 157
  2. Özelleştirme, Mülkiyet Dağılımı ve Gelir Bölüşümü 161
  3. Özelleştirmenin Gerçek Arka Planı 166
  4. Türkiye'de KİT Sistemine İlişkin Gelişmeler 170
     a) Katma Değer Oluşumu ve Verimlilikte Ekonominin Yenilmez Savaşçıları: KİT'ler 170
     b) KİT'ler Bütçeye Yük mü, Yoksa Vazgeçilmez Can Simidi mi? 175
     c) Özelleştirmenin Özellikleri 179

Ek 2 : Türkiye'nin 500 Büyük Sanayi Kuruluşuna İlişkin Tablo ve Grafikler (İSO - 1997) 186

- SAĞLIK VE SOSYAL GÜVENLİK: HEDEFTEKİ
  ALANLAR 206
  A. Sağlık 206
  1. Uluslararası Bir Karşılaştırma 206
  2. Sağlıkta Özelleştirme 211
  B. Sosyal Güvenlik 214
  1. Uluslararası Karşılaştırma:GÜ, GOÜ ve Türkiye 214
  2. Türkiye'nin ve SSK'nın Sorunlarının Büyümesi 233

V. BÖLÜM
ULUSAL VE ULUSLARARASI SERMAYENİN YENİ ATAĞI 245

- YAKIN İZLEME ANLAŞMASINA DOĞRU:
  ESK'NIN SON TOPLANTISININ MALİ/İKTİSADİ
  POLİTİKA ÖNERİLERİ 247
- IMF ile "YAKIN İZLEME ANLAŞMASI" ve
  HÜKÜMETİN "EKONOMİK POLİTİKALAR
  BİLDİRGESİ" 253

Ek 3: Ekonomik Politikalar Bildirgesi'nin Tam Metni 259

- KÜRESELLEŞME PARADOKSU: SÖYLENCEDEN
  GERÇEKLERE 270
  1. Bazı Sorulara Yanıtlar: Eğilim mi, Kaçınılmaz Süreç mi? ... 271
  2. Bazı Sayısal Göstergeler 276
  3. Sonuç Yerine 280

- ÇOKTARAFLI YATIRIM ANLAŞMASI:
  KÜRESELLEŞMENİN ANAYASASI MI? 282

Ek 4: MAI Hakkında Kaygılanmak İçin 10 Neden 287

- EKONOMİK KRİZ: NEREYE KADAR? 298

TABLO DİZİNİ

TABLO 1	: İktisadi Dönemler İtibariyle Bütçede Reel Harcamalar - Transfer Harcamaları Değişmeleri (1975-1996)	27
TABLO 2	: 1998 Konsolide Bütçesine İlişkin Bazı Büyüklükler	52
TABLO 3	: Dönemler İtibariyle Konsolide Bütçe Bileşiminde Değişme (1975-1996)	55
TABLO 4	: Bütçenin Önemli Harcama Kalemlerinde Ağırlık Kaymaları	56
TABLO 5	: Konsolide Bütçe Harcamalarının Dağılımı (1992-98)	59
TABLO 6	: İdari - Fonksiyonel Ayrıma Göre Konsolide Bütçe Harcamaları	61
TABLO 7	: Harcama Kümeleri İtibariyle Bütçenin İdari-Fonksiyonel Dağılımı	62
TABLO 8	: Konsolide Bütçe Gelirlerinin 1997-1998 Yılları Değişimi	64
TABLO 9	: Vergi Gelirlerinin Yüzde Dağılımı	65
TABLO 10	: Bütçe Büyüklükleri (1987 - 1996)	67
TABLO 11	: Konsolide Bütçe Gerçekleşmeleri (Ocak-Ağustos 1998)	0
TABLO 12	: Çeşitli Bütçe Büyüklükleri Arasındaki Oransal İlişkiler	72
TABLO 12A	: 1998'den 1999'a Konsolide Bütçe	72
TABLO 13	: Faiz Ödemeleri - Vergi Gelirleri İlişkileri	78
TABLO 14	: OECD Ülkelerinde Kamu İdarelerinin Toplam Harcamaları	92

TABLO 15	: OECD Ülkelerinde Kamu İdarelerinin Toplam Gelirleri	93
TABLO 16	: OECD Ülkelerinde GSYİH'ya Oranla Toplam Vergi Gelirleri	94
TABLO 17	: Türkiye'de Toplam Kamu Harcamalarının Değişen Boyutları	95
TABLO 18	: Türkiye'de Bütçenin Değişen Boyutları	96
TABLO 19	: gelişmiş 7'lerde GSYİH'ya Oranla Toplam Kamu Harcamaları (1975-1993) (Faiz Ödemeleri Hariç ve Dahil Olarak)	98
TABLO 20	: Ücretliler Üzerindeki Gelir Vergisi Baskısı (1988-1996)	119
TABLO 21	: Gelir Vergisi Tarifesi	121
TABLO 22	: GSYİH Sektörel Büyüme Hızları	171
TABLO 23	: Üretim Maliyetleri İle Personel Giderleri İlişkisi	174
TABLO 24	: KİT'lerin Ödediği Dolaylı-Dolaysız Vergilerin Bütçeye Katkısı	178
TABLO 25	: OECD Ülkelerinde Toplam Sağlık Harcamalarının GSYİH'ya Oranı: 1960-92	207
TABLO 26	: OECD Ülkelerinde Toplam Sağlık Harcamalarında Kamu Kesiminin Payı: 1960-92	209
TABLO 27	: OECD Ülkelerinde 1970'ten Günümüze Sağlık Alanında İstihdam	212
TABLO 28	: AT Ülkelerinde Kaynaklarına Göre Sosyal Güvenlik Gelirleri ve Gelişimi	216
TABLO 29	: AB'de Toplam Vergi Gelirlerinin Dağılımı ve Sosyal Güvenlik Primleri	217
TABLO 30	: GSYİH'nin Yüzdesi Olarak Sosyal Güvenlik Harcamaları	221

TABLO 31	: OECD Ülkelerinde Kamu Sosyal Güvenlik Harcamaları	223
TABLO 32	: Başlıca Hizmet Alanları Bakımından Avrupa'da Sosyal Güvenlik Harcamalarının Yapısı (1993)	224
TABLO 33	: Gelişmekte Olan Ülkelerde Kamu Sosyal Güvenlik Harcamaları	226
TABLO 34	: Türkiye'de Sosyal Güvenlik Kuruluşları Gelir-Gider Dengesi	229
TABLO 35	: Türkiye'de Konsolide Bütçe Sosyal Güvenlik Transferlerinin Bütçe ve GSMH'ye Oranının Gelişimi	230
TABLO 36	: AB Ülkelerinde Sosyal Güvenlik ve Eğitim Harcamalarının Toplam Vergi Yüküne Kıyasla Önemi	232
TABLO 37	: Sosyal Sigorta Programlarının Kapsadığı Nüfus (1986-95)	236
TABLO 38	: SSK Müfettişlerinin Denetimlerine Göre Kaçak İşçilik Oranı (1994-1995)	238
TABLO 39	: SSK'nın Tahsilat-Harcama Dengesi	238
TABLO 40	: SSK'nın 1996 Yılı Gelirlerinin Kaynaklarına Göre Dağılımı	239
TABLO 41	: 1 Şubat 1997 İtibariyle SSK Alacakları	239
EK 1	: **YATIRIM TABLOLARI**	**43**
EK 1A	: Toplam Yatırımların Kamu-Özel Arasında Dağılımı	43
EK 1B	: Kamu Yatırımlarının Yatırımcı Kamu Kuruluşlarına Dağılımı	44
EK 1C	: Yatırımların Sektörel Dağılımı	45

EK 1D	: Toplam Yatırımlar İçinde Üretken Sektör Yatırımlarının Payı	46
EK 2	: İSO 500 Büyük Sanayi Kuruluşu Tablo ve Grafikleri	186
EK 2A	: Sabit Varlıkların Gelişimi ve Dağılımı	187
EK 2B	: Sabit Varlıkların Kamu ve Özel Arasında Dağılımı (Grafik)	188
EK 2C	: İşletme Başına Düşen Sabit Varlıkların Gelişimi	189
EK 2D	: İşletme Başına Düşen Sabit Varlık (Grafik)	190
EK 2E	: Net Aktiflerin Gelişimi ve Dağılımı	191
EK 2F	: İşletme Başına Düşen Net Aktiflerin Gelişimi	192
EK 2G	: Çalışan Başına Brüt Katma Değer Gelişimi	193
EK 2H	: İstihdam Değişmeleri	194
EK 2İ	: Ücret Gelişmeleri	195
EK 2J	: İstihdam ve Ücretler (Grafik)	196
EK 2K	: Verimlilik Düzeyinin Gelişimi (Grafik)	198
EK 2L	: Dolaylı Vergi Ödemelerindeki Gelişmeler	200
EK 2M	: Teşvik ve Sübvansiyonlardaki Gelişmeler	201
EK 2N	: Dolaylı Vergilerin Kamu ve Özel Olarak Dağılımı (Grafik)	203
EK 2O	: Dolaylı Vergi - Sübvansiyon Gelişimi (Kamu ve Özel) (Grafik)	204

SUNUŞ

Dünya ve Türkiye hızlı bir değişim süreci yaşıyor. Ancak "değişim" kavramına yüklenmek istenen olumlu çağrışıma rağmen değişim her türden olumlu/olumsuz etkiyi içinde barındırarak gelişiyor. Geniş kitleler için daha fazla sefalet anlamına gelen küreselleşme, kimileri için kârlı yeni fırsatlar sunabiliyor. Türkiye'de sendikal mücadelenin etkinleştiği bir dönemin sonunda dahi gelir dağılımının bozulmaya devam ettiği ortaya çıkabiliyor.

Böylece, "değişim" kavramı sadece olumlu çağrışımlarla kullanıldığı zaman ideolojik bir misyon yüklenmiş olmuyor, bu kavramın ideolojik olarak yansız olduğunun sanıldığı durumlarda dahi aynı tuzağa düşülebiliyor.

1980'lerin gözde ideolojik kavramları olan değişim ve dönüşüm ("transformasyon"!) bizim karşı çıkmamız veya kullanmayı reddetmemiz gereken kavramlar değil kuşkusuz. Ancak her defasında "kimin için, ne için, nasıl, ne yönde değişim?" sorularını sormak kaydıyla.

İşte elinizdeki kitap da bu soruların sorulduğu bir yapıt. Başlığının "Türkiye Ekonomisi: Nereden Nereye?" soru biçimini taşıması bile, bu amaçla tasarlanmamış olsa dahi, içeriğe galiba oldukça denk düşüyor.

Soru sormak, anlamaya başlamanın ilk işareti sayılabilir. Ancak doğru soruları formüle edebilmek kuşkusuz her zaman kolayca başarılabilecek bir iş değil. Bunun da uzun bir öğrenme süreci var. Doğru yanıtları bulmak da aynı güçlükleri her zaman içinde taşır. Kuşkusuz gerçeğin bilgisini üretmek bir anlamda sonsuz bir süreç. Meselenin her iki yönü, yani soru sormak ile yanıtını bulmak da binlerce yıllık insanlık tarihi sürecince birbirini besleyip durmuyor mu? Ünlü düşünürün sözlerini tekrarlarsak "İnsanlık hiçbir zaman çözemeyeceği problemleri kendisine sormaz, zira, yakından bakıldığında, problemin kendisinin de ancak onu çözümlemek için yeterli maddi koşulların oluştuğu veya oluşmak üzere olduğu bir anda ortaya çıktığı anlaşılır" *(Ekonomi Politiğin Eleştirisine Katkı'nın Önsöz'ünden).*

"Türkiye Ekonomisi: Nereden Nereye?"nin soruları ve yanıtları, son 15 yıllık yayın etkinliğim süresince oluştu. Bu kitapta yer alan bölümlerin önemlice bir bölümü 1997-1998 yıllarında TÜRK-İŞ'in *Yıllık ve Ekonomide Durum* gibi yeni yayınlarında yayınlanmış yazılarımı topluyor. Ancak bunlarda dahi çoğunlukla önemli kapsam genişletmeleri gerçekleştirildi. Bu arada yazılar arasında ortaya çıkabilen mükerrerlikler mümkün olduğunca ayıklandı. Konuların sistematik bir bütün oluşturmasına ve buna uygun bir sıra izlemesine önem verildi. Ayrıca, *"1980 Sonrasının Mali-İktisadi Yapısı"* ile *"Söylemin Çöküşüne Rağmen Özelleştirme"* gibi TÜRK-İŞ yayınları arasında yer almayan yazılar eklendi.

Bu kitabın amacı ve işlevinin ne olacağı da merak edilebilir. Amacı, öncelikle, TÜRK-İŞ'in 46. Kuruluş Yıldönümünü anmaya yönelik bir yayın etkinliği olarak tanımlanabilir. Bu yıldönümünün Temmuz sonunda olması ve bu tür bir yayının kısa süre içinde planlanıp uygulamaya konması iş programımı aksatmadı (ve belki de bir yaz tatiline malolmadı) değil. Ama doğrusu kendi adıma bu sıkışmanın hayırlı bir sonuca ulaştığını görmenin oldukça sevindirici olduğunu ifade etmeliyim. Umarım okurlar da benimle aynı düşünceyi paylaşma noktasında buluşurlar.

Kitabın aynı zamanda "Cumhuriyetin 75 Yılı" kutlamalarına TÜRK-İŞ'in bir katkısı olarak planlandığını da belirtmek gerekir.

Uzunca bir süredir aklımda olan bu konuda bir kitap oluşturma fikrinin arkasındaki temel bir neden de, çok işlevli bir yayın ortaya çıkararak sendikal eğitimlerde kaynak kitap sıkıntısını bir ölçüde aşmaktı. Kitabın bu amaca da hizmet etmesini umuyor ve diliyorum. Kuşkusuz bu kitabın daha kolay okunur versiyonlarının çıkarılması da planlanabilir; ancak bunu, bu yayının ilk etkilerini görmeden tasarlamanın erken olacağını düşünüyorum.

Önsözün sonsözünü söylemek gerekirse, her kitabın yayın öncesi macerası kadar bir de yayın sonrası serüveni bulunur; bu kitabın yayın sonrasında renkli bir serüven yaşamasını ve kitap okuma alışkanlığı fazla olmayan sendikalı/sendikacı emekçilere daha fazla hizmet etmesini diliyorum.

15 Temmuz 1998

Prof.Dr. Oğuz OYAN

İkinci Baskıya ÖNSÖZ

Elinizde tuttuğunuz kitabın ilk yayını 1998 Temmuz ayında gerçekleştirildi ve henüz Ağustos sonu gelmeden tümü tükendi. 2000 nüshanın hemen tükenmesinin nedeni, bu yapıtın yaklaşık 1250 adedinin sendikal çevrelere dağıtımının gerçekleştirilmesi yanında, Türk-İş'in 46. Yıldönümü münasebetiyle düzenlenen panel-tören'e gelen tüm katılımcılara dağıtılması oldu. Böylece, zaten piyasada satılmadığı için herkesin ulaşamadığı bir yayının, ilgili okuyucuya ulaşması daha da sorunlu oldu.

Dolayısıyla, kitabın yeniden yayınlanmasının birinci işlevi, konuyla ilgilenen okuyucuyla buluşmasının başarılması olarak ortaya çıkıyor.

İkincisi, yayının iktisadi, idari, siyasi bilimler öğrencileri için bir kaynak kitap olarak kullanılması bugün daha da öncelikli bir mesele olarak beliriyor. Günceli izleyen yazılarla ekonomik sistemin ve iktisadi/mali politikaların tahlilinin yapıldığı kaynak kitaplar ne yazık ki çok sık aralarla yayınlanmıyor. Bu nedenle, kitabın bu tür bir boşluğu da doldurması umuluyor.

Kitabın ikinci yayını bir tıpkı basımdan ibaret olmadı. Bu genişletilmiş ve gözden geçirilmiş ikinci baskı, birincisinden çok daha hacimli biçimiyle adeta farklı bir yayın niteliğine büründü. Ancak içeriğin değiştirilmesinden ziyade zenginleştirilmesi amaçlandığı için, kitabın başlığı aynen korundu.

Bundan sonra söz okuyucunun. Okuyucunun talebi ve eleştirisi, bu yayının bundan sonraki kaderini belirleyecek.

Kitabın her iki baskısının da hazırlanmasında emeği geçenlere, özellikle de Ek 1 ve Ek 2'deki tablo ve grafiklerin oluşturulmasında özverili katkılarını esirgemeyen Petrol-İş Sendikası Araştırma Bölümü Uzmanı Erhan Bilgin'e teşekkürlerimi sunmak isterim.

22 Ekim 1998

Prof. Dr. Oğuz OYAN

I. BÖLÜM

1980'LER SONRASI VE TÜRKİYE : NEO-LİBERAL POLİTİKALARA KOŞAR ADIM

- **YENİ BİRİKİM MODELİNİN DÖNÜM NOKTALARI**
  1. Giriş
  2. 1980-1988 : Ticaret Yoluyla Bütünleşme
  3. 1989 Sonrası: Finansal Serbestleşme
  4. Bazı Sonuçlar
- **1980 SONRASININ MALİ-İKTİSADİ YAPISI**

  A. Maliye Politikasının Ana Yönelişleri
  1. Devletin Küçültülmesi
  2. Dışa Açık Bir Ekonomik/Mali Yapılanmanın Desteklenmesi
  3. Devlet Ağırlıklı Bölüşüm Dinamiklerine Geçiş

  B. Kamu Maliyesinin Yönetsel ve Hukuksal Yapısının Değişimi
  1. Ekonomik Yönetimin Merkezileştirilmesi
  2. Kamu Tüzel Kişiliğinin Parçalanması
  3. Mali-hukuk Düzeninin Altüst Edilmesi ve Fon Sisteminin Kuruluşu

Ek 1: Yatırım Tabloları

YENİ BİRİKİM MODELİNİN DÖNÜM NOKTALARI

1. GİRİŞ

Dünya ekonomisi yirminci yüzyılın son yıllarında yeni bir bunalım dalgasıyla sarsılıyor. Bu bunalımın ekonomik ve toplumsal etkileri henüz tam olarak oluşmuş ve kitlelere yansımış bulunmuyor. Bununla birlikte, dünyada açık işsizliğin resmi verilere göre 150 milyonu aştığı, eksik istihdam denilen işsizlik tanımının ise 1 milyar insanı ilgilendirdiğini biliniyor. Uzakdoğu Asya'da 1997 Temmuzundan itibaren patlayan bunalımın şimdiden milyonlarca insanı işsiz bıraktığı, son 30 yılın ekonomik ve sosyal kazanımlarını yerlebir ettiği bir süreç yaşanıyor. Bunalım dalga dalga dünyanın birçok bölgesine yayılıyor.

1980'lerden itibaren kapitalist sistem "herşey piyasa için" ve "herşey piyasanın sinyallerine göre" sloganlarıyla özetlenebilecek bir neo-liberal anlayışa göre yeniden yapılandırılmaya çalışıldı. Bu anlayışın merkezinde devletin her türlü müdahalesinin en aza indirilmesi, ulus devletlerin hükümranlık haklarının kısılması bulunuyordu. Bunun yerine geçecek rakipsiz karar merkezleri ise, piyasalar, metropol ülkeler ve ulus-aşırı şirketler olmalıydı.

Devletin geleneksel müdahale alanlarından geri çekilmesi dayatılıyordu: Devlet, yoğun bir **özelleştirme** ile dolaysız girişimci işlevinden arındırılmalı, hatta geleneksel bazı kamu hizmetleri dahi "yararlandıkça öde" ilkesiyle piyasaya terkedilmeli, böylece her iki yönden de sermayeye yeni değerlenme alanları açılmalı; **vergiler indirilmeli** (dolayısıyla kamu sosyal harcamaları budanmalı); **serbest-değişim ilişkileri** mal, hizmet ve sermaye akımları önündeki her türlü korumacı engeli kaldıracak biçimde tüm alanlara yaygınlaştırılmalı (buna karşılık sistemin egemenleri elinde yoğunlaşan fikri ve sınai mülkiyet hakları daha titizlikle korunmalı); devletin kural koyucu işlevi daraltılmalıydı (**deregülasyon**).

1980'lerde birikim modelinde başlayan bu değişim 1990 başlarından itibaren "küreselleşme" ideolojisiyle pekiştiriliyordu. Ancak yüzyıl sonuna varmadan sistemde ciddi tıkanmalar su yüzüne çıkmaya başlamıştı.

Yüzyılın son 10 yılında küreselleşme söyleminin fazlasıyla öne çıkarılması bazı abartılı değerlendirmeleri de beraberinde getirdi. Kapitalist sistemin doğasından kaynaklanan ve kesintilere rağmen iki yüzyıllık bir dönemi etkileyen küreselleşme eğilimi iki yönlü bir çarpıtmanın konusu oldu.

Birincisi, bu eğilimin 1980'ler sonrasında biçimlenen neoliberal ekonomilerle başlayan bir süreç olduğu izlenimi yaratılarak tarihten kopuk bir yaklaşım sergilendi. 1980 öncesinde kapitalist sistemin doğasına aykırı bir "kumanda ekonomisi" aşamasından geçilmiş olduğu gibi bilim-dışı kuramlar üretenler oldu. Türkiye'de işi daha da ileri götüren bazı siyasetçiler Türkiye'yi 1980'ler öncesinin sosyalist ekonomisinden liberal ekonomiye taşıdıklarını dahi iddia edebildiler. Böylece kafaları karıştırma misyonlarını başarıyla yerine getirdiler.

İkincisi, bu eğilimin geri dönüşsüz olduğu, mevcut küreselleşme biçiminin değiştirilemez olduğu vurguları abartılarak yapıldı ve eğilimler mutlaklaştırıldı. Sanki sürecin sonuna varılmış (veya varılması kaçınılmazmış gibi) davranıldı; kuramsal yaklaşımlar bunun üzerine biçimlendirilmeye başlandı. "Liberalizmin tarihin sonu olduğu", yani artık liberal sistemin yerine geçecek herhangi bir yeni ekonomik/sosyal sistem olamayacağı gibi peygamberce söylemlerle sadece geçmişin değil geleceğin tarihinden de kopuldu.

Oysa, çok değil bir yıldır süren ekonomik (ve toplumsal) bunalım bugün sadece küreselleşmenin değil neo-liberal ekonomi anlayışının da baştan sona sorgulanmaya başlaması için yeterli olabildi. Küreselleşmenin yarattığı tahribatların, ekonomik ve toplumsal dengesizliklerin her gün daha fazla farkına varılmaya başlandı. Küreselleşme hareketinin dışında kalan ülkeler yanında, şimdiye kadar bu hareketin nimetlerini topladığı düşünülen ülkelerde sorunlar çığ gibi büyüdü. Küreselleşme ideolojisinin dayatmalarının dışına çıkmaya başlayan Malezya gibi eski gözde ülkeler peydahlanmaya başladı.

Türkiye, 1980 sonrasındaki liberal rüzgarların kuvvetli bir biçimde estirildiği ülkelerden biri oldu. 24 Ocak ve 12 Eylül 1980 dönemeçleri sonucunda oluşan mutemet kadro, yaranmacı bir acelecilikle sistemin metropol ülkelerini büyük aşırılıklarla izlemeye, hatta liberalleşmede önlerine geçmeye çabaladı. Dış finans kuruluşları istikrar ve uyum programları aracılığıyla yeni politika modelinin oluşmasında yönlendirici bir rol oynarken, güçlü finansal ve ideolojik desteğini esirgemedi.

Aslında dış ve iç koşullar birleşmişti.

Nitekim, 1980 sonrasında ABD ve İngiltere öncülüğünde dünyada neo-liberal politikalara geçiş döneminin başlaması Türkiye'yi de yakından etkilemekte gecikmedi. Kapitalist dünyanın merkezi ülkelerinde yeni bir birikim ve düzenleme tarzının çalışmaya başlaması, Türkiye'ye de yeni politikalar dayatılmasını gündeme getiriyordu. Türkiye'nin 1970'ler sonlarında büyük ölçüde tıkanma noktasına gelen ithal ikameci birikim modeli de, 1980 sonrasında yeni bir birikim modeline geçişin önkoşullarını hazırladı. Böylece iç ve dış dinamiklerin ortak etkisiyle, 1980'ler sonrası Türkiye'sinde bazı ülkelerde olduğundan daha erken bir şekilde oldukça radikal bir dönüşüm başlatıldı. 24 Ocak 1980'deki ekonomik miladın 12 Eylül 1980'deki askeri müdahaleyle pekiştirilmesi sonucunda, Türkiye adeta arkasındaki gemileri yakarak dışa açılma furyasına kendini kaptırdı.

Türkiye'de 1980-1998 döneminin bütününe neo-liberal ve dışa açılmacı politikalar egemen olmakla birlikte, birikim tarzının özellikleri bakımından farklılaşan alt-dönemlerin varlığı sözkonusudur. Bir ilk yaklaşım olarak 1980 sonrasından günümüze kadar gelen dönemi ikiye ayırmak mümkündür. Bunlardan birincisi 1980-1988 dönemi, ikincisi ise 1989'dan bugüne gelen dönemdir. Dönemlerden birincisi dünyayla ticaret temelinde bir bütünleşmenin ağırlıklı izlerini taşırken, ikincisi sermaye hareketlerinin serbestleştirilmesi bakımından öne çıkmaktadır.

Daha yakından bakıldığında, 1989'da başlayan ikinci dönemin tekrar iki alt döneme bölünebilir özellikler taşıdığı görülecektir. Hatta 1980 sonrası için dönemlendirmenin üçlü bir biçime dönüştürülmesi de mümkündür. 1989'u izleyen yıllar için 1989-1993 ile 1994 sonrası olarak yapılabilecek olan bu yeni dönemlendirmenin ayırdedici özelliği ise, önce denetimsiz bir finansal serbestleştirme ve yüksek ücret artışları temelinde gelişen düzenleme rejiminin, 1994 krizinden sonra yeniden emek maliyetlerini düşürmeyi öne alan bir yeni-uyum düzeneğine geçmesi olarak ortaya çıkmaktadır.

2. 1980-1988: TİCARET YOLUYLA BÜTÜNLEŞME

1980-1988 dönemi esas olarak bir ticari serbestleşmenin önkoşullarının hazırlandığı dönemdir. 1980 öncesinin içe dönük sanayileşme yapısı, 24 Ocak 1980'den itibaren yürürlüğe konulan istikrar ve yapısal uyum programlarıyla dışa dönük olarak çalışmaya zorlanmıştır. Dışa açılmanın mal ve hizmet hareketlerinin serbestleştirilmesi temelinde sağlanması, birinci dönemin en önemli özelliğidir. Ekonominin yönünün dışa döndürülmesi için başvurulan düzenek aslında oldukça basitti: İçerdeki talebi baskı altına alarak düşürmek; böylece iç piyasaya çalışanları dış talebe yönelmeye zorlamak; bu "zorlama"yı da çeşitli vergisel ve vergi-dışı teşvik araçlarıyla desteklemek.

İç talebin düşürülmesi "gelir yönetimi" politikaları altında çeşitli iktisat politikası araçları kullanılarak gerçekleştirildi. Bu politikaların esası geniş kesimlerin satın alma güçlerinin aşağıya çekilmesine dayanıyordu. 24 Ocak kararlarını izleyen haftalardan itibaren KİT ürünlerinin fiyatlarında şok artışlarla başlatılan bu politika, ücretliler ve çiftçiler gibi toplumun ve aktif nüfusun yüzde 85'ini oluşturan geniş bir üretici ve tüketici kesimin reel gelirlerinin oldukça uzun bir dönem boyunca kararlı bir gerileme sürecine sokulmasına ayarlandı. Emek ve sermaye gelirleri arasındaki göreli fiyat yapısı şiddetli bir biçimde bozuldu. 1977'de ulaşılan düzeye kıyasla işlevsel gelir dağılımı 10 yılı aşkın bir süre boyunca sürekli bir kötüleşme sürecine sokuldu. Tüm Cumhuriyet döneminin en uzun süreli ve en şiddetli gelir dağılımı bozulması bilinçli politikalar aracılığıyla gerçekleştirildi. Neo-liberalizmin, dışa açılmanın yükü emeğiyle geçinen kesimlerin üzerine yıkıldı.

Dış ticaret kapasitesinin artışını sağlayan bu politikanın dönem boyunca uygulamada kalan temel araçları, kısaca, düşük ücret politikası, düşük tarımsal fiyatlar, düşük değerli Türk Lirası, serbest faiz politikası, düşük vergi yükü, yüksek vergi bağışıklık ve teşvikleri olarak belirdi.

- **Düşük ücret politikası:** Bu politikayla bir yandan iç talep kısılırken diğer yandan da üretim maliyetlerinin ücret yönünden aşağıya çekilmesi sağlanıyordu. Böylece, ihraç fiyatlarının düşük tutulmasının önemli bileşenlerinden biri devreye sokulmuş oluyordu. Sermayenin 1970'lerin rövanşını alarak bölüşüm ilişkilerini lehine çevirmesi, bu olgunun tekil sermayedar açısından en cezbedici yanını oluşturuyordu. Gerçek ücret endeksi sözkonusu dönemde sürekli bir gerileme eğilimine sokularak kamu kesimi ücretlerinin seyri olarak 1979 için 100 düzeyinden 1988'de 47.7 düzeyine kadar geriletildi (özel kesimde de paralel gelişmeler oldu).

- **Düşük tarımsal fiyatlar:** Nihai ve aramalı tüketimi bakımından iç talebin önemli bir bileşenini oluşturan tarımsal üreticilerin gelirlerinin reel olarak düşürülmesi de iç talebi bastırmanın önemli bir aracıdır. Bu dönemde, çiftçinin eline geçen fiyatlarla sanayi fiyatları arasındaki iç ticaret hadlerinin tarım aleyhine açılmasının sağlanması yoluyla bir yandan geniş bir tüketici kesimin iç talebi kısılmış, diğer yandan da sınai girdi olarak kullanılan tarımsal hammaddelerin fiyatı düşürülmüş oluyordu.

- **Düşük değerli TL:** Bu dönemde TL'nin değeri yabancı paralar karşısında düşük tutuldu. Bunun anlamı, devalüasyon oranının cari enflasyonun oldukça üzerinde kalması yani reel anlamda devalüasyonlar yapılmasıydı. Günlük kur ayarlamaları yoluyla uygulanmaya başlanacak olan bu düşük değerli TL politikası bir yandan ihraç fiyatlarını döviz cinsinden ucuzlatarak dış pazarlarda ek rekabet avantajı yaratıyor, diğer yandan da ithalatı pahalı hale getirerek dış ticaret açığının fazla büyümemesine ve yeniden döviz açığının bir sorun olarak ortaya çıkmamasına katkı sağlıyordu. Gümrük vergilerinin özellikle 1980'lerin ortalarından itibaren azaltılmasının iç pazarın korunma oranlarını azaltıcı etkilerinin sözkonusu kur politikası yanında ithalatta alınan fon kesintileriyle de telafisi mümkün olabilecekti.

- **Serbest faiz politikası:** Dönem başlarında politikada bazı gel-gitler görülmesine, zaman zaman faizlere doğrudan müdahalelere geri dönülmesine ve banker krizine rağmen serbest faiz politikası yolunda ilerlenmiştir. Dönemin özelliği, faizlerin gerek nominal gerekse reel düzeyinin 1980 öncesinden farklı bir biçimde serbest ve yüksek tutulmasıdır. 1981-1987 döneminde 1 yıllık vadeli mevduatın ortalama yıllık reel faizi yüzde 7.5 gibi oldukça yüksek bir düzeyde gerçekleşmiştir. Bu gelişme, 1980 öncesinin negatif reel faiz politikaları ve birikim modeliyle ciddi bir zıtlık taşımıştır. Kaldı ki, dönem boyunca finansal enstrümanların çeşitlenmesinin ve daha yüksek getirili mali araçların yaratılmasının hazırlıkları gerçekleştirilecek ve izleyen dönemde bu açıdan çılgınca bir patlama yaşanacaktır. Serbest faiz politikasının beklenen bir sonucu da tüketim ve iç talebin daraltılması yoluyla dış talebe yönelişin zorlanması ve mali sistem aracılığıyla özel yatırımcılara kaynak oluşturulmasıydı.

- **Para İkamesi:** Dövizin bir tasarruf aracı olarak önem kazanması bu reel devalüasyonlar döneminde yaygınlaşacak ve yasal koruma altına alınacaktır. Bu dönemde, 1984'ten itibaren, TL'nin dövizle (özellikle dolar ve markla) ikame edilmesi sürecinin başlatılması, TL cinsi mevduat yanında döviz tevdiat hesaplarının açılmasına izin veren ultra-liberal bir para ikamesi politikasıyla mümkün olabilmiştir. Böylece, 1989 sonrasının mali serbestleşme politikalarının bazı bakımlardan zemininin oluşturulması da sağlanmıştır. Ancak bu ilk dönem itibariyle de para ikamesi dışa yönelmeyi teşvik eden sistemin bir parçasını oluşturmuştur. Döviz kazandırıcı faaliyetler sonucunda elde edilen dövizlerin bir bölümünün yurt dışında tutulabilme olanaklarının tanınması, hayali ihracat dahil olmak üzere "her ne pahasına olursa olsun ihracat" anlayışının destek görmesi, yurt dışı döviz birikimlerinin yurt içine çekilmesinin teşvik edilmek istenmesi ve dönem başında kriz nedeni olan döviz açığından kaçınmaya yönelik diğer politikalar nedeniyle, bu dönemin iktidarları için para ikamesi önemsiz sayılamayacak bir politika aracını oluşturmuştur.

- **Düşük profilli maliye politikaları:** Bu dönemde maliye politikaları "sıkı" para politikası temeline dayanan iktisat politikalarının gölgesinde bırakıldı. Bununla birlikte, maliye politikaları gerek pasif gerekse aktif roller aracılığıyla dışa açılma yönlü politika modeline destek vermeye ayarlanmak istendi. Bu çerçevede:

  - Vergi politikası özellikle dışa açılmayı çok sayıda vergi bağışıklığıyla teşvik etmeye ayarlandı. Kurumlar ve Gelir vergilerine getirilen geniş teşvikler İstihsal Vergisi kapsamında ihracatta vergi iadesi sisteminin genişletilmesiyle tamamlandı. Sisteme 1985 yılında katılan KDV bizatihi bu yönelişin bir aracı olarak devreye sokuldu. İhracatta vergi iadesini otomatiğe bağlayan KDV'nin devreye girmesine rağmen 1988 sonuna kadar ayrıca ihracatta vergi iadesi uygulamasına devam edildi. Aynı dönemde oluşturulan çok sayıda kamu özel fonuna da dışa açılma ve rant aktarmaya yönelik işlevler yüklendi.

- Yüksek gelir guruplarının, özellikle de büyük sermayenin vergi yükü önemli ölçüde hafifletildi. ABD ve İngiltere'de uygulamaya sokulan arz yönlü iktisat politikalarının kötü ve temelsiz bir taklitçiliği biçimini alan bu uygulama, vergi yükü esasen çok düşük olan Türkiye'de 1984-1985 yıllarında önceki çeyrek yüzyılın en düşük vergi yükü oranlarının elde edilmesine yol açtı. Bu uygulamadan amaç, tasarruf sahiplerinin ve girişimcilerin devlete vergi yoluyla zorunlu transfer yapmaları ve devletin bu kaynakları hizmete ve yatırımlara dönüştürmesi modeli yerine özel girişimcilerin vergi yüklerinin hafifletilmesi ve böylece artan özel tasarrufların özel yatırımlara yönlendirilmesiydi (gönüllü tasarruf modeli). Devletin ekonomideki rolünün hem doğrudan yatırımları hem de hizmet üretimi bakımından geriye dönüşsüz bir biçimde küçültülmesini hedefleyen bu yaklaşım, **bu dönem itibariyle** tasarruf oranları ve özel sektör yatırımları üzerinde beklenen etkiyi yapmadı. Kamu yatırımlarının toplam yatırımlar içindeki payı azalmak yerine arttı (Bkz. bu bölümün sonundaki tablolar). Bu nedenle, Türkiye'nin ticaret ekseninde dışa açılma programı bu dönemde büyük ölçüde 1970'lerde oluşturulmuş sanayi kapasiteleri üzerinden gerçekleştirildi. 1980'lerin sonuna doğru modelin sınırlarına dayanılmaya başlanınca, yeni sınai yatırım perspektiflerinin benimsenmesinin önemi, gecikmeli olarak farkedilmeye başlanacaktır.

- Vergi yükündeki azalışın etkileri anında kamu maliyesi dengeleri üzerine yansıdığı için, dönem sonunu beklemeden bazı kaçınılmaz sonuçlar işlemeye başlamıştır. Bunların başında kamu borçlanmasının, özellikle iç borçlanma sarmalının, Cumhuriyet Türkiye'sinde alışılmadık bir biçimde kamu maliyesi dengelerini altüst etmesi gelmektedir. Azalan vergi yüklerinin büyüttüğü kamu açıklarını frenlemek için başvurulan bir diğer araç ise, kamu özel fonları olmuştur. Sayı ve hacimleri hızla büyütülen bu bütçe dışı harcama odakları 1986 sonrasında toplam vergi yükünü yeniden yükseliş trendine sokarken, dolaylı vergilerin ağırlığını, istihdam yüklerini ve keyfiliği de yükseliş rampasına taşımıştır. Öyle ki, 1988 yılına gelindiğinde fonların toplam gelirlerinin bütçe gelirlerine oranı yüzde 50'yi bulmuştur. Fonların gelir büyüklüğünün 1990-91 yıllarında bütçe gelirlerinin yüzde 60'ına kadar çıkabildiği göz önüne alındığında, fon sapmasının en hızlı büyüdüğü dönemin 1984-89 arasında gerçekleştirildiği anlaşılır. Fonların kamu yatırımlarında 1989-93 döneminde en üst düzeye çıkış önemi de bunun diğer bir göstergesidir (Bkz. E1/B). Öte yandan, ithalatta alınan fon kesintilerinin önemli bir mali-ekonomik etkisinin, azaltılan gümrük vergilerini ikame ederek efektif koruma oranlarını bir süre daha muhafaza etmek yönünde olduğunu da anımsatmak gerekir. Ancak, istihdam maliyetlerini arttırıcı yönleriyle fonların ihracat üzerindeki olumsuz etkileri de kaydedilmelidir.

- Kamu ekonomisinin diğer alanlarında da benzeri mali sıkışmalar gündeme gelmiş, yerel yönetimlerin bütçe açıkları büyümüş; KİT açıklarının finansmanında konsolide bütçe transferleri ile TC Merkez Bankası'nın dolaysız kredilerinin katkısı hemen hemen sıfırlanmış (bkz. ilerde, tablo 4), sonuç olarak özellikle KİT'ler yüksek faizlerle piyasadan kaynak sağlamaya ve dış proje kredilerine bel bağlamaya itilmişlerdir. KİT'lerin yatırımlarının engellenmesi de bu politikanın uzantısındandır. Nitekim, bir yandan kamu yatırımları azalırken, diğer yandan da kamu yatırımları içinde KİT yatırımlarının payı sürekli düşürülmüştür (Tablo Ek 1/A ve B). KİT'lerin mali ve fiziki performanslarını bilinçli olarak kötüleştirmeye, kamu işletmeciliğini gözden düşürmeye ve sonuçta özelleştirmeyi dayatmaya ayarlanmış bulunan bu kasıtlı politikalar belirli ölçüde amacına ulaşmıştır.

* * *

IMF ve Dünya Bankası'nın yoğun desteği altında sürdürülen bu programın birçok bakımdan sınırlarına 1980'lerin sonlarına doğru gelinmeye başlanmıştı. Sınırlara dört yönden gelinmiş bulunuyordu:

Toplumsal olarak, çalışan ve üretici kitleler hem gelirleri üzerindeki ekonomik baskıya dayanma sınırlarının sonlarına gelmişlerdi, hem de daha fazla kemer sıkmaya razı edilemez durumdaydılar. Sendikal hareket mücadeleyi sertleştirerek yükseltmenin bütün birikimini içinde taşımaktaydı. Nitekim 1989'un bahar eylemleri bu birikimin dışa vurulmasından başka birşey değildi. Dolayısıyla, düşük ücret politikasının sınırlarına toplumsal rıza anlamında gelinmiş bulunuyordu.

Ekonomik olarak, aynı araçları zorlayarak ihracatta yeni sıçramalar yapılması giderek zorlaşıyordu. İhracata yönelik yeni sanayi kapasiteleri oluşturulmadan, sadece mevcut sınai kapasitelerin kullanma oranlarını yükselterek ve gelir dağılımını bozmaya yönelik talep yönetimi politikalarına başvurarak daha fazla yol alınması mümkün gözükmüyordu. Ücretlerin reel olarak aşındırılmasının sınırlarına varıldığı için mevcut birikim modelinin ekonomik anlamda da sınırlarına gelinmiş bulunuyordu. Ancak burada yapılacak bir politika değişikliği, kamu maliyesine ve finansal sisteme ilişkin tıkanmaların da aşılmasını veya yeni düzenlemelerin devreye sokulmasını gerektiriyordu.

Nihayet **politik olarak**, 27 Mart 1989 yerel yönetim seçimleri mevcut ekonomi politikalarının siyaseten de sürdürülemeyeceği konusunda son 5 yılın iktidar partisine karşı çok ciddi bir uyarı niteliğindeydi.

Bütün bunlara **ek olarak** dış finans kuruluşlarından da bir politika dönüşümü sinyalleri gelmekteydi. İşte böyle bir konjonktürde, dışa açılmacı neo-liberal birikim modelinde kapsamlı bir revizyon gündeme geldi.

3. 1989 SONRASI: FİNANSAL SERBESTLEŞME

Bu dönemin en belirgin özelliği sermaye hareketlerinin dolu dizgin liberalleştirilmesidir. Gerçi önceki dönemde bu konuda birçok adım atılmış, bu arada para ikamesi büyük ölçüde çalışmaya başlamıştı. Ancak asıl büyük mali serbestleşme dönüşümü 1989'da Türk Parasının Kıymetini Koruma Kanunu hakkında 32 sayılı Kararla başlatılmıştır. Sermaye hareketlerini serbestleştiren bu Karar sonucunda, ülkeye spekülatif sermaye giriş çıkışlarının denetiminden esas itibariyle vazgeçilmiştir.

Geçmiş döneme göre en belirgin politika dönüşümü **kur politikasında** ortaya çıkmıştır. Başlangıçta, zorunlu duruma gelen ücret artışlarının desteklenmesine ayarlanan yeni kur politikası, giderek sistemin uzun dönemli bir bileşeni durumuna gelecektir. **Düşük değerli TL'den yüksek değerli TL'ye geçiş**, reel devalüasyon politikasının terkedilmesiyle başlatılmıştır. Bir başka deyişle, Türk Lirası yabancı paralar karşısında değer kaybetmeye devam etmekle birlikte, bu kayıp enflasyon oranının (veya enflasyon farkının) altında tutulduğundan gerçekte TL'nin reel olarak değer kazandığı bir döneme girilmiştir. Nitekim, 1989-1993 arasında enflasyon ortalaması yıllık yüzde 66.4 mertebesinde bulunurken TL'nin dövize karşı değer kaybı yıllık ortalama yüzde 50.4 düzeyinde tutulmuştur. Bu politika Türkiye'ye sıcak para (kısa vadeli spekülatif sermaye) girişinin önkoşullarını oluşturmuştur. Kuşkusuz kısa vadeli sermaye hareketlerine serbesti tanınmamış olsa, sadece döviz kuru politikasında yapılan bu türden bir değişiklik sıcak para hareketini başlatmak için yeterli olamazdı.

Dış etkenler: Yeni dönemde içerde çözülmesi gereken en önemli sorun ücret artışlarının finansmanının sağlanmasıydı. Ancak yeni tanımlanan politikanın iç etkenleri yanında **dış etkenleri** de bulunuyordu. Gelişmiş kapitalist dünyada büyüme oranlarının ve faiz hadlerinin düşme eğilimine girmesi, spekülatif sermayeyi yeni değerlenme alanları aramaya itiyordu. Uluslararası finans kuruluşları, gelişmiş dünyanın büyüyen sermaye akımlarını korumak amacıyla, geleneksel "düşük değerli yerli para" politikalarını tam da bu dönemde revize etme gereğini duymaya başlamışlardı. Buna göre, gelişmekte olan bir ülkenin mali piyasalarına veya kamu iç borçlanmasına yatırılan gelişmiş ülke sermaye fazlaları, yeniden dövize dönüp kazancıyla birlikte çıkış yapmak istediğinde iki yönden güvence altında olmalıdır: a) Ülke dışına çıkmak istediğinde (girişinde olduğu gibi) herhangi bir hukuki/mali/iktisadi sınırlama veya engelle karşılaşmamalı; b) yaptığı menkul değer yatırımından döviz kuru nedeniyle zarar görmemeliydi; yani yeniden dövize dönerken reel bir devalüasyonun etkisiyle zarar etmemeliydi. İşte bu da, yerli paranın döviz karşısında değerli tutulacağına dair beklentilerin sürmesiyle mümkündü.

Yerli paranın döviz karşısında **reel olarak** değerli tutulmasının dış çevrelerce istenen bir nedeni ve aynı zamanda bir sonucu da, kur politikasının iç pazarı koruma aracı olarak kullanılmasının önlenmesiydi. Ticaret savaşlarının kızıştığı, gümrük duvarlarının dış dayatmalarla indirildiği bir dünyada, kur politikasının bu tür bir korumacı işlev yüklenmesi artık hoş görülmüyordu. Böylece uluslararası sermaye ve gelişmiş ülkeler açısından yeni ticari pazarların önünü açabilecek yeni anlayışlar gündeme getirilmiş oluyordu. Dolayısıyla, Batı dünyası hem sermaye hareketleri hem de mal hareketleri açısından kendisi için yararlı gördüğü bir dönüşümü zorlamaya başlıyordu.

İç etkenler: Bu etkenler, önceki dönemin gelir ve talep yönetimi politikalarını bir süre tersine döndürebilecek kaynakların bulunabilmesi zorunluluğunca belirleniyordu. Bu zorunluluk sadece kamu kesimi açısından değil özel kesim açısından da kendini dayatıyordu.

Kamu kesimi açısından bakıldığında, genel bütçe ve katma bütçeli idareler ile KİT'lere bağlı olarak çalışan ücretlilerin reel gelirlerinin yükseltilmesi, hatta on yıllık kayıplarının hızla telafi edilebilmesi toplumsal ve politik olarak gerekli olmuştu. Kamu kesimi açısından kaynakların bulunabileceği asıl alan, sermayeye yük kaydıracak şekilde yeniden tasarlanacak bir vergi sistemi olabilirdi. Ancak bunun öznel koşulları bulunmuyordu. Neo-liberal felsefenin kararlı bir uygulayıcısı olan iktidar partisinin ne ideolojisi ne de dayandığı sermaye çevrelerinin talepleri böyle bir tavır değişikliğine olanak verecek cinstendi. Bu koşullarda, sermayeye doğrudan yük yüklemeyecek geçici çözümler peşine düşülecekti. İşte bu çözümlerden biri de finansal serbestleştirme yoluyla ülkeye kısa vadeli sermaye akımlarının hızlı bir biçimde çekilmesi ve kamunun yoğun bir borçlanma programı için uygun koşulların yaratılmasıydı. Nitekim bu politika meyvesini vermekte gecikmedi ve henüz 1990 yılında ülkeye yüksek hacimde bir sermaye girişi sağlandı. Bunun bir başka açıdan anlamı, kamu iç borçlanmasında yeni bir tırmanışın başlatılmasıydı.

Aynı yolu kısmen özel sermayenin kullandığı da söylenebilir. Ancak burada daha ziyade mali sektör bağlantıları olan büyük sermaye sözkonusudur ve artan emek maliyetlerini karşılamaktan ziyade devletin borçlanma politikasından yüksek rantlar elde etmeye endekslenmiştir. Mali sektörün bu rolü, daha ucuza gelen özel dış borçlanma yoluyla devlete içerde TL cinsinden borç vermek biçimini alabildiği gibi, içerde topladığı TL veya döviz cinsinden mevduatın devlet iç borçlanma senetlerine (DİBS) yatırılması (yerli sıcak para) biçimini de almıştır. Açık pozisyonlarını büyüterek 1989-1993 döneminde bu yola giderek artan bir iştahla giren bankacılık sisteminin bu işten tek zarar gördüğü yıl 1994'ün ilk yarısındaki kriz ve reel devalüasyon dönemi oldu. Ancak mali sektörün kârdan kayıpları hemen Haziran 1994'ten itibaren çıkarılan üç aylık yüzde 50 dönem faizli süper hazine bonolarıyla telafi edildi.

Özel kesim açısından ücret artışlarının telafisi ise, iki bilinen ve işleyen mekanizmanın çok daha yoğun olarak kullanımıyla sağlanmıştır. Bunlardan **birincisi**, maliyet artı kâr biçiminde çalışan mark-up fiyatlamadır. Böylece reel ücretler yükselirken tekelci fiyatlama yöntemi tam bir telafi mekanizması olarak çalıştırılmış ve enflasyondaki yükseliş aracılığıyla maliyet artışları ücretliler başta olmak üzere yeniden topluma yansıtılmıştır. Nitekim 1983-87 dönemi enflasyon ortalaması yüzde 39.5 iken, 1989-1993 arasında bu oran ortalama yüzde 66.4 platosuna sıçratılmıştır. Mark-up oranları ise aynı dönemler itibariyle yüzde 32.6 oranından yüzde 39.6'ya yükselmiştir.[*]

Özel kesimin **ikinci telafi mekanizması**, istihdam fonlarının oluşturulduğu 1987'den itibaren büyüme eğilimde olan kayıtdışı ekonominin yeni bir ivmeyle genişletilmesi olmuştur. Reel ücret artışlarına marjinal sektörün yaygınlaştırılması yoluyla verilen cevap, kuşkusuz özel girişimciler içinde eşit bir dağılıma sahip olmamıştır. Ancak bunun dalga dalga tüm özel sektör kesimlerini kavrayacak bir genişliğe ulaştırıldığı bugün daha iyi anlaşılmaktadır.

---

[*] 20.3.1998 tarihli DİE "Türkiye İşgücü Piyasası İle İlgili Yükler ve Politikalar" seminerinde Ahmet Haşim Köse ile Erinç Yeldan'ın sunduğu "Makroekonomik Politikalar Açısından Türkiye Emek Piyasasının Çözümlenmesi" bildirisine göre.

4. BAZI SONUÇLAR

Sonuç olarak, birkaç yıl içinde geçmiş 10 yılın ücret kayıplarını telafi edecek biçimde ücret artışlarının ortaya çıkması, finansman mekanizması olarak kamu kesiminde ağırlıkla sıcak para politikasını davet ederken, özel kesimde tekelci fiyatlama ve kayıtdışına kaçışla aşılmak istenmiştir (Kamu kesiminde ortalama ücretler 1979=100 için 1983=47.7; 1991=152.3 ve 1993=171.9'dur).

1994 krizi ve 5 Nisan Kararlarıyla birlikte gündeme gelen ise, sermaye için önceki telafi mekanizmalarını ortadan kaldırmaksızın, doğrudan doğruya ücret bastırmaları olmuştur (Nitekim, 1979=100 bazlı kamu kesimi ortalama ücretleri 1993=171.9 olmuşken, 1996=100.3 olacaktır). Böylece **sermayenin rövanşı** yeniden sahneye konulurken emek lehine ücret dışı koruma düzenekleri de daha yakından hedeflenmeye başlanmıştır. Bunların başında özellikle çalışan kesimlere yönelik sosyal güvenlik, sağlık, eğitim ve KİT politikalarının gelmesi, 1994 sonrası kızışan mücadelenin boyutlarının da çarpıcı bir şekilde genişlediğinin göstergesidir.

Özetle, 1980-1988 döneminde düşük ücret-düşük değerli TL ikilisi 1989-1993 döneminde tam tersine dönerek reel ücret artışlarıyüksek değerli TL ikilisine dönüşmüştür. 1994 sonrasında ise düşük ücret-yüksek değerli TL ikilisi biçiminde sürdürülmektedir. Ancak daha ne kadar sürdürülebileceği belirsizdir. Politikayı uzun dönemde sürdürülemez kılabilecek özellikler bulunmaktadır:

Birincisi, ekonominin ve kamu maliyesinin (konsolide bütçenin) 1980 ve 1994 konjonktürlerinde sahip gözüktüğü ücret rezervleri ilk dönemde 9 yılda, ikinci dönemde ise 5 yılda (1994-1998 aralığında) eritilmiştir. Ücretler, 1994 sonrasında, 1989-93 konjonktüründeki hızlı yükselişte olduğu kadar hızlı bir erime sürecine sokulmuştur. Bu nedenle üzerinde oynanabilecek, büyük aşındırmalara müsait bir ücret rezervi bulunmamaktadır. Politikaların sürdürülemezliğinin birinci ve temel nedeni budur. (1991= 100 için kamu kesimi ortalama ücret endeksi 1996=66.2 ve 1997=77.0 olacaktır).

İkincisi, ithalatı ucuzlatan ihracatı pahalılaştıran bir kur politikasının ihracatçı sektörler ve ödemeler dengesi açısından yarattığı olumsuzluklar, iç talebi besleyen sıcak para girişiyle arttırılmaktadır. Faiz ve döviz kuru gibi iktisat politikası araçlarını birbirinden bağımsız olarak kullanma yeteneğini yitiren, bu arada Gümrük Birliği uygulamasıyla erkenden dış ticaret rejimi üzerindeki kontrolü de elinden kaçıran Türkiye'nin ithalatının denetlenmesi güçleşmişken ihracat artışlarının sadece ücretlerde reel düşüşlere bağlı kılınması giderek içinden çıkılmaz bir kısır döngüye dönüşmekte ve tıkanmaktadır. Bu arada sıcak paranın yüksek maliyetleri ve dış borçların da kısmen iç borçlanmayla finanse edilmesiyle birleşerek dışarıya net gelir transferine yol açıyor olması da ekonomiyi yoksullaştırıcı dinamiklerin çalıştığını göstermektedir.

Üçüncüsü, bir yandan tekelci yoğunlaşma yükselme eğilimini sürdürürken öbür yandan kayıtdışılığın büyüme istidadında olması, toplumun giderek yönetilemez bir yapıya doğru kaydığını göstermektedir. Alternatif iktidar odaklarının türediği böyle bir yapıda siyasal istikrar giderek yitirildiği gibi, hükümet olmayla devlete hükmetme arasındaki açıklık gittikçe büyümektedir. Bu gidiş, belirli kopuşlara yol açılmadan sürdürülebilir gibi gözükmemektedir.

Dördüncüsü, kamu finansmanında büyüyen çözümsüzlük devleti tamamen bir aktarma organına dönüştürme istidadındadır. 1998'in ilk altı aylık bütçe gerçekleşme sonuçlarına göre, vergi gelirlerinin yüzde 84'ünün faiz ödemelerine aktarılmış olması bunun en çarpıcı kanıtlarından birini oluşturmaktadır. Devletin giderek vergi salma meşruiyetini yitirmesine yol açmaya aday görünen bu süreç bu biçimiyle **sürdürülemez** bir noktaya ulaşmıştır. Kamu borçlarının tasfiyesi gibi köklü bir politika gündemde gözükmemekle birlikte, bu tür bir operasyonun bir biçimde gerçekleşmesi halinde sıcak para politikasıyla yaratılan saadet zincirinin de son bulması gerekecektir. Faaliyet dışı kârlarla beslenen büyük sermayenin ve mali sistemin buna ne kadar hazır olduğu ise tartışmalıdır. 1998 ortalarında IMF desteğini alarak bulunması düşünülen uygun koşullu dış borçlarla iç borçların kısmi bir ikamesinin gerçekleştirilmesi tasavvuru ise, uzun dönemde başka sakıncaları ortaya çıkaracaktır.

Son olarak, Türkiye'nin şimdiye kadar izlediği **düşük ücret ve düşük regülasyon** maliyeti modelinin sınırlarına varılmıştır. Düşük regülasyon maliyeti Türkiye'de iki yönlü çalışmaktadır. Birinci yön, kamu finansmanına (devletin regülasyon maliyetlerinin finansmanına) sermayenin vergileme yoluyla katkısının düşük tutulmasıdır. Son vergi tasarısı bunu daha da pekiştirecek özellikler taşımaktadır. İkinci yön, toplanan vergilerin vergi verenlerden çok sermayeye gelir aktarımı ve hizmet sunumu biçiminde kullanılıyor olmasıdır. Nitekim bütçe harcamalarının yarısına yakın bölümünün faiz ödemelerine ayrılması bunun en açık göstergesidir. Vergilerin büyük bölümünü sağlayan emekçi kesimlere düşük miktar ve kalitede kamusal hizmet sunulması ve bu hizmetlerin giderek "parasını ödeyene sunulmak" istenmesi, düşük ücret politikasını daha da dayanılmaz kılmaktadır. Bu, sürdürülebilir bir kamu yönetimi politikası olarak gözükmemektedir.

SOSYAL ŞART VE SERBEST TİCARET

Emeğin aşırı sömürüsüne dayalı politikaların sürdürülebilir nitelikte olmadığını göstermek için dış etkenlerin de dikkate alınması gerekir. Türkiye, Avrupa Topluluğu ile (Avrupa Birliği ile değil) imzaladığı Gümrük Birliği anlaşmasının henüz bütün sonuçlarını yaşamadı. Bu arada GATT (WTO) 'ın getirdiği yükümlülükler de henüz bütün veçheleriyle ekonomik ve toplumsal yaşama yansımış değil.

Türkiye'de işgücü piyasaları şimdiye kadar yukarıdaki önemli uluslararası sözleşmelerin öngördüğü regülasyonlarla kendini bağlı hissetmedi. Tam tersine; her türlü sosyal güvencenin dışında tutulan veya ulusal normların öngördüğünün dahi altında bir toplumsal güvenceyle çalıştırılan ucuz işgücü büyük bir avantaj olarak kabul edilmeye devam edildi.

Gerek gelişmiş yörelerde gerekse Anadolu'da yeni sanayi eksenleri oluşturdukları iddia edilen kentlerde, gerek Organize Sanayi Bölgelerinde gerekse Küçük ve Orta Sanayi (KOS) işletmelerinde egemen olan bir anlayış var: Devlete minimum vergiyi vermek, işgücü maliyetlerini mümkün olan en alt düzeye indirmek. Bunu bir firma, bir bölge veya bir alt sektör becerince diğerleri de onu izlemek istiyor. Böylece kayıtdışılığa doğru hızlı bir kaçış ortaya çıkıyor.

Türkiye'nin dinamik yüzü olarak tanımlanan KOS'lar (ve daha geniş bir tanım olarak KOBİ'ler) temelde emek-yoğun teknoloji, düşük ücret ve sigortasız/sendikasız/niteliksiz emek üçlüsüne dayalı olarak çalışıyorlar. Böyle bir yapılanmayla dış piyasalarda rekabetçi konumu bundan böyle sürdürebilmek şimdiye kadar olduğundan daha güç görünüyor. Böyle bir yapılanma hem içerde gelir dağılımının sürekli bozulmasına yolaçtığı için sosyal huzursuzluk kaynağıdır, hem de dış piyasalarda büyüyen tepkilere ve misillemelere kaynaklık edebilecektir. Bu tür bir tehdit diğer ticari partnerlerimize kıyasla AT ülkelerinden daha öncelikli olarak gelebilecektir. Türkiye'nin kaba bir üretim/istihdam esnekliğine bağlı olarak büyüyen ihracatının sosyal-damping sayılarak buna karşı anti-damping soruşturmalarının açılması ve anti-damping vergilerinin konulması meselenin sadece bir yüzüdür. Kuşkusuz işin bu yönü giderek baş ağrıtacak gibi gözükmektedir. Bu alanın riskli olmasının bir diğer nedeni de, Doğu Asya ülkeleri yanında Doğu Avrupa ülkelerinde de düşük ücrete dayanan yeni rakiplerin sahneye çıkmasıdır.

Ama sorun bunlarla sınırlı değil. Türkiye'nin ihraç mallarının hiçbir engele tabi olmadan AB ülkelerinde pazarlanabilmesi için teknik mevzuatımızın 5 yıl içinde (2000 yılı sonuna kadar) AB mevzuatıyla uyumlu duruma getirilmesi gerekiyor. Bu uyum sağlanana kadar Türk mallarının taşıması gereken CE işaretinin AB ülkeleri içinden alınması gerekiyor. Böylece söz konusu tarife dışı engelin ördüğü "görünmez" duvar yükselmiş oluyor. Bundan en çok informel sektörde kalan KOS'ların zarar görmesi bekleniyor. Türkiye'de teknik mevzuata uyum çabalarının ise kaplumbağa hızıyla bile yol almadığını Dış Ticaret Müsteşarlığı yetkilileri açıklıyor. (Bkz. Dünya 13 Ocak 1998, Mehmet Daşer'in DTM Dış Ticarette Standardizasyon Genel Müdürü Cengiz Kıral ile yaptığı söyleşi).

Konumuz açısından daha önemlisi, CE işaretini başka zorunlu işaretlerin izleyecek olması. Şimdi EFTM (European Fair Trade Marking) üzerinde çalışılıyor. "Bu işareti alan ürünleri üreten kuruluşlardaki işçilerin çalışma saatlerinin aşırı olmadığı, çalışan işçilerin sosyal güvenliklerinin ve sendikal haklarının tanındığı, çalışma ortamlarının rahat olduğu, çocuk işçi çalıştırılmadığı, ücretlerin normal hayat şartlarının idamesi için yeterli olduğu" gibi koşulların varolduğu kabul edilmiş olacak. (Bkz. yukardaki kaynak). Türkiye'de böyle bir işareti alabilecek kaç kuruluş çıkabilir dersiniz?

Son olarak, sendikaların uluslararası örgütlenmeleri olan Avrupa ve dünya ölçeğindeki konfederasyonlar, temsil edildikleri tüm uluslararası düzlemlerde çalışanların temel haklarını koruyan "sosyal şartı" gündeme getirmeye ve bu şartın özellikle uluslararası ticareti düzenleyen anlaşmalarda yer almasını dayatmaya başladılar. ILO standartlarına uyum sağlamada ağırdan alan Türkiye'de acaba bu tür bir sosyal şartın düzenlemelerine kaç kuruluş ayak uydurmaya hazırdır dersiniz?

Sonuç olarak, tekrar etmek pahasına, Türkiye'nin şimdiye kadar izlediği düşük ücret ve düşük regülasyon maliyeti (yani devletin sermayenin vergi yükünü düşük tutması ve dolayısıyla topluma/emeğe düşük miktar ve kalitede kamusal hizmet sunulması) modelinin sınırlarına varıldığı acaba ne zaman farkedilebilecektir? Şimdi önce bunu farkedecek ve sonra da uzak görüşsüz ve dar bencillikleri aşabilecek önlemleri almada kararlı davranacak kamu ve özel sektör sorumlularına şiddetle gereksinim duyulmaktadır. Bunlardan ikincilerin kendiliklerinden ortaya çıkmayacağı kesin gibidir. Çözüm, kamusal sorumluluk sahibi kamu yöneticilerini oluşturmaktan geçiyor. Nitekim, sermayenin etkili çevreleri ücretlerin hâlâ aşındırılabilir bir düzeyde olduğunu düşünmektedir. (1980'ler tarzı bir aşındırmanın daha genel bir talep olduğu konusunda Prof. Sonat'ın **Ekonomide Durum**, Bahar 1998, Kitap 5, s. 200-228'de yer alan "Globalleşme, Kriz, Ücretler" başlıklı makalesine bakılabilir.)

1980 SONRASININ MALİ - İKTİSADİ YAPISI

1980'li yıllarda Türkiye'de kamu maliyesi sisteminin yasal/kurumsal çerçevesi önemli değişimlere konu olmuştur. Bu değişim, dönemin iktisat politikaları ve kamu yönetimi anlayışındaki dönüşümlerden bağımsız olmamıştır.

24 Ocak 1980 kararlarıyla uygulamaya konulan ekonomik istikrar ve yapısal uyum politikaları, öz olarak, mevcut uluslararası işbölümü çerçevesini veri kabul eden bir uluslararası ekonomik bütünleşme arayışı olarak nitelendirilebilir. Bir başka açıdan, Türkiye gelişmiş ülkeler dünyasına sanayileşme sürecini tamamlamadan eklemlenmeye çalışan ve uluslararası finans kuruluşlarınca bu doğrultuda yönlendirilen bir ülke kimliğinde olmuştur. Uygulamaya konulan politika modeli, kaynak tahsislerinin yönünün üretimden hizmetlere ve özellikle dışa açık bir ekonomik yapılanmaya çevrilmesini, kamu kesiminin daraltılmasını ve piyasaya müdahalelerinin azaltılmasını/gevşetilmesini (deregülasyon) hedeflemiştir. Bu program, faktör ve mal piyasalarında göreli faktör ve mal piyasalarında göreli fiyatların, emek faktörü dışında, dünya göreli fiyatlarına yaklaştırılmasına ve dünya ekonomisiyle tedrici bir bağımlı bütünleşme sürecine ayarlanmıştır.

A. MALİYE POLİTİKASININ ANA YÖNELİŞLERİ

1980 sonrasının maliye politikalarının ana doğrultularını üç başlık altında incelemek mümkündür. Bunlardan birincisi, "devletin küçültülmesi" başlığı altında toplanabilecek olan ve her türlü kamu müdahalesini sınırlamayı hedefleyen yönelişlerdir. İkincisi, dışa açık bir ekonomik/mali yapılanmanın desteklenmesidir. Üçüncüsü ise, gelir bölüşümünün ekonomiye içsel olan dinamikler tarafından belirlenmesinden, devletin gelir ve harcama politikalarıyla yönlendirdiği bölüşüm dinamiklerine geçiştir. Başka deyişle, mal ve sermaye piyasalarında 1980 sonrasında piyasa merkezli yönlendirmelerin ağırlığı artarken, emek piyasasında, tam tersine, devlet, serbest pazarlık düzenine emek aleyhine müdahalelerini arttırmıştır.

1. DEVLETİN KÜÇÜLTÜLMESİ

Devletin ekonomiye dolaysız ve dolaylı müdahalelerinin üç farklı biçimi bulunmaktadır. **Bunlardan biri**, piyasaya doğrudan girişimci olarak girmeyi içeren kamu iktisadi işletmeciliği (KİT) modelidir.

İkincisi, devletin bütçesi aracılığıyla kaynak toplayan ve harcayan çok önemli bir birim olarak ekonomiye müdahalesidir. Burada merkezi bütçeler (genel ve katma bütçeler) ve özel bütçeli yerel yönetimler yanında kamu özel fonları bütçelerini ve döner sermayeleri topluca düşünmek gerekir. Bu bütçeleri bakımından kamunun ulusal gelir içindeki payı, bütün ülkeler düzleminde, herhangi bir büyük özel sektör kuruluşuyla karşılaştırılamayacak denli hacimlidir. Bu nedenle ekonomideki karar mekanizmaları üzerinde ve özellikle kaynak tahsislerinin yönlendirilmesinde belirleyici bir öneme sahiptir.

Üçüncü müdahale biçimi, kural koyucu/düzenleyici devlet olarak ekonomik ve toplumsal yaşamı belirleyen kararlara dıştan ve üstten müdahaleleri içerir. Bunlar çok çeşitli biçimler alabilir. Buradaki konu açısından en önemlisi mal ve faktör fiyatlarına doğrudan/dolaylı müdahaleler (toplu sözleşme düzenini biçimlendirerek dolaylı ve en büyük işveren olarak doğrudan ücret düzeyine müdahaleler, faize, döviz kuruna, destekleme politikalarıyla tarımsal ürün ve girdi fiyatlarına müdahaleler; üretim ve pazarlama standartlarına, sübvansiyon/cezalandırma politikalarıyla göreli fiyatlar yapısına diğer müdahaleler) ile ekonomik yaşamı etkileyen kuralların oluşturulması (rekabet yasası, medeni yasa, borçlar yasası, ticaret yasası, icra-iflas yasası, ceza yasası, tüketiciyi koruma yasası, emtea ve menkul değer borsalarıyla ilgili düzenlemeler, vb.) alanındaki yasal/kurumsal düzenlemelerdir. Eğitim ve sağlık normlarının geliştirilmesi gibi konular da ekonomiyle dolaylı ilişki halindedir.

Müdahalelerin gevşetilmesi

Türkiye'de 1980'lerden itibaren iktisat ve maliye politikalarını yönlendirenlere egemen olan düşünce, Türkiye'de devletin fazlaca ağırlıklı bir yerinin bulunduğu; kamunun ekonomik faaliyetlerinin, 1980 öncesinde genişleme eğiliminde olduğu ve bunun mutlaka tersine çevrilmesi gerektiğidir. Topluma da benimsetilmeye çalışılan bu düşünce doğrultusunda eyleme geçilmeye 1980 yılı istikrar programından itibaren başlanmıştır. 1980-83 döneminde daha çok üçüncü tür müdahalelerde bir gevşeme (deregülasyon) gündeme getirilebilmiştir. Faizin kısmen serbestleştirilmesi, kontrollü kambiyo rejiminin giderek terkedilmesi, döviz kurlarının esnekleştirilmesi, tarımsal desteklemenin kapsamının daraltılması, tarımsal ve sınai (KİT) girdi fiyatlarının piyasa fiyatlarına yaklaştırılması, vb. bunun çarpıcı örnekleridir. Buna karşılık, emeğin fiyatının toplu sözleşme düzeninde serbestçe belirlenmesine katı sınırlamalar getirilmiştir. Bu sınırlamalar ancak 1988 sonrasında gevşetilmiştir. Deregülasyon uygulamaları, AB ile ilişkilerin de zorlamasıyla bir yandan da yeni kurallar koymaya yönelik yasalaştırma çalışmalarıyla (1994'teki Rekabet Kanunu ve buna bağlı olarak kurulan Rekabet Kurulu gibi) yeni düzenleme alanlarının oluşturulmasına engel olmamıştır.

Kamu kesiminin gerçek boyutları

İkinci tür müdahale alanı bütçe(ler) yoluyla, yani kamu gelir ve giderlerinin mutlak ve göreli büyüklüğü ve bileşiminde yapılan oynamalarla ekonomik karar birimlerine belirli sinyaller yollanmasıdır. Türkiye'de ne 1980 öncesi, ne de sonrasındaki dönemde bütçenin GSYİH içindeki payı gelişmiş ülkelerdekine yaklaşabilmiş değildir. Gelişmiş ülkelerdekinin yarısı ile beşte üçü arasında değişen bütçe/GSYİH oranının 1980'lerde Batı'da esen neo-liberal rüzgarlara kapılarak Türkiye'de de düşürülmek istenmesi temelsiz bir özentiden öteye gitmemiştir. Nitekim sanayileşmiş ülkelerin son yüzyıllık iktisat tarihi de göstermektedir ki, gelişme sürecinde kamunun kaynak kullanımının milli gelir içindeki payı sürekli yükselmektedir. Bu süreç, 1980'lerde yavaşlamış olmakla birlikte, liberal ve özelleştirmeci uygulamalara rağmen tersine çevrilmemiştir.

Sermaye kesiminin dolaysız vergi yükünü düşürmenin özel yatırımları geliştirip kamu yatırımlarını daraltacağı yönündeki "arz yönlü iktisat" söyleminin ABD ve İngiltere'de de belirli bir uygulama alanı bulmasının da etkisiyle, 1983 sonunda iktidar olan Özal Hükümeti esasen yetersiz olan vergi yükünü azaltma yoluna gitmiştir. Böylece 1982 yılından itibaren azalış sürecine giren vergi ve bütçe yükü, 1984-1985 yıllarında en alt noktalara geriletilmiştir. Ancak bütçe (ve kamu) açıklarının büyümesine yol açan bu süreç iç borçlanmada yeni bir dönemi başlatmış, kısa vadeli ve yüksek faizli iç borçlanmanın getirdiği yükler ise bütçenin (bütçelerin) bu defa borç faiz ödemeleriyle şişen transfer harcamaları yönünden büyümesine neden olmuştur.

Bütçenin yapısı en basit şekliyle reel ve transfer harcamaları olarak ayrılabilir. Reel harcamalar, cari ve yatırım harcamaları toplamından oluşur. Bu tür harcamalar, devletin, karşılığında bir hizmet ya da mal alma gücünü elinde tuttuğu harcamalardır. Cari harcamaların en önemli bölümünü personel harcamaları oluşturur. Devlet, bütçeden yaptığı personel harcamaları karşılığında yüzbinlerce öğretmenin, sağlıkçının, memurun, hizmetlinin, katma bütçeli idare işçisinin, vs. belirli sürelerle hizmetlerini satın almış olur. Transfer harcamaları ise, devletin harcamaya ilişkin nihai kararı doğrudan doğruya kendisinin vermediği, ne tür bir harcama yapılacağına transferi alan birimin (kişi ya da kurum) karar verdiği bir harcama biçimidir. Bunun son zamanlardaki en ağırlıklı kalemini borç faizi transferleri oluşturmaktadır.

Bütçenin ve tüm kamu kesiminin harcama ve gelir yapısında 1980 sonrasında ortaya çıkan çarpıcı gelişmeler şöyle özetlenebilir:

• Reel harcamalar - transfer harcamaları ikili ayırımından bakıldığında, 1975-80 döneminde reel harcamalar bütçenin üçte ikilik bir bölümünü oluştururken, bu payın giderek azaldığını, azalışın önce 1984 sonrasında daha sonra da 1994'ten itibaren hızlanarak sürdüğünü görürüz (Tablo 1). Öyle ki, 1998 bütçesinden bakıldığında, başlangıç ödeneği olarak bu payın yüzde 39.4'e kadar gerilediği, buna karşılık transfer harcamalarının yüzde 60.6'lık bir başlangıç payına yükseldiği saptanabilmektedir. İlerde ele alınacak olan 1998 mali yılı ilk altı aylık bütçe gerçekleşmelerinin de göstereceği gibi, bütçe yapısındaki bu kötüleşme başlangıç ödeneklerinin de ötesine geçmiş bulunmaktadır.

Tablo 1 - İktisadî Dönemler İtibariyle Bütçede Reel Harcamalar - Transfer Harcamaları Değişmeleri (1975-1996)

	1975-80	1981-83	1984-88	1989-93	(Yüzde) 1994-96
A) Reel Harcamalar (1+2)	66.2	62.4	55.6	59.5	43.2
1. Cari Harcamalar	46.4	42.7	37.5	46.7	36.2
2. Yatırım Harcamaları	19.8	19.7	18.1	12.8	7.0
B) Transfer Harcamaları	33.8	37.6	44.4	40.5	56.9
Bütçe Harcamaları (A+B)	100.0	100.0	100.0	100.0	100.0

Kaynak: DPT, Ekonomik ve Sosyal Göstergeler
Maliye Bakanlığı, Bütçe Gerekçeleri

• Gelişmeyi farklı bir açıdan kavramak için üçlü bir ayırımdan da bakılabilir. Cari-yatırım-transfer harcamaları üçlü ayırımı esas alındığında, yatırım ve personel carileri aleyhine, faiz transferleri lehine bozulmanın gene önce 1984 sonra 1994 tarihinden itibaren hızlanan bir süreç olduğu görülür. Personel ödenekleri payındaki azalışlar, 1989-93 dönemi dışında süreklidir. Yatırım harcamaları azalışı ise, hiçbir istisnai dönem içermeksizin süreklilik taşımıştır.

Yalnız, 1984-89 döneminde bütçe yatırım harcamalarının kısmen kamu özel fonlarına aktarılması gibi özel bir durum yaşanmıştır. Ancak 1993'ten itibaren fonların büyük bölümünün gelir ve giderlerinin bütçeden geçirildiği bir döneme girildiği için, bu etken 1994 sonrası yatırım ödeneklerindeki çöküşü açıklamamakta, tam tersine çöküşün görünenden daha şiddetli olduğu anlamına gelmektedir (Bkz. ilerde, tablo 3).

• İlerde daha ayrıntılı gösterileceği gibi, konsolide bütçenin yanına kamu özel fonları, yerel yönetimler ve döner sermaye bütçeleri de alınarak toplam kamu harcamaları kavramına ulaşıldığı durumda dahi, reel kamu harcamalarında bir daralma eğilimi görülmektedir. Bunun anlamı, kamunun iş yapabilme/hizmet üretebilme kapasitesinin şiddetli bir biçimde daraltıldığı ve bütçenin gelir düzeyi yüksek kesimlere faizler aracılığıyla gelir transferi yapmaya yönlendirildiğidir.

• Bu arada toplam sabit sermaye yatırımları içinde de kamunun payı 1980'lerin ortalarından itibaren hızlı bir biçimde geriletilmiştir. Kamu kesiminin merkezi (konsolide bütçe, fon, döner sermaye) ve yerel bütçeleri ile KİT ile İller Bankası tarafından yapılan tüm kamu yatırımlarının toplam sabit sermaye yatırımlarına oranı, 1980-87 döneminde, yüzde 45-40 arasında değişirken, 1988-93 arasında yüzde 33-28 arasına yerleşmiş, 1994 sonrasında ise yüzde 18-23 aralığına gerilemiştir (tablo Ek 1/A). Toplam kamu sabit sermaye yatırımlarının GSMH içindeki payı 1975-88 için ortalama yüzde 8.8 iken, 1994-97 döneminde ortalama yüzde 5 düzeyinde kalmıştır.

• Konsolide bütçenin vergi gelirleri yapısına bakıldığında, dönem başında gelir ve kurumlar vergisinin belirlediği dolaysız vergiler ağırlıklı bir konumdan dönem sonunda dolaylı vergiler ağırlıklı bir konuma geçilmiştir. Bunda 1985'ten itibaren yürürlüğe giren KDV'nin etkisi nispeten azdır; olay daha ziyade 1990 başlarından itibaren dolaysız vergilerin gelir esnekliğinin iyice düşmesiyle açıklanabilir. 1993'ten itibaren fonların bütçeleştirilmesi de bu gelişmeyi hızlandırmıştır, çünkü fonlar hep dolaylı vergi ağırlıklı gelir kaynaklarına sahip olmuşlardır.

• Konsolide bütçenin, fonların ve yerel yönetimlerin vergi gelirleri toplamının GSYİH'ya oranı yani sosyal güvenlik primleri hariç toplam vergi yükü (TVY), % 17-18'i aşamamış, üstelik 1984-85 döneminde ortalama % 13 oranına kadar düşürülmüştür. Bu yük gelişmiş dünyada % 30 dolayındadır; sosyal güvenlik primleri katıldığında % 40 dolayındadır. Türkiye'de sosyal güvenlik primleri dahil % 21-22 dolayındadır.

• Yukarıdaki verilerden de anlaşılacağı gibi, gerek konsolide bütçenin, gerekse toplam kamu kesiminin gelir gider farkı yani açıkları 1980'lerin ortalarından itibaren büyümüştür. Bu arada, 1986'dan itibaren bütçe tekniği değiştirilerek, iç ve dış borç anaparaları bütçe hasılat ve ödeneklerinden çıkarılmış, uluslararası standartlara uygun olarak devlet borçlarının yönetimi ayrıca (Hazine tarafından) gerçekleştirilmiştir.

Kamu İktisadi Teşebbüsleri

Kamunun ekonomiye dolaysız müdahale araçları olarak KİT'ler konusunda dönem içinde reform çalışmaları gerçekleştirilememiş, bunların özellikle imalat sanayii ve tarıma yönelik olanları yatırımsızlığa mahkum edilmiş, sistemin artan finansman gereksinimlerinin bütçeden ve TCMB dolaysız kredilerinden karşılanmasına engel olunmuş ve böylece KİT sisteminin 1980'ler sonundan itibaren ciddi bir kriz içine girmesine neden olunmuştur. Dış borçlanmaya ve yerli mali piyasalardan yüksek maliyetlerle iç borçlanmaya itilen, görev zararları Hazinece karşılanmamaya başlanan KİT'lerin mali yapıları giderek bozulmuş ve sistemin konsolide bilançosu 1979'dan 1989'a kadar -azalarak da olsa- kârlı kalmaya devam ederken bu tarihten sonra zarara geçmiş, bu da kaynak gereksinimini daha da büyümüştür. Bunula birlikte, bazı KİT'ler bu dönemde de kârlılıklarını korumuşlardır.

KİT'lerin esas olarak gözden çıkarıldığı ve kamuoyunun gözünde özelleştirilmeye hazırlandığı 1980'lerin ikinci yarısında sistemi en fazla sarsan husus, kendisini idame ettirecek yatırımları dahi yapamaması olmuştur. KİT'lerin toplam kamu yatırımları içindeki payı 1980'ler başında % 50'yi geçerken, 1990'larda % 25'in altına düşmüştür. Düşüşten en büyük payı alan imalat sanayii ve diğer üretken sektörlerdeki KİT'ler olmuştur. Yatırımlarını 1980'lerde sürdürebilenler ulaştırma/iletişim alanındaki PTT ile enerji alanındaki TEK (ve bir katma bütçeli kuruluş olan DSİ ile bu alanın finansmanına giren Kamu Ortaklığı Fonu) olmuştur.

İlerde de değinileceği üzere KİT'lerle ilgili özelleştirme uygulamaları 1986 yılından itibaren başlatılmıştır. Yeterli hukuksal altyapısı hazırlanmadan başlatılan bu uygulamaların bir ölçüde hızlanması 1990'lı yıllarda olmuştur. Hukuki sorunlar yanında bu gecikmede rol oynayan bir diğer etken de, ağırlık verilen blok satış uygulamasının kamuoyunun yoğun tepkilerine yol açan sorunlar taşıması olmuştur.

1980'li yıllarda KİT ile ilgili mevzuat düzenlemelerinin nihai biçimi Haziran 1984'teki 233 sayılı KHK ile yapıldı. Halen(!) geçerli olan bu KHK bu kuruluşlarla ilgili mevzuat çeşitliliğine son vermiş, ama sistemi modern bir işletmecilik temelinde tasarlayamamıştır. KİT'leri Başbakanlık vesayetine daha fazla sokan bu düzenlemenin özelleştirmeye açık kapı bırakan bir yapısı bulunmaktaydı. Daha sonra, 27.11.1994 tarihinde yürürlüğe giren 4046 sayılı Özelleştirme Yasası ile özelleştirme sürecinde yeni bir dönem başlamıştır.

2. DIŞA AÇIK BİR EKONOMİK/MALİ YAPILANMANIN DESTEKLENMESİ

Yapısal uyum programı doğrultusunda dışa açık bir ekonominin altyapısının oluşturulmasına öncelik veren 1980'li yılların yönetimleri, yasal/kurumsal düzenlemeleriyle olduğu kadar kamu gelir ve harcama politikalarıyla da kaynak tahsislerinin yönünü değiştirmeye çalışmışlardır. Bu amaçla harekete geçirilen politika araçları topluca şöyle özetlenebilir:

• Kamu yatırımlarının profilinin değiştirilmesiyle başta imalat sanayii olmak üzere üretken yatırımlardan haberleşme/ulaştırma ve turizm gibi hizmet sektörlerine kaydırılması (Profil değişiminin aksayan yönleri, a) ihracata dönük sanayi yatırımlarında gecikilmesi ve uzun vadenin planlanmaması, b) konut gibi geri dönüşsüz bir yatırım alanının birinci sıraya yükselmesi, c) eğitim ve sağlık gibi beşeri sermaye yatırımlarına gereken önemin verilmemesi, d) üretken yatırımların köklü olarak daraltılması olarak sayılabilir (Tablo Ek 1/C ve D).

• Teşvik sisteminin (vergi, fon, kredi, vd.) hizmet sektörlerine daha fazla yönlendirilmesi, özellikle kurumlar vergisinin muafiyet ve istisna uygulamasının tercihli bir alanı durumuna getirilmesi;

• İç vergi maliyetlerinin ihracata otomatik indirimini ve ithal ürünlere otomatik yansımasını sağlayan, GATT ve AT sistemine uygun Katma Değer Vergisi sistemine geçiş;

• İhracatta vergi iadesi sisteminin bir sübvansiyon politikası olarak -KDV'nin 1985'te sisteme girmesine rağmen- 1988 sonuna kadar sürdürülmesi;

• İhracata fon primleriyle destek verilirken, ithalatta AT'a karşı gümrük vergisi indirim yükümlülüklerini 1984'ten itibaren fon kesintileriyle telafi etme politikası;

• İthalatta efektif koruma oranlarının fon kesintilerinin de azaltılması yoluyla 1989'dan itibaren giderek düşürülmesi (Bu arada 1994'te GATT Uruguay Round Anlaşmasının imzalanması ve AB ile bir Gümrük Birliği anlaşmasının 1995'te imzalanıp 1996'da yürürlüğe girmesi),

• Döviz getirici faaliyetlerden elde edilen kazançların önemli vergi indirimlerinden yararlandırılması;

- Sanayileşmenin öncelikli hedefler arasından çıkmasına koşut olarak KİT'lerin özelleştirilmesinin gündeme getirilmesi; böylece yabancı sermaye girişinin önünde engel olarak görülen KİT sisteminin, özelleştirme sayesinde, tam tersine, yabancı sermaye girişine vasıta olmasının beklenmesi;

- İç talebi kısarak dış talebe yönelik mal ve hizmet üretiminin zorlanması; bunun için dönem başlangıcında (1981-82) vergileri de kullanan gelir yönetimi politikasının uygulanması; bu yöndeki politika araçları olarak uzun süre gündemde kalan düşük reel ücret, yüksek faiz, 1989'a kadar döviz karşısında düşük değerli TL uygulamasına gidilmesi;

- 1989 Ağustosundan itibaren dış sermaye hareketlerini serbestleştiren bir döviz ve kambiyo rejiminin benimsenmesi (Türk Parasının Kıymetini Koruma Kanunu'nda 32 sayılı Bakanlar Kurulu Kararı ile yapılan değişiklikler). Türk parasının reel anlamda değer kazanmasına yol açan bu politikalar ihracatı caydırıcı ithalatı teşvik edici niteliğiyle önceki döviz kuru uygulamasından ayrılmakla birlikte, içe dönük kısa vadeli sermaye hareketlerini (sıcak parayı) teşvik edici, bir bütün olarak dış ticaret hacminin artışını destekleyici ve içerde reel ücretler üzerinde önce rahatlatıcı sonradan ise baskı yapıcı yönüyle "dışa açık" ekonomik yapılanmanın yeni bir veçhesini oluşturmaktadır.

SERMAYE OLUŞUMU YETERLİ Mİ?

Türkiye gelişmekte olan bir ülke sayılıyor. Dolayısıyla sermaye oluşum hızının gelişmiş ülkelerdekinin gerisinde değil, önünde gitmesi gerekiyor. Başka türlü aradaki açıklığı kapatmak mümkün değil.

Gerçi aşırı yatırımcılığın Doğu Asya ve özellikle G.Kore gibi bugün "olumsuz" sayılan örnekleri de gösteriliyor. Ancak unutmayalım: Bugünün G.Kore'si, krizde dahi olsa, Türkiye'den çok daha fazla yol almış bir ülke özelliği taşıyor. Fizikî ve beşerî sermaye oluşumu bakımından Türkiye ile karşılaştırıldığında büyük farklar atıyor. Bu nedenle de, sistemin hegemonik gücü olan ABD sermayesinin kuşatmasına konu olabiliyor.

Gelişmiş dünya ülkelerinde toplam sabit sermaye yatırımlarının GSYİH içindeki payı genellikle yüzde 17-19 dolaylarında bulunuyor (Sayısal veriler için: Problemes Economiques, No. 2570, 27 Mayıs 1998, s. 17). Bu düzeyin altında kalan İngiltere gibi neo-liberalizmin krizinden kurtulamayan birkaç ülke olduğu gibi, bu düzeyi aşan oldukça önemli bir grup ülke var: İspanya (%20.6), Almanya (%21.7), Avusturya (%24.7) ve Japonya (%28.5). Japonya'da sermaye oluşum oranının Türkiye'yi hâlâ aşıyor olması kayda değer. Türkiye'nin sabit sermaye yatırımları yüzdesinin sayılan diğer 3 gelişmiş ülkeninkinden fazla uzak olmayışı da ilginç bir diğer saptama olarak not edilmeli. Japonya'nın da bugün krizde olmasından Türkiye lehine pay çıkarmaya ise asla kalkışmamak gerekiyor.

Bir diğer gösterge, toplam yatırımların ne kadarının kamu yatırımlarından oluştuğudur. Türkiye'de bu oranın 1994 sonrasında yüzde 19 düzeyinde oluştuğunu söylemiştik. Bu oran, örneğin çok liberal ABD'de dahi yüzde 17.8 düzeyinde. İspanya ve Fransa'da da aynı noktalarda. Japonya'da ise kamu yüzde 23.1 payına sahip; yani Türkiye'nin hayli üzerinde. Türkiye'deki kamu yatırımları payındaki düşüş eğiliminin ise hızlanması bekleniyor. İki nedenle: Bir, özelleştirmeler hızlandığı için; iki, bütçeden yapılan kamu yatırımları borç faizi sarmalı yüzünden sürekli kısıtlandığı için. Dolayısıyla, yakın gelecek parlak görünmüyor. Bunu liberal ekonominin bir zaferi olarak görüp şişinenlerin kofluğunu anlamak için fazla beklemek de gerekmeyecek.

Yeni bir gösterge daha: Türkiye'de konsolide bütçenin yüzde 5 civarında bir bölümü yatırımlara ayrılabilirken, İspanya'da bu oran yüzde 8, ABD'de yüzde 9.5, Japonya'da yüzde 18.4.

> Daha da kötüsü şu: Türkiye'de personel harcamalarının toplam kamu harcamaları içindeki payı yüzde 25'ler düzeyine geriletilmişken, bu oranın gelişmiş dünyada genellikle yüzde 50-70 düzeyinde dolaştığını bilmek bilmem bizdeki kamu personeli alerjili yeni-liberalleri biraz düşünmeye sevkeder mi? Düşünmek şunun için gerekli: Kamu personel harcamaları bir anlamda beşeri sermaye oluşumu için yaşamsal önemde kabul ediliyor. AR-GE'ye tahsis edilen kaynakların da büyük ölçüde personel ödeneklerinden oluştuğu unutulmamalı.
>
> Hatta, beşeri sermaye oluşumuna bağlı tüm kamu harcamalarının, bu bağlamda kamu personel harcamalarının, bir yatırım harcaması olarak sayılmasını öneren yaklaşımların varlığı da dikkate alınırsa, Türkiye'nin sunduğu resmin hazinliği biraz daha iyi idrak edilebilir.

3. DEVLET AĞIRLIKLI BÖLÜŞÜM DİNAMİKLERİNE GEÇİŞ

Gelir dağılımının belirlenmesinde ekonominin içsel dinamikleri kadar devletin iktisat/maliye politikaları da etkili olmaktadır. Burada üst üste gelen iki düzey vardır; ama yaratılan ekonomik artığın paylaşım kurallarını belirleyerek (İş Kanunu vb.) ve doğrudan doğruya en büyük işveren olarak devlet dıştan müdahale bakımından olduğu kadar birinci düzeyde de (piyasada da) etkin bir konumda olabilmektedir. Bu iki düzey içiçe geçebilmektedir ama, gene de iki grup etkenden hangisinin daha ağırlıklı olduğu ayırdedilebilir.

1977 sonrasında gelir dağılımında bozulma şeklinde ortaya çıkan değişiklikler iki farklı neden grubuna bağlı olarak açıklanabilir. 1977-79 yıllarında bölüşüm dinamiklerine ekonominin içsel ve kendiliğinden süreçlerinin, 1980 sonrasında ise iktisat/maliye politikalarının egemen olduğu söylenebilir. 1970'lerin sonlarında bölüşüm süreçleri iktisat politikalarının kontrolünden bağımsızlaşırken, 1980'lerde tam tersi yaşanmıştır.

1980'lerdeki gelir yönetimi politikalarının reel ücretleri ve çiftçinin eline geçen fiyatları aşındırmak gibi iki temel işlevi olmuştur. Emekgücü piyasasında reel ücretleri aşındırmanın hukuki (1982 Anayasası, Sendikalar Kanunu, Toplu İş Sözleşmesi, Grev ve Lokavt Kanunu, İş Kanunu, vd.) ve kurumsal (Yüksek Hakem Kurulu, Devlet Güvenlik Mahkemeleri, Olağanüstü Hal Bölgesi, vb.) çerçevesi titizlikle hazırlanmıştır.

Gelir yönetimi politikalarının diğer öğeleri, tarıma yönelik destekleme ve fiyat politikaları (iç ticaret hadlerinin tarım aleyhine bozulması), faiz ve döviz kuru politikaları ile KİT fiyat politikaları olmuştur.

Maliye politikası açısından bakıldığında öncelikle kamu gelirleri politikalarının etkin bir rol oynadığı görülmektedir:

• Olumsuz bölüşüm etkileri bilinen dolaylı vergi yükümlülüklerinin sistem içinde ağırlığının artması (dönem sonunda % 65'i bulan bir oran);

• Dolaysız vergilerin adil yük dağıtma özelliklerinin tamamen kaybolması ve bazı yükümlüler için dolaylılardan daha regresif bir yapı kazanmaları (Bunun nedenleri arasında: a) Dolaysız vergilerin giderek kaynakta kesilmesi yüzünden yansıtılma özelliklerinin güçlenmesi; b) Artan oranlılığın hemen hemen tamamen ücretlileri hedeflemesi ve böylece bu kesimin ortalama gelir vergisi yükünün artışı; c) Yükümlülük tabanının daralması; d) Hayat standardı esası ve götürülük uygulamasının genişlemesiyle gerçek usulden uzaklaşılması; e) Üniter sistemden sedüler sisteme doğru yönelme, sayılabilir).

• Sabit gelir grupları lehine indirim ve enflasyondan koruma mekanizmalarının bilinçli olarak aşındırılması veya sisteme sokulmaması.

Kamu harcama sisteminin bölüşüm dinamiklerine etkisi de bu dönemde iki yönden olumsuz olmuştur. Bir yandan kamu hizmetlerinin ağırlığı sermayenin değerlenmesi için yapılan kamusal altyapı çalışmalarına kaydırılmış; fonlardan yapılan prim, kredi vb. destekleme harcamalarıyla belirli sermaye grupları kayırılmış; kamu kaynakları, kamuya yüksek reel faizlerle ödünç veren mali sisteme ve rantiyelere aktarılmıştır. Öbür yandan ise, artan ve kentleşen nüfusun yeni kamu hizmetleri talebi karşısında kamu harcamalarının reel bölümü büyütülecek yerde küçültülmüştür. Bunun bir sonucu olarak da, dönem ortalaması açısından eğitim ve sağlık harcamaları gibi sosyal nitelikli harcama kalemleri küçülmüş veya artan talebi karşılayamaz duruma gelmiştir.

Nüfus başına eğitim/sağlık harcamalarının düştüğü bir toplumda, bölüşüm dinamikleri kısa dönemde emekçi kesimler aleyhine bozulmakla kalmamakta, uzun dönemde beşeri sermaye oluşumu büyük ölçüde zayıfladığı için işgücü verimliliğini de düşürmektedir.

B. KAMU MALİYESİNİN YÖNETSEL VE HUKUKSAL YAPISININ DEĞİŞİMİ

1980'lerde kamu ekonomisinin yönetimine iki çelişkili süreç egemen olmuştur:

• Kamu ekonomisiyle ilgili temel kararların giderek dar kurullarda ve hatta yürütmenin tepesinde kişisel olarak alınmasına götüren aşırı merkezileşme süreci;

• Kamu tüzelkişiliğinin parçalanmasına ve yönetim hiyerarşisinde kaosa götüren dağınıklık süreci.

Hukuk sistemi de esas olarak bu merkezileşme/dağınıklık/denetimden kaçış olarak özetlenebilecek yönetim anlayışının çerçevesini hazırlamaya ayarlanmıştır.

1. EKONOMİK YÖNETİMİN MERKEZİLEŞTİRİLMESİ

1980'leri belirleyen "güçlü yürütme-zayıf yasama" politik hedefi doğrultusunda kamu ekonomik yönetimi kendi içinde yeniden dengelendirilmiştir. Bunun oluşturucu ögeleri şöyle sıralanabilir:

• Başbakanlık kurumu, doğrudan hükmettiği mali kaynakların ve doğrudan aldığı mali kararların kapsamını, yürütmenin gerçek organı olan Bakanlar Kurulu aleyhine dahi sürekli genişletebilmiştir. Bakanlar Kurulu'na vergi yasalarıyla çok geniş yetkiler devredilmesi zaten yasama organının devre dışı bırakılması anlamına gelirken, harcama disiplini bakımından temel mali yasaların bütünüyle dışına çıkarılan bir fon sistemi yaratılmıştır. Başbakanlık kurumu, doğrudan ya da devlet bakanlıkları aracılığıyla, oluşturulan fon ekonomisinin temsil ettiği değerin % 75'ini kontrol edebilme durumuna getirilmiştir.

• Kamu ekonomik yönetiminde geleneksel olarak etkili olan Maliye-DPT-TCMB üçgeni, Başbakanlık kurumunu güçlendirecek şekilde bir yedigene dönüştürülmüştür. Bunun için ilk önce 1984 başından itibaren Hazine Genel Müdürlüğü Maliye Bakanlığı'ndan, Dış Ticaret Gn. Md. Ticaret Bakanlığı'ndan alınarak Başbakanlığa bağlı bir Hazine ve Dış Ticaret Müsteşarlığı kurulmuştur. Daha sonra bir iç kabine gibi çalışan Ekonomik İşler Yüksek Koordinasyon Kurulu ile Toplu Konut ve Kamu Ortaklığı Kurulu kurulmuştur. (Bu iki kurulun tüm yetkileri mevcut Yüksek Planlama Kurulu'na devredilerek 1988'de tasfiye edilecektir). Bunların üzerine bir de 1984'ten itibaren yetkileri genişletilmiş ve Başbakanlığa bağlı bir üst düzey bürokrat kurulu olan Para ve Kredi Kurulu (şimdiki adıyla Para, Kredi ve Koordinasyon Kurulu) eklenmiştir.

• Yürütmenin çeşitli kademelerine yetki devrinin bir başka biçimi, çok amaçlı yetki yasalarına bağlı olarak Kanun Hükmünde Kararnamelerle (KHK) yürütmeye adeta yasama yetkilerinin devri olmuştur. KHK'ler, geçici bir yetki devrinin de ötesine geçerek yasa yerine geçmeye başlamışlardır; üç aylık süre içinde yasaya dönüşmesi gereken bu kararnameler 10 yılı aşkın süredir yürürlükte kalabilmişlerdir.

• Devletin ekonomik kararlarının doğurabildiği rantların paylaştırılmasında düzenleyici rol oynayan bürokrasinin yetkilerinin II. Özal Hükümeti döneminde giderek siyasi kadrolara kaydırılması, bu arada fon sisteminin firma bazında kayırmalara olanak tanıması nedeniyle, iktisat politikası artan boyutlarda bireyselleşmeye başlamıştır. Bazı üst düzey bürokratların bağlı oldukları bakanları atlayarak doğrudan veya Başbakan aracılığıyla kamu kesimini bağlayıcı ilişkiler kurabilmeleri bu dönemi betimleyen diğer özelliklerden birisi olmuştur.

2. KAMU TÜZEL KİŞİLİĞİNİN PARÇALANMASI

Kural olarak kamu tüzel kişiliği tektir ve bir bütündür. Bunun en genel istisnası, özel hukuk hükümlerine göre ticari faaliyette bulunan KİT'lerdir. Bunun dışında istisnai olarak bazı özel amaçlı kamusal kurumlar için böyle bir statü tanınabilir. Anayasa (m. 123) bunun için iki temel ilkeyi esas alır: Birincisi, yasama organının dışlanmaması, yani ancak yasayla kamu tüzelkişiliği kurulabilmesi; ikincisi, idarenin bütünlüğünün bozulmamasıdır.

Kamu yönetiminin bütünlüğü bozuldukça, yani kamu otoritesinin "devlet tüzelkişiliği" dışında ayrı kamu tüzelkişilerince temsil edilmesi yaygınlaştıkça, devlet yönetimi o ölçüde parçalanacak, kamu gelir ve giderlerinin parlamento denetimindeki merkezi bütçe dışına çıkması riski artacak, kamu ekonomik yönetiminin eşgüdümü ve denetimi zorlaşacak, kamu personel ve ücret rejimi çarpıklaşacak, ayrı karar birimlerinin kamuya getirdiği cari gider yükleri ve yeterince uzmanlaşmamış ve dağınık karar süreçleri nedeniyle kamu kaynaklarının etkin kullanımı olanağı zayıflayacaktır.

1980 sonrasında bütün bu olumsuzlukları taşıyan bir fon sisteminin yaratılmasına tanık olunmuştur. 1990 yılı sonu itibariyle çalışır durumda bulunan 104 fondan 17'si devlet tüzelkişiliğinin dışında tüzelkişiliğe sahip idarelerce yönetilmekte ya da kendileri doğrudan bir tüzel kişilik oluşturmaktaydı. Bunlardan sadece bir tanesi 1980 öncesinden gelmekteydi. 17 fonun 14'ü Başbakanlık ya da bağlı kurumlar yönetimindeydi ki bu da merkezileşmenin bir başka göstergesidir.

Sözkonusu fonların sayıları gerçek boyutlarını göstermemektedir. Aslında sayıca fon sistemi içinde yaklaşık % 17'lik bir yer tutan bu fonların hükmettikleri kaynak toplam fon sisteminin üçte ikisini temsil etmekteydi. Bu veri de bunların kamu mali sistemi içinde ayrı bir alt mali-hukuk sistemi oluşturmaya doğru yöneltildiklerini göstermektedir.

3. MALİ-HUKUK DÜZENİNİN ALTÜST EDİLMESİ VE FON SİSTEMİNİN KURULUŞU

Kamu gelir ve gider sistemlerinin düzenlenmesi ve devletin bu düzenlemedeki yaptırım gücü "mali hukuk" adı verilen yasal kurallar bütünüyle sağlanır. Kamu gelirlerinin ortak bir havuzdan geçmek koşuluyla kamu hizmetlerine tahsis edilmesi "bütçe" aracılığıyla olur. Bütçe, kaynağını Anayasa'dan alan ve parlamento tarafından onaylanarak yasaya dönüşen en temel mali belgedir. 1980 sonrasında bütçenin, kaynak tahsis mekanizmasının temel aracı olmaktan giderek uzaklaşmasının bir nedeni fonlarsa, diğer nedeni de güçlü bir yürütme yaratmaya yönelik hukuksal yapılanmadır. 1980 sonrasının mali mevzuatındaki değişiklikler bu konuda bir fikir verebilir:

• Bu dönemde mali mevzuattaki düzenlemelerde sayısal bir patlama olmuştur. Yeni düzenlemeler yanında sıkça yapılan değişikliklerle izlenmesi çok güç bir mali kurallar bütünü oluşturulmuştur. Örnek olarak TBMM'de kabul edilen yasa sayıları (mali ve diğer) karşılaştırılabilir. 12 Eylül 1980 öncesi son beş yıllık dönemde toplam 422 tasarı yasalaşmışken, 12 Eylül 1980 ile Kasım 1983 arasındaki üç yıllık Milli Güvenlik Konseyi ve daha sonra Kurucu Meclis döneminde toplam 669 yasa çıkarılmıştır. 1980 öncesi yıllık yasa çıkarma sıklığı 84 iken, 1980 sonrasında 223'tür; aylık bazda sırasıyla 7 yasa ile 19 yasa gibi çok farklı ölçüler sözkonusudur. ANAP'ın ilk beş yıllık döneminde aylık yasa çıkarma sıklığı ise 9'dur; ancak bu dönemde 13 yasayla 72 ayrı yasada(!) değişiklik yapıldığı göz önüne alındığında, aylık yasa sayısı 10'u aşmaktadır.

Sadece vergi yasaları karşılaştırması daha ilginç olabilir: Milli Güvenlik Konseyi ve Kurucu Meclis dönemlerinde 12 vergi yasasında 38 kez değişiklik yapılmıştır. 1984-1989 arası ANAP döneminde ise 16 vergi yasasında 69 kez değişiklik yapılmıştır. Bunlardan 9'u KDV yasasında, 8'er tanesi Gelir Vergisi ile Kurumlar Vergisi yasalarında yapılmıştır. ANAP döneminde yeni vergi ya da vergilerde değişiklik yasalarının aylık ortalaması 1'dir. Fon yasaları da eklendiğinde bu sayı 1,5 olmaktadır.

Görüldüğü gibi, tasarıların yasalaşma süreci genel olarak hızlanmış ve bu arada bir yasayla birden çok yasanın değiştirilmesi geleneği başlatılmıştır. Ancak bu hızlanma sağlıklı mevzuat yenilenmelerine götürememiş, "uygula-gör-düzelt" mantığıyla yasalarla defalarca oynanmıştır. Sonuçta izlenmesi güç bir mali kurallar zinciri oluşturulmuştur. Özellikle vergileme alanında Meclis'in çıkardığı "yarı-mamul" yasaları tamamlamak Bakanlar Kurulu'na kalmıştır.

• Mali-hukuk sisteminde yaratılan kargaşanın boyutları aslında yasalar dışındaki mali mevzuatı ve özellikle fon mevzuatını dikkate alınca içinden çıkılmaz boyutlara erişmektedir. Örnek olarak 1990 yılında yalnızca 3 yeni fon kurulduğu halde, fonlarla ilgili 7 yasa, 21 KHK, 1 tüzük, 56 Bakanlar Kurulu Kararı, 24 yönetmelik ve 65 ana tebliğ Resmi Gazete'de yayınlanmıştır. Bir yılda 174'e ulaşan fon mevzuatı yenilenme/değişme sıklığı, iki günde bir değişiklik anlamına gelmektedir. Resmi Gazete'de yayınlanmayan tebliğler bir yana bırakılırsa, 1990 sonunda yürürlükte bulunan 104 fonu ilgilendiren tam 830 mevzuat metni bulunmaktaydı. 104 fonun 71'inin 1980 sonrası fonları olduğu ve en çok bunların mevzuat değişikliğine konu olduğu da unutulmamalıdır.

Sözkonusu 104 fonun 64'ü yasayla, 8'i KHK ile, 18'i Bakanlar Kurulu Kararı'yla, 14'ü yönetmelikle kurulmuştur. Fonların Anayasal dayanaklarının bulunup bulunmadığı ise, zorlama yorumlara rağmen, tartışmalıdır.

• 1980 sonrasının mali yapılanmasındaki özelliklerden birisi de, gelirlerin toplanması ve harcanmasında, temel mali mevzuat denilen yasaların devre dışı bırakılmasına çok sık başvurulması olmuştur. Bu yasalar, 1050 sayılı Genel Muhasebe Kanunu, 2886 sayılı Devlet İhale Kanunu ve 832 sayılı Sayıştay Kanunu'dur. Bu uygulama, fonların büyük çoğunluğu için geçerli olmuştur. Birinci yasaya göre kurulan Döner Sermayeler de genellikle son iki yasanın hükümleri dışına çıkarılmıştır. 1980'lere damgasını vuran bu süreç, gerek parlamentonun, gerekse üst denetim organlarının denetiminden kaçışın kurallaştırılması anlamındadır. Mali yasaların Anayasa'ya aykırılığı iddialarındaki artışta bu hususların da etkisi olmuştur.

• En hızlı dönemini I. ve II. ANAP Hükümetleri döneminde (1983-91) yaşayan fon sisteminin gelirlerinin konsolide bütçe gelirlerine oranı 1984'te % 22 iken 1990'da % 57 düzeyine çıkabilmiştir. Kamu kesimi toplam gelirleri içindeki payı ise % 29'yi aşabilmiştir. Fon gelirlerinin üçte ikisi vergisel niteliktedir. Fonlarla yepyeni kaynaklar yaratıldığı veya olağan kamu gelirleri sistemiyle bunların yaratılamayacağı iddiasının yanlışlığı ise özellikle fon gelirlerinin kısmen bütçeleştirilmeye başlandığı 1988 yılından itibaren daha açık görülmeye başlanmıştır. Nitekim 1989'dan itibaren fonların konsolide bilançosunun da açık vermeye başlaması bunun yeni bir göstergesi olmuştur.

• Türkiye'de konsolide bütçe sistemini belirli ölçüde "marjinalleşmeye" iten gelişmeler içinde yerel yönetimlere bütçeden ayrılan payların büyümesi ve döner sermaye sisteminin büyümesi de bulunmakla birlikte, bu sürece katkıda bulunan en önemli etken bir fon ekonomisinin yaratılması olmuştur. Nitekim 1992 Nisan'ında yürürlüğe giren yeni hükümetin bütçesiyle birlikte 77 fonu kapsamına alan bir "müşterek fon hesabı"nın oluşturulup gelirlerinin büyük ölçüde bütçeye aktarılması sonucunda konsolide bütçenin önemi tekrar hızla büyümeye başlamıştır. Bununla birlikte, fonlarla ilgili tutarlı bir tasfiye planı yürürlüğe sokulmadıkça, kamu maliyesini 1980'lerde bir tümör gibi kemiren bu sistemin bütçe ilkelerine uygun bir şekilde bütçeleme süreçlerine entegre edilmesi mümkün olmayacaktır.

Sonuç olarak, ekonominin ve mali/ekonomik mevzuatın liberalleştirilmesi ve deregülasyonu temelinde iktisat ve maliye politikası araçları yeniden tanımlanmıştır. Ancak yasal/kurumsal çerçeveyle daha rahat oynanmasının koşullarının oluşturulduğu bu dönemde, geliştirilen zengin müdahale araçlarına rağmen kamu maliyesi sistemi ve maliye politikaları etkinleştirilememiş, tam tersine, sistemle çok rahat oynanmasının olumsuz etkileriyle ciddi bir mali disiplinsizlik ortamı yaratılmıştır.

EK 1: YATIRIM TABLOLARI

Tablo Ek 1/A-Toplam Yatırımların Kamu-Özel Arasında Dağılımı

	Yüzde Dağılımı		
	Kamu	Özel	Toplam
1977	36.9	63.1	100.0
1978	34.2	65.8	100.0
1979	36.8	63.2	100.0
1980	40.0	60.0	100.0
1981	45.5	54.5	100.0
1982	42.7	57.3	100.0
1983	43.3	56.7	100.0
1984	41.5	58.5	100.0
1985	45.5	54.5	100.0
1986	44.7	55.3	100.0
1987	40.5	59.5	100.0
1988	33.9	66.1	100.0
1989	33.5	66.5	100.0
1990	30.8	69.2	100.0
1991	31.9	68.1	100.0
1992	32.3	67.7	100.0
1993	28.5	71.5	100.0
1994	20.6	79.4	100.0
1995	17.5	82.5	100.0
1996	20.4	79.6	100.0
1997	22.7	77.3	100.0
1998	22.7	77.3	100.0

Kaynak: DPT, Temel Ekonomik Göstergeler 1998, Ekonomik ve Sosyal Göstergeler, 1950-1995; Yıllık Programlar. (1997 verileri gerçekleşme tahmini, 1998 program hedefidir)

Ek 1/B- *Kamu Yatırımlarının Yatırımcı Kamu Kuruluşlarına Dağılımı (Yüzde)*

Dönemler	Konsolide Bütçe	KİT	Yerel Yönetim	Fonlar	Diğer(*)	Toplam Kamu
1997-80	45.3	46.1	3.5	0.0	5.2	100.0
1981-83	39.9	51.4	4.0	0.0	4.8	100.0
1984-88	32.0	48.6	9.3	5.2	4.9	100.0
1989-93	34.1	33.0	10.2	17.8	4.7	100.0
1994-97	38.8	24.2	19.1	13.6	4.3	100.0

(*) İller Bankası, Döner Sermayeli Kuruluşlar, Sosyal Güvenlik Kuruluşları.
Kaynak: Ek 1/A'dakiyle aynı

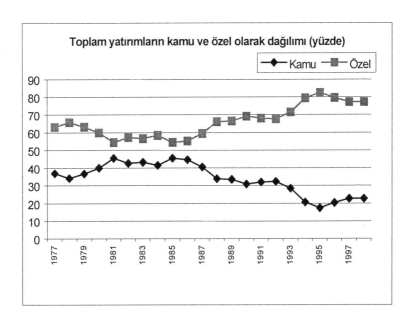

Ek 1/C- Yatırımların Sektörel Dağılımı

a) Toplam Yatırımlarının Dağılımı (Yüzde)

	1977-80	1981-83	1984-88	1989-93	1994-97
İmalat Sanayi	29.0	26.8	18.6	18.2	20.7
Enerji	7.8	10.9	10.0	5.1	4.8
Ulaştırma	15.0	18.7	18.8	22.7	20.6
Konut	27.2	17.4	29.0	32.3	31.7
Eğitim ve Sağlık	2.6	3.0	3.1	5.0	5.5
Diğer	18.4	23.1	20.5	16.8	16.7
Toplam	100.0	100.0	100.0	100.0	100.0

b) Özel Kesim Yatırımlarının Dağılımı (Yüzde)

	1977-80	1981-83	1984-88	1989-93	1994-97
İmalat Sanayi	31.9	33.4	25.2	24.3	25.3
Enerji	0.3	0.4	0.8	0.7	2.7
Ulaştırma	10.5	16.3	11.5	15.7	17.1
Konut	42.8	29.5	46.2	45.5	39.8
Diğer	14.5	20.3	16.3	13.9	15.1
Toplam	100.0	100.0	100.0	100.0	100.0

c) Kamu Yatırımlarının Dağılımı (Yüzde)

	1977-80	1981-83	1984-88	1989-93	1994-97
İmalat Sanayi	24.3	18.3	8.0	4.2	3.5
Enerji	20.1	24.3	24.7	15.1	12.9
Ulaştırma	22.1	21.8	30.2	38.7	33.7
Eğitim ve Sağlık	6.0	6.2	6.3	11.6	14.0
Diğer	27.5	29.2	30.8	30.4	35.9
Toplam	100.0	100.0	100.0	100.0	100.0

Kaynak: DPT, Temel Ekonomik Göstergeler 1998, Ekonomik ve sosyal göstergeler 1950-95; Yıllık Programlar.
1997 verileri gerçekleşme tahmini, 1998 program hedefidir.

Ek 1/D- Toplam Yatırımlar İçinde Üretken Sektör Yatırımlarının Payı (Yüzde)

	1976-1986	1987-1997
Tarım/Toplam Yatırım	9.0	5.5
Madencilik/Toplam Yatırım	3.8	1.7
İmalat Sanayi/Toplam Yatırım	27.7	18.9
Üretken Sektörler/Toplam Yatırım	40.5	26.1

Kaynak: DPT, Ekonomik ve Sosyal Göstergeler 1950-1995; DPT, 1998 Yılı Programı

II. BÖLÜM

BÜTÇE POLİTİKASI VE DEVLETİN BOYUTLARINA KARŞILAŞTIRMALI BİR YAKLAŞIM

- **1980 BÜTÇESİNİN MALİ/İKTİSADİ ANALİZİ BAĞLAMINDA BÜTÇELERİN DEĞİŞEN YAPISI**
  1. Giriş: 1997 Bütçesinin "Denkliği"
  2. 1998 Bütçesi ve Ekonomik İstikrar
  3. Ekonomik Ayırıma Göre Bütçe Bileşimi
  4. İdari-Fonksiyonel Ayırıma Göre Bütçe Bileşimi
  5. Bütçe Gelirleri
  6. 1998 Mali Yılı Ocak-Ağustos Dönemi Bütçe Gerçekleşmeleri
  7. 1999 Bütçesi Üzerine İlk Değerlendirmeler
  8. Vergi-Faiz İlişkileri veya Hangi Vergileri Faiz Ödemelerine Ayırıyoruz?
  9. Genel Sonuç

- **DEĞİŞEN DÜNYADA DEĞİŞMEYEN DEVLET Mİ?**
  1. Giriş
  2. Bazı Anımsatmalar
  3. Gelişmişlerde Devletin Boyutlarına İlişkin Farklılıklar
  4. Gelişmişler ile Gelişmekte Olanlar Arasındaki Farklılıklar ve Türkiye
  5. Evrimin Doğrultusu ve Dünya Bankası Raporu

1998 BÜTÇESİNİN MALİ/İKTİSADİ ANALİZİ BAĞLAMINDA BÜTÇELERİN DEĞİŞEN YAPISI

1. GİRİŞ : 1997 BÜTÇESİNİN "DENKLİĞİ"

1998 Bütçesi hazırlanırken henüz 1997'nin kesin sonuçları bilinmiyordu. Bu nedenle öncelikle 1997 yılı bütçesinin gerçekleşme verilerini değerlendirmekte yarar var.

1997 Mali Yılı Bütçesine ilişkin gerçekleşme rakamları 1998 Şubat ayı sonunda yayınlanmış bulunuyor. Buna göre, 1997 konsolide bütçesinin iki bakımdan beklentilerin dışına çıktığı görülüyor. Birincisi, Refahyol Hükümeti 1997 bütçesini gerçekçi olmadığını bile bile "denk bütçe" hayali üzerine kurmuştu. Bu beklentinin gerçekleşmeyeceği, henüz Mayıs 1997'de bizzat bu bütçenin hazırlayıcısı Hükümet yetkililerince kabullenilmişti. Nitekim, gerçekleşme rakamlarına göre 1997 bütçesinin dengesi 2 katrilyon 181 trilyon liralık bir açıkla bağlanmış bulunmaktadır.

1997'nin ikinci yarı yılında iktidar olan Anasol-D Koalisyonunun beklentilerinin dışında gerçekleşen bir diğer gelişme ise, faiz dışı bütçenin açık vermek yerine küçük de olsa bir fazla vermesidir. Tüm beklentiler, 1997 yılında hem faiz ödemeleri dahil hem de hariç olarak hesaplanan bütçe dengelerinin negatif olacağı yönündeydi. Ancak 1997 yılının son ayında faiz dışı dengenin kurtarılabileceği beklentileri hakim oldu. Nitekim, 97 trilyon TL gibi küçük bir boyutta da kalsa,

1996 yılının faiz dışı fazlasına göre cari olarak yüzde 63, reel olarak yüzde 79 oranında gerilemiş de olsa 1997 bütçesi bir faiz dışı fazla vermiştir.

Böylece 5 Nisan kararlarının uygulandığı 1994 yılından itibaren oluşan faiz dışı fazla verme "geleneği" korunmuş olmaktadır. 1994 ile 1997 arasındaki dört ayrı bütçe döneminde faiz dışı dengeler üst üste olumlu olmuştur. 1998 bütçesi bu konuda daha iddialı gözükmektedir. Buna göre, faiz giderleri dışındaki bütçe gelir ve giderleri arasında 1.9 katrilyon liralık bir gelir fazlalığı oluşması beklenmektedir. IMF bu beklentiyi olumlu ancak yetersiz bularak, özelleştirmenin hızlandırılmasını ve söz konusu fazlanın 3.9 katrilyona çıkarılmasını talep etmiştir. 55. Hükümetin buna ilkesel bir itirazı olmamakla birlikte yapılabilirlik açısından kaygıları vardır. Bu kaygılar arasında her an gündeme gelebilecek bir seçim beklentisi de yok değildir. Ancak özelleştirmeye verilmek istenen ivmeye bakılırsa, IMF ile programa bağlı olmayan bir uyum arayışı sezilmektedir.

Bütçelerin hiç olmazsa faiz hariç dengesinin açık vermemesi genellikle olumlu görülür. İlk bakışta buna katılmak mümkündür. Çünkü, faiz dışı bütçe dengesi de açık olsaydı bir de bu açık kadar ek bir borçlanma gerekirdi. Ancak iki sorunun cevabının da verilmesi gerekir:

1) Faiz dışı denge **niçin** fazla vermelidir? Bütçe açığının nedeni olan borç faizi ödemelerine kaynak aktarabilmek için. Yani daha rahat borç ödeyebilmek için.

2) Faiz dışı bütçe dengesi veya fazlası **nasıl** sağlanmaktadır? Bütçelerin bütün yatırımcı niteliğinin ve sosyal özünün budanması yoluyla sağlanmaktadır. Bütçede faizlere daha fazla yer açabilmek için altyapı yatırımları ve eğitim/sağlık ve diğer sosyal hizmetler bir yıldan diğerine sürekli geriletilmektedir. Bu nedenle, ilerde de görüleceği üzere, 1990 yılları itibariyle dahi kamu hizmeti anlayışında çok çarpıcı bir erime süreci göze çarpmaktadır.

Bu sürecin en özet ifadesi ise, kamu finansmanına katkı yapmakta direnen çevrelere bol miktarda faiz transferi yapmaya dayalı bir saadet zincirinin kurulmuş olmasıdır. Bu saadet zincirinden çıkar sağlayanlar ise sanıldığı gibi sadece mali sistem ve sadece parayla para kazanan üretim dışı çevreler değildir. 500 büyük firmanın kârlarının yüzde 55'inin faaliyet dışı alanlardan (kamu kağıtları, repo, mevduat faizleri ve borsadan) elde ediliyor olmasının da gösterdiği gibi, **"bütçenin içini boşaltmaya veya kamu kaynaklarını eritmeye katkıda bulunanlar cephesi"** vergilemeye beyannameli statüde katkıda bulunanlara kıyasla daha ağırlıklı olmaya başlamıştır.

2. 1998 BÜTÇESİ ve EKONOMİK İSTİKRAR

1998 bütçesine ilişkin olarak siyasilerin ve bürokratların temel vurgusu, bu bütçenin üç yıllık bir orta vadeli istikrar politikasının bir parçası olduğu yönündeydi. Nitekim gerek 13 Ekim 1997'de 2 bakanın ve çok sayıda üst düzey bürokratın Ekonomik ve Sosyal Konsey'in hükümet dışı üyelerine verdiği brifingde, gerek Maliye Bakanı'nın "Bütçe Sunuş Konuşması"nda, gerekse Hükümet üyelerinin çeşitli konuşmalarında altı çizilen temel nokta buydu.

Her ne kadar daha sonraki süreçte 3 yıllık tedrici bir program yerine 1 yıllık şok program konusu gündeme getirildiyse de, bunun bütçeyle bağlantısının kurulması için çok geçti ve esasen bu tür bir hedef farklılaşmasının tam olarak benimsenip benimsenmediği bir türlü kesinlik kazanamadı. Siyasal yönetime egemen olan akortsuz çok sesliliğin bir görünümü de, 1998 yılının ilk yarısında KİT fiyatlarının dondurulması veya, daha sonraki "düzeltilmiş" biçimiyle, KİT fiyat ayarlamalarının 6 ayda bir yapılmasına yönelik başbakanlık açıklamasıydı. Hazine müsteşarının istifasına yol açan bu gayriciddi karar alma düzeneğinin bütçenin uygulanmasına nasıl yansıyacağı tam olarak bilinemiyor.

Tablo 2- 1998 Konsolide Bütçesine İlişkin Bazı Büyüklükler

	1997 Gerçekleşme Tahmini (trilyon TL)	1998 taslağı (trilyon TL)	Artış 1998/1997 (%)	1998 Bütçe Payı (%)
HARCAMALAR	**8.052**	**14.793**	**83.7**	**100.0**
Faiz Dışı Harcamalar	5.761	8.893	54.4	60.1
A. Cari	**2.790**	**4.830**	**73.1**	**32.7**
1. Personel	2.100	3.500	66.7	23.6
2. Diğer Cari	690	1.330	92.8	8.7
B. Yatırım	**600**	**1.000**	**66.7**	**6.8**
C. Transfer	**4.662**	**8.963**	**92.3**	**60.6**
1. Borç Faiz Ödemeleri	2.291	5.900	157.5	39.9
2. Sosyal Güvenlik	780	1.400	79.5	9.5
3. Diğer Transferler	1.591	1.663	4.5	11.2
GELİRLER	**5.427**	**10.800**	**99.0**	
A. Vergi Gelirleri	4.550	8.900	95.6	
B. Vergi Dışı Normal Gelirler	400	702	75.5	
C. Özel Gelir ve Fonlar	456	1.158	153.9	
Katma Bütçe Gelirleri	21	40	90.5	
BÜTÇE DENGESİ	**-2.625**	**-3.993**	**52.1**	
FAİZ DIŞI DENGE	-334	1.907		

Kaynak: 1998 Yılı Bütçe Gerekçesi ve Maliye Bakanı'nın Bütçe Sunuş konuşması. (1998 bütçe teklifi 1997 yılı gerçekleşme tahminleri üzerinden hazırlandığı ve değişimlere ilişkin açıklamalar buna göre yapıldığı için, 1997 yılı gerçekleşme tahminleri yerine gerçekleşme sonuçları kullanılmamıştır.)

Ayrıca, Maliye Bakanlığı'nın 3 yıllık program çerçevesinde hazırlandığını özenle vurguladığı ve "Türk Vergi Reformu" gibi iddialı bir başlıkla sunduğu vergilemeye ilişkin düzenlemelerin bütçe büyüklükleri üzerindeki net etkisini de bugünden tam olarak kestirebilmek mümkün değil. Maliye Bakanlığı'nın bu konudaki açıklamaları ise en azından şimdiye kadar çelişkili bir görüntü sergiledi. Bu taslak 1998 yılı başından itibaren yürürlüğe girme olanağı bulursa bunun etkisinin ilk bir-iki yıl gelir azaltıcı yönde olabileceğinden (ESK sunuşu), yeni düzenlemelerin 1998 Bütçesi vergi gelirlerini 8.9 katrilyondan 13 katrilyon liraya sıçratacağına kadar giden birbirini tutmayan açıklamalar var. Artış yönündeki açıklamaların nicel bir analize dayanmaması, bu iyimserliği ihtiyatla karşılamak gerektiğini göstermekte. Nitekim, bu iyimser beklentiye ilişkin olarak bütçe gerekçesi içinde de bir atıfa rastlanmamaktadır. Vergi oranlarında önemli indirimler öngören yeni düzenleme önerilerinin -Laffer'ci arz yönlü iktisat mantığı içinde- vergi hasılatında artışa yolaçması beklentisi bugüne kadar dünya ölçeğinde sonuç vermiş gözükmediği için ihtiyat payını biraz geniş tutmakta da yarar bulunmaktadır. 1980 ortalarında Özal'ın yöneldiği benzer bir politikanın Türkiye'nin kamu maliyesi sisteminde yarattığı tahribatın görünür kanıtları ise, iç borç faizlerinin bütçe içindeki inanılmaz tırmanışı, fon ekonomisinin yaratılması ve bütçe açıklarının önlenemez yükselişidir. Şimdiki vergi oranları indirimlerinin, ücretlilerin gelir vergisi yükü hafifletmeleri gibi zorunlu duruma gelmiş olanlar hariç, benzer olumsuzlukları pekiştirmeyeceğinin garantisi nedir?

Maliye Bakanlığı'nın iyimser beklentileri vergi yasa taslağı ile sınırlı kalmamaktadır. 1998 bütçesinin de üç yıllık bir istikrar yönelişinin önemli bir ayağı olduğu savunulmaktadır. Ancak tablo 2'de sunulan 1998 bütçesine ilişkin büyüklükler bütçenin böyle bir işlev taşıdığına işaret etmemektedir. Şu nedenlerle:

Birincisi, yıllık ortalama enflasyonun yüzde 64 olacağı öngörülen 1998 yılında bütçe büyüklüğünün artışı yüzde 84'ü bulmaktadır. Her ne kadar, faiz dışı harcamaların sadece yüzde 54 artacağı, böylece hiç olmazsa bütçenin reel harcamaları yönüyle kısılacağı söylenebilirse de, bu değerlendirme yetersiz ve yanıltıcı olacaktır.

İkincisi, henüz başlangıç teklifi olarak bütçenin yüzde 40'lık bir payını borç faizleri ödeneği olarak ayıran ve bu oranla Cumhuriyet tarihinin rekorunu kıran bir bütçenin, bir dengeleme programının parçası olması inandırıcı gözükmemektedir. Faiz ödemelerinde yüzde 158'lik bir artış öngören, ancak rant aktardığı bu kesimlerin talebini ciddi bir daralmaya uğratacak vergi düzenlemelerini öngörmeyen bir bütçe anlayışının istikrar sağlayıcı olması mümkün görünmemektedir.

Üçüncüsü, bütçeye konulan faiz ödeneğinin gerçekçi olduğunun kuşkulu olmasıdır. Nitekim kamuoyuna yansıyan ilk bütçe taslağında 1998 yılı faiz ödeneğinin 6.5 katrilyon TL olarak öngörülmüş olmasına karşın, şimdiki bütçe teklifinde bunun 5.9 katrilyon TL'ye indirilmiş olması, bütçe harcamalarının olduğundan küçük gösterildiği kuşkusunu doğurmaktadır. Kaldı ki, 1997'den 1998'e aktarılan faiz ödeme yükünün 5.1 katrilyon TL olduğu bilindiğine göre, 1998 yılı faiz ödemelerinin 5.9 katrilyon düzeyinde tutulabilmesi inandırıcılığını iyice yitirmektedir. 1998 yılı içinde ödenmek üzere yapılacak her yeni kamu borçlanması bu faiz yükünü yukarıya doğru taşıyacaktır. Bu arada, Türkiye'nin 1996 yılı dış borç servisinin 16 milyar dolar mertebelerine çıkacak olması, eğer yüklü dış kaynak bulunmazsa, bu servislerin de hızlanan iç borçlanmayla kapatılacağını göstermektedir. Aynı yönde çalışacak olan bir diğer etken de, eğer gerçekleşirse, KİT ürünleri fiyatları artışının yılın ilk yarısında enflasyonun altında tutulmasının yaratacağı ek iç borçlanma gereksinimi olacaktır. Bu durumda faizlerin düşmesi ancak para ve vergi politikalarına bağlı olacaktır.

Şimdilik olumlu gibi gözüken bir gösterge, para politikasının düzgün götürülmesi yanında, vergi gelirlerinde 1998'in ilk üç ayında geçmiş yılın aynı dönemine kıyasla gözlenen yüzde 138'lik artıştır. Gerçi bu artış faiz giderlerinde aynı dönem için ortaya çıkan yüzde 180'lik artışla gölgelenmektedir. Bu gelişme, vergi gelirlerinin faiz ödemelerine giden bölümünü ilk üç ay için yüzde 90'a yükseltmiş bulunmaktadır. Oysa 1998 bütçesinin tüm yıl için öngörüsü yüzde 66 düzeyindedir. Kuşkusuz ilerleyen aylardaki vergi gelirleri girişlerindeki artışlar yüzde 90 oranını aşağıya çekecektir, ama nereye kadar? (Gene de, bazı iyimserlik işaretleri arayanlar için, menkul sermaye gelirlerinin beyan edilmesine bağlı olarak gelir vergisinde görülen artışın öngörülerde bir iyileşmenin habercisi olduğu ve yılın ilk çeyreğinde bütçe açığının hedefin altında gerçekleştiği vurgulanabilir).

Dördüncüsü, faiz dışı transfer kalemlerindeki artışın inandırıcı olamayan bir düzeyde sınırlandırılmış gözükmesidir. Bu kalemlerde hedeften her sapma bütçe boyutunu büyütücü olacaktır. Faiz dışı boyutu itibariyle milli gelirin yüzde 15'inin bile altında kalan bir bütçenin Türkiye'nin yönetilmesi için yeterli kaynak sağlayamaması bunun arkasındaki temel nedendir.

Tablo 3 - Dönemler İtibariyle Konsolide Bütçe Bileşiminde Değişme (1975-1996)

	1975-80	1981-83	1984-88	1989-93	(Yüzde) 1994-96
1) Cari Harcamalar	46.4	42.7	37.5	46.7	36.2
- Personel Harcamalar	35.4	26.5	23.6	37.5	28.0
- Diğer Cari Harcamalar	11.0	16.2	13.9	9.2	8.1
2) Yatırım Harcamaları	19.8	19.7	18.1	12.8	7.0
3) Transfer Harcamaları	33.8	37.6	44.4	40.5	56.9
- Faiz Harcamaları	2.7	6.2	16.4	20.6	34.8
Bütçe Harcamaları (1+2+3)	100.0	100.0	100.0	100.0	100.0

Kaynak: DPT, Ekonomik ve Sosyal Göstergeler
Maliye Bakanlığı Bütçe Gerekçeleri

Beşincisi, faiz dışı bütçeyi sınırlandırma yaklaşımının, esas olarak, personel, sosyal harcama ve yatırım ödenekleri artışını denetleme anlayışından ibaret olmasıdır. Oysa tablo 3'ten izlenebileceği gibi, bu anlayış esasen yıllardır yürürlüktedir, ancak buna rağmen enflasyonist süreç durdurulamamaktadır. Bu durumda, 1998 bütçesinin ilk iki ayında yatırım gerçekleşmelerinin bütçe giderlerine oranının onbindelerle ifade edilir duruma geriletilmesi, bütçenin fiziki yatırım boyutunun tüketilmesi pahasına faiz dışı fazla vermeye zorlanmasının örneğini oluşturmaktadır. Nitekim bütçe ödeneği olarak yatırımlara yüzde 6.8'lik bir pay ayrılmışken, ilk üç aylık 1998 yılı gerçekleşmelerine göre bunun tam olarak yüzde 1.8 oranında gerçekleşmiş bulunması yeterince öğreticidir. Bu oran kuşkusuz ilerleyen aylarda yatırım ödeneklerinin serbest bırakılmasıyla büyüyecektir; ama nereye kadar? Kaldı ki, başlangıç ödeneğinin zavallı düzeyi de gözden uzak tutulmamalıdır.

Tablo 4 - Bütçenin Önemli Harcama Kalemlerinde Ağırlık Kaymaları (Toplam Bütçe Harcamalarının Yüzdesi Olarak)

	1975-80	1981-83	1984-88	1989-93	1994-95	1996	1997	1998[*]
Personel/Bütçe	35.4	26.5	23.6	37.5	29.8	24.5	25.8	23.6
Yatırım/Bütçe	19.8	19.7	18.1	12.8	7.0	6.5	7.9	6.8
Faiz/Bütçe	2.7	6.2	16.4	20.6	33.4	38.1	28.4	39.9
KİT Trans/Bütçe	12.1	12.8	4.2	4.7	2.5	1.3	1.5	1.1
4 Kalem/Bütçe	70.0	65.2	62.3	75.6	72.7	70.4	63.6	71.4

Kaynak: DPT, Ekonomik ve Sosyal Göstergeler (1950-1995) ve 1998 Mali Yılı Bütçe Gerekçesi.

(*) 1998 yılı verileri bütçe teklifi rakamlarından hesaplanmıştır.

1998 yılının ilk aylarına ilişkin bütçe gerçekleşmeleri henüz iyimserlik veya kötümserlik yönünde açık bir yargıya varmaya izin vermemektedir. Bununla birlikte, yılların olumsuzluklarının birikimini yansıtan 1998 bütçesinin, ödeneklerinin bileşimi bakımından, Cumhuriyet tarihinin en kötü bütçesi olduğu gözden uzak tutulmamalıdır. Bu nedenle, gerçekleşme aşamasında bazı küçük iyileşmelerin ortaya çıkması durumunda dahi bu saptamayı hatırlamakta yarar vardır.

3. EKONOMİK AYIRIMA GÖRE BÜTÇE BİLEŞİMİ

Bütçelerin bileşimlerine uzun dönem itibariyle bakıldığında, iktidarların bütçe üzerindeki kontrollerini uzunca bir süredir ellerinden kaçırdıkları, faiz gibi önemli harcama kalemlerinin katılığı nedeniyle bütçenin esnekliğini kaybettiği görülmektedir (Tablo 3 ve 4). Bu durum karşısında hükümetler öncelikle KİT transferlerini ve yatırım ödeneklerini (ve işlevsel ayırımda da değineceğimiz gibi, eğitim, sağlık ve benzeri sosyal harcamaları) kısmışlar, siyasal anlamda fırsat bulduklarında ise personel ödeneklerini sınırlamışlardır. Ancak, KİT'lere yönelik sermaye transferleri ile yatırım ödenekleri kısıntıları esasen dip noktalarına ulaştığı için burada bir hareket marjı artık bulunmamaktadır. Yılların kötü yönetimlerinin birikimi nedeniyle şu an yükseliş eğiliminde olan sosyal güvenlik transferleri ise şimdilik yeni bir gayri esnek harcama kalemi olmaya doğru yönelmektedir.

Geriye kalan personel ödenekleri ise, ancak belirli bir yükseliş konjonktürünü izleyen dönemlerde hükümetlerin göz diktikleri bir kalem olabilmektedir. Bunun iki tipik örneği, tablo 1'den de görülebileceği gibi, 24 Ocak 1980 ile 5 Nisan 1994 dönemeçleridir. Her iki dönüm noktasında da, personel ödeneklerinin bütçe içindeki payı yüzde 35'leri aşan noktalardan yüzde 23-24'lere geri çekilmiştir. (Aynı eğilimi ücret kategorisinin milli gelirden aldığı pay itibariyle de izlemek mümkündür. Farklı büyüklüklerin orantısı olmakla birlikte, ücret türü gelirlerin milli gelir payının da, yukarda belirtilen iki dönüm noktasında yüzde 30'ları aşan bir düzeyden yüzde 22-24'lere geriletildiği bilinmektedir).

Oysa şimdiki durumda Anasol-D Hükümetinin üzerinde oynayabileceği bir "ücret rezervi" bulunmamaktadır. Reel ücret ve maaşlar 1994 sonrasında esasen iniş çizgisindedir. Personel ödeneklerinin 1997'de yüzde 26 düzeyinde gerçekleşmesi beklenen bütçe payını

1998'de yüzde 23.6'ya çekmenin ciddi bir talep kısıcı etkisi olamayacak, ancak ücretli/maaşlı kesimden hükümete olan başlangıç desteğini önemli ölçüde tersine çevirebilecektir. 1998 yılında personel ödemelerinin bütçe içindeki payını, 1984-88 gibi ücret ve maaşların en fazla geriletildiği bir dönemin düzeyine çekmek, ekonomik olmaktan ziyade politik sonuçları olabilecek bir icraat olacaktır. Dolayısıyla, siyasal oportünitesi düşük olan bu adımdan geri dönülmesi her zaman mümkündür.

Milli gelirden aldığı pay giderek büyüyen sermaye kesimlerinin, bu arada özellikle rant geliri sahiplerinin üzerine gitmek yerine onları borçlanma ve vergileme politikalarıyla sürekli kayıran bir anlayışın, doğruluğu kuşkulu olan talep yönetimi politikalarını dahi başarılı kılması beklenmemelidir.

Kamu ve özel sektörlerin ücretli ve maaşlı kesimlerinin 1996'da milli gelirden aldıkları pay sadece yüzde 24.2 düzeyinde olmasına karşın, bu kesimler gelir vergisinin yüzde 51.4'ünü ödemekte, dolaylı vergilerin en önemli yükümlüleri konumunda bulunmakta, ancak hâlâ bir istikrar arayışının temel hedefi olarak görülebilmektedirler.

Bu açılardan bakıldığında, toplumun en çok kazanan kesimlerinin satın alma gücünü denetleyebilecek bir vergi ve iç borç reformu olmaksızın enflasyonu geriletebilmek mümkün gözükmemektedir. Oysa ne yeni vergi düzenlemelerine ilişkin beklentiler umut vermektedir, ne de bütçeyi "rantiyeye kamu kaynaklarını transfer etme organı" olmaktan kurtaracak bir hazırlığın işaretleri görülmektedir.

Son 10 yılın gelişmesi içinde aykırı gibi duran bir 1997 yılının varlığına da dikkat çekmek gerekmektedir. Tablo 4'te görüldüğü üzere, 1997 mali yılında faizlerin bütçe içindeki payı gerilemekte ve gerçekleşme sonuçlarına göre yüzde 28.4 oranına düşmektedir; ancak bu bir düzelmeye işaret etmemektedir. Bu durum, Refahyol iktidarının gerek birinci "kaynak" paketiyle döviz cinsinden borçlanarak, gerekse TL cinsinden borçlanmanın vadesini büyük ölçüde 1998 yılının ilk dört ayına yığarak kendi dönemini ve "denk bütçe" söylemini kurtarmaya çalışması sonucunda ortaya çıkmış fiktif bir gelişmedir. Nitekim 1998 bütçesindeki faiz ödemeleri esas olarak 1996 sonu ve 1997 yıllarından devretmektedir. 1998 yılı borç ödemelerinin yüzde 45'i ilk dört aya yığılmış olup, bu yılın faiz ödemelerinde bütçe teklifinde ortaya çıkan tırmanmanın nedeni de bu borç yığılmasıdır. Eğer 1998'de vadesi gelen kamu iç borçlarının 1997 yılına isabet eden faiz yükleri 1997 bütçesine dahil edilmiş olabilseydi, 1997'deki bu zahiri düzelmenin izleri tamamen silinmiş olurdu.

Tablo 5 - Konsolide Bütçe Harcamalarının Dağılımı (1992-98)

(Yüzde)

	1992	1993	1994	1995	1996	1997	1998[*]
CARİ	50.8	41.9	38.5	37.5	32.5	34.7	32.7
Personel	41.7	34.6	30.3	29.1	24.6	25.8	23.6
D. cari	9.0	7.3	8.2	8.3	7.9	8.9	8.7
YATIRIM	14.5	11.7	8.5	6.0	6.4	7.9	6.8
TRANSFER	34.7	46.4	53.0	56.6	61.1	57.4	60.6
TOPLAM	100.0	100.0	100.0	100.0	100.0	100.0	100.0

Kaynak: Maliye Bakanlığı Bütçe Gerekçeleri
(*) Bütçe Teklifi

Tablo 5'te konsolide bütçe harcamalarının ekonomik ayrıma göre dağılımı 1992-1998 dönemi için verilmektedir. 1992-97 verileri gerçekleşen harcamaları yansıtmakta, buna karşılık 1998 için bütçe teklifi rakamları kullanılmaktadır. Görülen eğilim, cari ve yatırım harcamalarının düşmekte, buna karşılık faizlerle şişen transfer harcamalarının yükselmekte olduğudur. 1997 dağılımı, yukarda değinildiği gibi, arızi bir durumu yansıtmaktadır. Nitekim bütçe, ekonomik ayırım bakımından, bir yıllık arayla yeniden 1996 bileşimine dönmüş bulunmaktadır.

Dikkat edileceği üzere, cari harcamaların azalan bölümü personel harcamalarıdır. "Diğer cariler" kaleminin bütçe içindeki payının - bütçe üzerindeki bütün baskılara karşın- önemini koruyor olmasının nedeni, bunun büyük ölçüde iç güvenlik harcamalarına tahsis ediliyor olmasındandır. "Diğer cariler"in çok büyük bölümü, sanıldığı gibi kamunun lüks veya savurgan tüketimine gitmemekte, genellikle yüzde 75'i aşan bir oranda Milli Savunma Bakanlığı ile Jandarma Genel Komutanlığı'na ayrılmaktadır. Bu kalem içinde esas olarak "düşük yoğunluklu çatışma"nın cari harcaması yeralmaktadır. 1998 bütçesine bakıldığında toplam 1.330 trilyon TL olan toplam "diğer cari" büyüklüğünün 950 trilyon lirası Milli Savunma Bakanlığı'na, 104 trilyon lirası ise Jandarma Genel Komutanlığı'na ait bulunmaktadır. Bu ikisinin 1998 bütçesi diğer cari ödeneğine oranı yüzde 79.3'tür. Emniyet Genel Müdürlüğü ve Sahil Güvenlik de dahil edildiğinde bu oran yüzde 82.1'e çıkmaktadır. Anlaşılacağı üzere, bütçenin "diğer cari" kalemi de hükümetlerin kolayca oynayabilecekleri bir harcama kalemi olmaktan çok uzaktır.

4. İDARİ-FONKSİYONEL AYIRIMA GÖRE BÜTÇE BİLEŞİMİ

Tablo 6'daki veriler konsolide bütçe harcamalarının bu defa idari-fonksiyonel ayırıma göre dağılımını 1990-1998 dönemi itibariyle vermektedir. Buna göre, harcamaların ağırlıklı bölümünün borç faiz ödemeleri, genel hizmetler, savunma, eğitim, adalet-emniyet ve sağlık olduğu görülmektedir. Bütçe harcamalarının idari-fonksiyonel bileşimindeki çarpıklık 1980'li yılların ortalarından itibaren gelişmeye başlamış olmakla birlikte, 1990'lı yıllarda da bozulmanın sürdüğü görülmektedir.

1992 mali yılının birçok bakımdan 1991'e göre geçici ve kısmi bir düzelme yılı olduğunun da karşılaştırmalarda hesaba katılması kaydıyla, idari fonksiyonel dağılımı gruplandırarak tablo-7'deki gibi sunmak da mümkündür.

Tablo 6- İdari-Fonksiyonel Ayrıma Göre Konsolide Bütçe Harcamaları

(Yüzde)

	1990	1991	1992	1993	1994	1995	1996	1997(*)	1998(**)
1. GENEL İDARE HİZMETLERİ	37.4	41.6	38.9	39.4	38.0	39.7	37.9	46.1	39.5
Genel Hizmetler	19.0	24.3	20.1	24.0	22.0	23.8	24.3	30.3	25.4
Savunma	13.3	12.1	13.5	10.9	11.9	11.9	10.1	12.2	11.0
Adalet-Emniyet	5.1	5.2	5.3	4.5	4.1	4.0	3.5	3.6	3.1
2. EKONOMİK HİZMETLER	16.7	17.3	17.0	14.8	10.8	10.1	9.3	8.4	6.0
Tarım-Orman Köy İşleri	5.7	6.6	6.2	5.2	3.9	3.3	2.8	2.6	2.0
Su İşleri	5.6	5.6	5.2	4.0	2.8	3.1	2.8	2.6	2.0
Karayolları	3.1	3.2	3.1	2.9	2.3	2.2	2.1	1.9	1.4
Bayındırlık	1.5	1.3	1.7	2.0	1.2	1.0	1.1	0.6	0.4
Ulaştırma	0.5	0.4	0.5	0.3	0.3	0.3	0.3	0.3	0.2
Madencilik	0.3	0.4	0.4	0.4	0.3	0.2	0.2	0.3	0.1
3. SOSYAL HİZMETLER	25.5	22.9	26.1	22.1	18.1	16.6	15.1	15.5	14.4
Eğitim	18.8	17.3	1.7	16.6	13.4	12.2	11.0	11.1	11.0
Sağlık	4.7	4.0	4.7	3.9	3.5	3.3	3.0	3.2	2.6
Kültür-Turizm	0.9	0.7	0.8	0.7	0.6	0.5	0.5	0.5	0.4
Diğer Sosyal Hizmetler	1.1	0.9	0.9	0.9	0.6	0.6	0.6	0.6	0.4
4. BORÇ FAİZ ÖDEMELERİ	20.4	18.2	17.9	23.7	33.1	33.4	37.8	29.8	39.9
TOPLAM	100.0	100.0	100.0	100.0	100.0	100.0	100.0	100.0	100.0

Kaynak: Bütçe Gerekçeleri.
(*) Başlangıç ödeneğine göre, (**) Bütçe teklifine göre

Tablo 7 - Harcama Kümeleri İtibariyle Bütçenin İdari-Fonksiyonel Dağılımı

(Yüzde)

	1992 (21 Harcama)	1998 (Bütçe Teklifi)
• Genel Hizmetler	20.1	25.4
• Savunma - Adalet - Emniyet	18.8	14.1
• Alt Yapı (Turizm dahil)	17.0	6.1
• Sosyal Harcama (Eğitim, Sağlık, Kültür, Sosyal Hizmet)	26.1	14.3
• Borç Faizleri	17.9	39.9
Toplam Konsolide Bütçe	100.0	100.0

Kaynak: Bütçe Gerekçeleri.

Görüldüğü gibi, 1998 bütçesi tam anlamıyla kötürümleştirilmiş bir bütçe resmi vermektedir. 1980'lerden itibaren biriken olumsuzlukların 1994 sonrasının hızlı bozulmalarıyla katmerleşmesi sonucunda, sosyal harcama ve altyapı boyutu tamamen gözden çıkarılmış bir bütçe anlayışına varılmıştır. **1994 sonrasının bütçeleri Türkiye'nin beşeri ve fiziki altyapı bakımlarından gelişmiş ülke statüsüne yakınlaşma sürecini tamamen kesintiye uğratmış bulunmasının belgeleri niteliğindedir.**

Buna rağmen hala sosyal harcamaları bir sorun olarak gören yaklaşımın varolması, siyasilerin ve bürokratların çözüm üretmeye hazır olmadıklarını göstermektedir. Herşeyin faiz transferlerine yer açmak için feda edildiği bu süreç (tablo 2), sağlıklı ve sürdürülebilir bir gelişme değildir.

Bu tür bütçeler Türkiye'nin sorunlarını çözemez, tam tersine sorunların daha da büyümesine kaynaklık eder. Bu tür bütçeler, istikrarın ve gelişmenin sağlanmasının değil istikrarsızlığın kalıcılaşmasının araçları olabilir. Bu nedenlerle, kamu maliyesi sistemimiz bir an önce bu çarpık bütçeleme anlayışından kurtarılmalıdır.

Bunun çözümü, tekrarlamak pahasına, bir yandan vergi gelirlerini ciddi ölçeklerde arttırmak, diğer yandan bütçe üzerindeki borç faizi yükünü hemen tasfiye etmektir.

5. BÜTÇE GELİRLERİ

1998 yılı bütçe teklifine göre **konsolide bütçe gelirleri**nin 1997 yılı tahsilat tahminlerine göre artış oranları tablo 2 ve 8'de verilmektedir. Buna göre konsolide bütçe gelirlerinin yüzde 99 oranında artması öngörülmektedir. Ortalama fiyat artışının yüzde 64'e düşürülmesi planlandığına göre, bütçe gelirlerinin ve özellikle de vergi gelirlerinin yüksek bir reel artışa konu olması beklenmektedir. Oysa sabit fiyatlarla ekonomik büyüme oranının da programa göre 1997'de yüzde 6'dan (gerçekleşme verilerine göre yüzde 8'den!) 1998'de yüzde 3'e düşürülmesi hedeflendiğine göre, büyüme hızında ciddi bir gerileme konjonktüründe vergi gelirlerinde böylesine ciddi bir reel sıçrama açıklanabilir gibi gözükmemektedir. Bu durumda kaçınılmaz olarak ya vergi gelirlerinin olması beklenenden daha yüksek gösterildiği, ya, daha büyük bir olasılıkla, önceki yıllarda olduğu gibi enflasyon hedefinin gerçek beklentinin altında tutulduğu, ya da büyüme hedefinin öngörülenin üzerinde gerçekleşeceği değerlendirmeleri yapılacaktır. Nitekim 1997 Ekim ayı ile Ocak 1998 arasındaki enflasyon rakamlarının yüksekliğine bakıldığında, 1998 için yüzde 64'lük ortalamanın tutturulmasının giderek güçleştiği ortaya çıkmaktadır. Keza, 1997 yılının bütünü için revize edilmiş GSMH büyüme oranının yüzde 8 olarak gerçekleşmiş bulunması da 1998 büyümesinin yüzde 3'e geriletilmesinin güçlüğünü göstermektedir.

1998 gelirleri içinde 300 trilyon TL'lik bir "eğitim özel gelirleri" kaleminin bulunmasının etkileri dışında, 1998'de yüzde 110'un üzerinde artış beklentisi bulunan iki vergi bulunmaktadır: Gelir Vergisi ile Akaryakıt Tüketim Vergisi. İkincisi, akaryakıt fiyatlarına yüksek zamlar yapılacağını bugünden haberlemektedir. Ancak ilk

Tablo 8 - Konsolide Bütçe Gelirlerinin 1997-1998 Yılları Değişimi

Gelirin Çeşidi	1997 Yılı Tahsilat Tahmini	1998 Yılı Bütçe Teklifi	Artış (%)
Konsolide Bütçe Gel. Top. (1+34)	5.427.000	10.800.000	99.0
1. Genel Bütçe Gel. Top. (2+24+30)	*5.406.000*	*10.760.000*	*99.0*
2. Vergi Gelirleri Top. (3+6+9+17+23)	**4.550.000**	**8.900.000**	**95.6**
3. Gelirlerden Alınan Vergiler (4-5)	**1.790.000**	**3.770.000**	**110.6**
4. Gelir Vergisi	1.370.000	2.970.000	116.8
5. Kurumlar Vergisi	420.000	800.000	90.5
6. Servetten Alınan Vergiler (7-8)	**35.500**	**65.000**	**83.1**
7. Motorlu Taşıtlar Vergisi	33.000	61.000	84.8
8. Veraset ve İntikal Vergisi	2.500	4.000	60.0
9. Mal ve Hizmetlerden Alı. Ver. (10-16)	**1.965.000**	**3.737.000**	**90.2**
10. Dahilde Alınan Katma Değer Vergisi	840.000	1.510.000	79.8
11. Ek Vergi	80.000	140.000	75.0
12. Taşıt Alım Vergisi	75.000	139.000	85.3
13. Akaryakıt Tüketim Vergisi	630.000	1.340.000	112.7
14. Banka ve Sigorta Muameleleri Vergisi	105.000	185.000	76.2
15. Damga Vergisi	120.000	215.000	79.2
16. Harçlar	115.000	208.000	80.9
17. Dış Ticaretten Alınan Vergiler (18-22)	**758.500**	**1.327.500**	**75.0**
18. Gümrük Vergisi	103.000	180.000	74.8
19. Akaryakıt Gümrük Vergisi	13.500	24.000	77.8
20. Tek ve Maktu Vergi	150	250	66.7
21. İthalde Alınan Katma Değer Vergisi	640.000	1.120.000	75.0
22. Diğer Dış Ticaret	1.850	3.250	75.7
23. Kaldırılan Vergiler Artıkları	1.000	500	-50.0
24. Vergi Dışı Nor. Gel. Top. (25-29)	**400.000**	**702.000**	**75.5**
25. Kurumlar Hasılatı ve Devlet Payı	42.000	30.500	-27.4
26. Devlet Patrımuvanı Gelirleri	271.000	512.000	88.9
27. Faizler, İkraz ve Tavizlerden Geri Alınan.	37.000	61.500	66.2
28. Cezalar	35.000	65.000	85.7
29. Çeşitli Gelirler	15.000	33.000	120.0
30. Özel Gelirler ve Fon. Top. (31-33)	**456.000**	**1.158.000**	**153.9**
31. Özel Gelirler	6.000	7.000	16.7
32. Fonlar	450.000	851.000	89.1
33. Eğitim Özel Gelirleri		300.000	
34. Katma Bütçe Gelirleri	*21.000*	*40.000*	*90.5*

Kaynak: 1998 Bütçe Gerekçesi.

Tablo 9 - Vergi Gelirlerinin Yüzde Dağılımı

Gelirin Çeşidi	1992	1993	1994	1995	1996
VERGİ GELİRLERİ TOP. (1+5+10+18+25)	**100.0**	**100.0**	**100.0**	**100.0**	**100.0**
1. **GELİRDEN ALINAN VERGİLER (2+3+4)**	**49.5**	**47.6**	**41.9**	**39.9**	**38.6**
2. Gelir Vergisi	42.4	40.4	30.9	30.4	30.1
3. Kurumlar Vergisi	7.1	7.2	7.5	9.5	8.4
4. Ekonomik Denge Vergisi			3.5		
5. **SERVETTEN ALINAN VERGİLER (6+7+8+9)**	**0.9**	**1.0**	**6.3**	**0.8**	**0.8**
6. Motorlu Taşıtlar Vergisi	0.7	0.8	0.7	0.7	0.8
7. Veraset ve İntikal Vergisi	0.2	0.2	0.2	0.1	0.1
8. Net Aktif Vergisi			5.3		
9. Ek Motorlu Taşıtlar Vergisi			0.1		
10. **MAL VE HİZMETLERDEN ALI. VER. (11+12+13+14+15+16+17)**	**33.4**	**33.8**	**36.5**	**39.6**	**43.3**
11. Dahilde Alınan Katma Değer Vergisi	19.1	19.3	18.9	19.6	18.7
12. Ek Vergi	0.1	0.1	1.4	1.6	1.9
13. Taşıt Alım Vergisi	1.7	2.0	1.2	1.3	1.6
14. Akaryakıt Tüketim Vergisi	4.8	4.8	7.9	9.5	13.5
15. Banka ve Sigorta Muameleleri Vergisi	2.8	2.7	2.8	2.3	2.5
16. Damga Vergisi	2.9	3.0	2.3	2.7	2.6
17. Harçlar	2.0	1.9	2.0	2.6	2.4
18. **DIŞ TİCARETTEN ALINAN VERGİLER (19+20+21+22+23+24)**	**16.2**	**17.5**	**15.3**	**18.0**	**17.3**
19. Gümrük Vergisi	1.2	3.3	2.2	2.8	2.4
20. Akaryakıt Gümrük Vergisi		1.6	1.6	1.7	0.3
21. Tek ve Maktu Vergi	0.1	0.1			
22. İthalde Alınan Katma Değer Vergisi	10.6	11.7	11.2	13.2	14.4
23. İthalat Damga Resmi	3.2				
24. Ulaştırma Alt Yapıları Resmi	1.1	0.8	0.3	0.3	
25. **KALDIRILAN VERGİLER ARTIKLARI**		**0.1**		**1.7**	**0.1**

Kaynak: 1998 Bütçe Gerekçesi.

aylardaki zamsız dönem bu artış beklentilerini sekteye uğratabilir. Öte yandan gelir vergisi gibi gelir esnekliği yüksek sayılan bir verginin nasıl olur da yavaşlayan bir ekonomide bu denli yüksek bir artış gerçekleştireceği -yukarıdaki rezervler dışında- anlaşılamamaktadır. Bugünlerde tartışılan vergi düzenlemeleri gerçekleşirse, bunların ilk etkilerinin gelir vergisinde artıştan ziyade azalışa yol açabilecek olması, bu durumun belirsizliğini daha da güçlendirmektedir.

Benzer bir açıklama sorunu Katma Değer Vergisi için beklenen artışların enflasyon hedefinin bir hayli üzerinde kalması bakımından da geçerli olmaktadır. Milli gelir büyümesinin üzerinde bir reel hasılat artışı beklentisinin, KDV oranları arttırılmadığı takdirde nasıl gerçekleşebileceği açık değildir. Ücretlilere vergi iadesinin cazibesinin arttırılmasının bu tür bir etki yaratması belki bir gerekçe olabilirdi, ancak şimdilik böyle bir girişim olmadığı gibi, olsaydı bile bu etkinin abartılmaması doğru olur.

Tablo 9 1992-1996 dönemi itibariyle vergi gelirlerinin yüzde dağılımını vermektedir. Buna göre gelirden ve servetten alınan dolaysız vergiler grubunun toplam vergi gelirleri içindeki ağırlığının bu kadar kısa bir dönem içinde dahi çarpıcı bir gerilemeye konu olması, vergi adaletinin hızla bozulmakta olduğunun göstergesidir. Bunun simetriğinde, mal ve hizmetler ile dış ticaretten alınan dolaylı vergiler grubunun toplam içindeki payının 1992'de yüzde 49.6'dan 1996'da 60.6'ya çıkması gibi bir gelişme vardır. 1997 mali yılının gerçekleşmesine bakıldığında da dolaylı vergilerin yüzde 59.3'lük bir ağırlık taşıdığı görülmektedir. Bu gelişmenin açıklanmasında, 1993'ten itibaren bütçeleştirilen fon gelirlerinin dolaylı vergi ağırlıklı olması da dikkate alınmalıdır.

Bütçe gelir ve giderlerine ilişkin çeşitli büyüklüklerin GSMH'ya ve birbirlerine oranlanmasıyla elde edilen bazı anlamlı göstergeler tablo 10'da sunulmaktadır. Son 10 yılın komprime bir özetini veren bu tablo, 1980'lerin ortalarından itibaren vergi almak yerine borç alma temelinde kamu maliyesinin örtük bir özelleştirmesi-

Tablo 10 - Bütçe Büyüklükleri (1987 - 1996)

(Milyar TL)

	1987	1988	1989	1990	1991	1992	1993	1994	1995	1996
BÜTÇE GİDERİ	12.791	21.446	38.871	68.354	132.401	225.398	490.438	902.454	1.724.194	3.961.308
- Personel Gideri	2.996	5.053	12.539	26.465	49.291	94.076	169.510	273.062	502.600	974.148
BÜTÇE GELİRLERİ	10.445	17.587	31.369	56.572	99.084	178.070	357.333	751.615	1.409.251	2.727.958
- Vergi Gelirleri	9.051	14.232	25.550	45.399	78.643	141.602	264.273	587.760	1.084.351	2.244.094
BÜTÇE AÇIĞI	2.346	3.859	7.502	11.782	33.317	47.328	133.105	150.839	314.943	1.233.250
BORÇ FAİZLERİ	2.266	4.978	8.259	13.966	24.073	40.298	116.470	298.285	576.115	1.497.401
FAİZ HARİÇ BÜTÇE AÇIĞI	80	+1.119	+757	+2.184	9.244	7.030	16.635	+147.446	+261.172	+264.051
GSMH	75.019	129.175	230.370	397.178	634.393	1.103.605	1.997.323	3.887.903	7.854.887	14.978.067
- Bütçe Açığı/GSMH	3.1	3.0	3.3	3.0	5.3	4.3	6.7	3.9	4.0	8.2
- Faiz Hariç çık/GSMH	0.1	+0.9	+0.3	+0.5	1.5	0.6	0.8	+3.8	+3.3	+1.8
- Bütçe Gideri/GSMH	17.1	16.6	16.9	17.2	20.9	20.4	24.6	23.2	22.0	26.4
- Faiz Hariç Bütçe Gideri/GSMH	14.0	12.7	13.3	13.7	17.1	16.8	18.7	15.5	14.6	16.5
- Personel Gideri/GSMH	4.0	3.9	5.4	6.7	7.8	8.5	8.5	7.0	6.4	6.5
- Faiz/GSMH	3.0	3.9	3.6	3.5	3.8	3.7	5.8	7.7	7.3	10.0
- Bütçe Geliri/GSMH	13.9	13.6	13.6	14.2	15.6	16.1	17.9	19.3	17.9	18.2
- Vergi Geliri/GSMH	12.1	11.0	11.1	11.4	12.4	12.8	13.2	15.1	13.8	15.0
- Bütçe Geliri/Bütçe Gideri	81.7	82.0	80.7	82.8	74.8	79.0	72.9	83.3	81.7	68.9
- Vergi Geliri/Bütçe Gideri	70.8	66.4	65.7	66.4	59.4	62.8	53.9	65.1	62.9	56.7

Kaynak: 1998 Bütçe Gerekçesi

nin gündeme getirildiğini ve bunun bütçe sisteminde yarattığı tahribatın bugün yolaçtığı bunalımın çok ciddi boyutlara vardığını göstermektedir.

6. 1998 MALİ YILI OCAK - AĞUSTOS DÖNEMİ BÜTÇE GERÇEKLEŞMELERİ

1998 Mali Yılı Ocak-Ağustos gerçekleşmeleri açıklandı. Buna göre, uygulamanın ilk 9 ayında konsolide bütçe gelirleri 7 katrilyon 147 trilyon, harcamalar ise 9 katrilyon 789 trilyon lira olmuştur. Gelirlerin yüzde 125 giderlerin ise yüzde 140 arttığı bu süreçte bütçe açığı yüzde 194 büyüyerek 2 katrilyon 642 milyon liraya ulaşmıştır.

Bütçe açığının büyümesinin temel nedeninin, iç borç faiz ödemelerinde geçen yılın aynı dönemine kıyasla yüzde 296 oranını aşan büyük sıçrama olduğu görülmektedir. İç ve dış borç faiz ödemeleri yılın bütünü için 5.9 katrilyon TL olarak öngörülmüşken, ilk 8 ayda 4 katrilyon 477 trilyonluk bir büyüklüğe ulaşılmıştır. Böylece faiz ödeneklerinin yüzde 76'sı ilk 8 ayda tüketilmiştir.

Sosyal güvenlik kuruluşlarına bu süre içinde yapılan transferlerdeki artış daha mütevazi ölçüler içinde kalmıştır. Üç sosyal güvenlik kuruluşuna yapılan toplam 948 trilyon liralık transfer, faiz transferlerinin beşte birinden azdır. Kaldı ki, bunlardan Emekli Sandığı'na yapılan 402 trilyonluk transferin önemli bir bölümünün devletin işveren olarak prim katkısından oluştuğu da genellikle görmezlikten gelinmektedir. SSK'ya yapılan transferler ise sadece yüzde 8.5'lik bir artış sınırları içinde kalmıştır. Asıl önemli artışın Bağ-Kur'a yönelik olduğu görülmektedir. Bu kuruma yapılan 278 trilyonluk transfer, yüzde 270'lik bir artış anlamına gelmiştir. Ancak bu önemli artış dahi iç borç faiz artışının altında kalmıştır.

İlk 8 ayda harcama kalemlerinde en düşük artışların personel ve yatırım ödenekleri ile KİT'lere transferlerde gerçekleşmesi de anlamlıdır. Bunun nedeni, faiz ödemelerine yer açmak için tüm faiz dışı harcamaların bastırılmasıdır. Yıllardır uygulanan bu anlayış en çok yatırım ve personel ödeneklerini etkilemektedir. Böylece faiz ödemeleri dışındaki bütçe dengesinin fazla vermesi sağlanmakta (birincil fazla) ve bu fazla borç faizi ödemelerine aktarılmaktadır. Aşağıda incelenen, Hükümetçe IMF'ye sunulan "Ekonomik Politikalar Bildirgesi" bütçenin faiz dışı fazlasının arttırılmasını isterken, bir yandan da "bütçenin faiz dışı fazlasını daha fazla arttırmak ihtiyacını azaltmak gerekmektedir" demektedir. Bu karışık cümlenin tercümesi, yatırım ve personel ödeneklerini daha fazla daraltmanın imkansızlık çizgisine yaklaştığıdır.

Bütçe yapısındaki bu bozulmalara rağmen, dış finans kuruluşları, sermaye çevreleri, büyük medya ve hükümetin ekonomiden sorumlu bakanlarının ağız birliği yaparak sadece sosyal güvenlik kuruluşlarına yapılan transferleri temel sorun gibi göstermeleri, buna karşılık faiz ödemelerindeki inanılmaz tırmanış konusunda sessiz kalmaları çok anlamlı bir çelişki oluşturmaktadır.

Öte yandan, bütçe açığının ve özellikle faiz ödemelerinin büyümesinin taşıdığı olumsuzluğa rağmen, yılın başından itibaren bütçe gerçekleşmelerinin açıklandığı her zaman diliminde hükümet ve büyük medya tarafından kamuoyuna çok olumlu gelişme izlenimleri verilmeye çalışılması da anlamlıdır.

Olumlu izlenimlerin dayanaklarının başında, vergi gelirlerinde hedefin üzerinde bir artış elde edilmesi gelmiştir. Gerçekten, yılın bütünü için yüzde 99 olarak öngörülen vergi gelirleri artışı, ilk 8 ayda yüzde 113 olarak gerçekleşmiştir. Bu artışın elde edilmesinde kuşkusuz 1997'ye ilişkin menkul sermaye gelirlerinin toplanarak Gelir Vergisi'nin artan oranlı tarifesine tabi olması, bu arada daha önce stopaja tabi olmayan repo gelirlerinin de 1998 vergi beyannamelerinde gösterilmesi rol oynamıştır.

Tablo 11 - Konsolide Bütçe Gerçekleşmeleri (Ocak-Ağustos 1998)

	Gerçekleşme (Trilyon TL)	Ocak-Ağustos Değişim (98/97) (%)	Pay (%)
GELİRLER	7.147	125.0	100.0
- Vergi gelirleri	5.670	113.4	79.3
- Vergi dışı nor.gel.	682	222.5	9.5
Özel gelir ve fonlar	693	173.0	9.7
- Katma bütçe	103	74.0	1.4
GİDERLER	9.789	140.3	100.0
- Personel Giderleri	2.367	86.5	24.2
- Diğer cari	517	121.0	5.3
- Yatırım	438	69.5	4.5
- Transfer	6.466	179.7	66.1
• İç borç faizi	4.164	296.4	42.5
• Dış borç faizi	313	82.2	3.2
• KİT'lere transfer	93	51.4	1.0
• Dev.İşl.Katkı Payları	19	23.1	0.2
• Red ve İadeler	312	162.7	3.2
• Emekli Sadığı'na	402	83.9	4.1
• SSK'ya	268	8.5	2.7
• Bağ-Kur'a	278	270.3	2.8
• Diğer transferler	395	98.3	4.0
BÜTÇE DENGESİ	2.642	194.4	

Ancak daha önemli bir etken, devletin yılın ilk yarısındaki aşırı borçlanma eğilimi olmuştur. Yüklü iç ve dış borç servislerini karşılayabilmek için yapılan iç borç ihalelerinin sıklık ve miktarının artması, çelişkili olarak, devletin hesabı olarak gelir vergisi gelirlerini de arttırmıştır. Çünkü devlete borç verenlerin herbirinin brüt faiz geliri üzerinden hesap edilen ve peşinen mahsup edilmiş görünen gelir vergisi stopajı, Gelir Vergisi hasılatını şişirmiştir. Nitekim, ilk 8 ayda bu alandan 417 trilyon TL'lik gelir elde edilmiştir ki Kurumlar Vergisi hasılatına yakındır. Bu kalem hariç tutulduğunda vergi gelirleri artışı yüzde 97.6'ya gerilemektedir. Oysa yılın son 3 ayında Maliye bu gelirden yoksun kalacaktır.

Öte yandan, vergi yasa tasarısının yılın ilk yarısında yürürlüğe girmemesi de, Gelir Vergisi hasılatında tarife hafiflemesi nedeniyle gerçekleşmesi öngörülen eksilmeleri engellemiştir. Gelir Vergisi tarifesinin dilim genişlemelerinin Bakanlar Kurulu'nun yetki sınırlarına gelindiği için yüzde 50'de kaldığı, buna karşılık geçen yılın enflasyonunun yüzde 100 ve Haziran 1998 itibariyle yıllık ortalama tüketici fiyatları artışının da yüzde 94 olduğu dikkate alınırsa, bu tarifenin reel vergi yükünün artışı yönünde etki yaptığı anlaşılır. Aynı şekilde, tarifenin her basamağı için yapılması düşünülen 5'er puanlık indirimin (en üst gelir basamağı için yüzde 10 indirimin!) yılın ilk altı ayı için uygulanmaması da, bu nedenle beklenen hasılat kaybını önlemiştir. Bu son iki olanağın özellikle ücretlilerin sırtından yaratıldığı tartışmasızdır. Çünkü, a) Gelir Vergisi'nin yüzde 51.4'ü ücretliler tarafından ödenmektedir; b) daha önemlisi, beyannameliler vergiyi bir yıl gecikmeli ödedikleri için 1998 tarifesi bu yıl için yalnızca ücretlileri ilgilendirmektedir.

Esas olarak Gelir Vergisi hasılatı artışından kaynaklanan 1998 vergi gelirleri artışının gene de olumlu kabul edilmesi gerekir. Ancak, gelir artışlarının nasıl kullanıldığına bakınca bu olumlu izlenim de kaybolmaktadır. Çünkü ilk 8 ayda vergi gelirleri hasılatının yüzde 79'u faiz ödemelerine gitmiştir. Bu oran, zaten yeterince yüksek olan yüzde 66.3 düzeyindeki yıllık başlangıç hedefini dahi 13 puan aşmaktadır.

Konsolide bütçe faiz ödemeleri ile vergi ve bütçe büyüklükleri arasındaki ilişkileri gösteren aşağıdaki orantıların incelenmesi, ilk 8 aylık gerçekleşmelerin bütçe bileşiminde bir düzelmeye değil bir bozulmaya karşılık geldiğini göstermektedir.

Tablo 12 - Çeşitli Bütçe Büyüklükleri Arasındaki Oransal İlişkiler
(Yüzde)

	1998 Bütçe Teklifi (Öngörü)	1998 Ocak-Ağustos (Gerçekleşme)
Cari gider/bütçe gideri	32.3	29.5
• Personel/bütçe gideri	23.6	24.2
• Diğer cari/bütçe gideri	8.7	5.3
Yatırım/bütçe gideri	6.8	4.5
Transfer/bütçe gideri	60.6	66.1
• Faiz/bütçe gideri	39.9	45.7
• Faiz/bütçe geliri	54.6	62.6
• Faiz/vergi geliri	66.3	79.0
• Sosyal güvenlik transferi/bütçe gideri	9.5	9.6

Görüldüğü üzere, faizlerin bütçenin en geniş boyutu olan harcamalara oranı yıllık hedeflere göre yüzde 40 dolayında iken, ilk sekiz aylık gerçekleşmelere göre yüzde 46 civarına çıkmaktadır. Aynı şekilde, faiz harcamalarının bütçe gelirlerine oranının yüzde 55 civarında kalması beklenirken, ilk sekiz ayda yüzde 63'e çıkmaktadır. Vergilerin yüzde 66'sının faizlere tahsisi öngörülmüşken, ilk altı ayda bu oran yüzde 79'a ulaşmaktadır.

Faiz ödemelerinin bu denli yüksek bir artışa konu olması nedeniyle transfer harcamaları toplamı da öngörülenin üzerinde artmış ve ilk sekiz aylık icraatta bütçenin üçte ikisini işgal etmiş bulunmaktadır. Buna karşılık personel ödeneklerinin payının yerinde saydığı görülmektedir. Diğer cari ve yatırımlar ise, tasarruf genelgeleriyle en fazla sınırlanan harcamalar durumundadır. Maliye Bakanlığı'nın tasarruf genelgelerinin etki alanı da esasen sadece bütçenin bu iki küçülen kalemi üzerine sıkışmış durumdadır.

Maliye Bakanlığı ve Hükümetler, kendi bütçeleri üzerindeki denetimi büyük ölçüde kaybetmiş durumdadırlar. 1998 bütçe uygulaması da bunun bir istisnasını oluşturmamaktadır. Dolayısıyla, bütçenin yeterince kötü olan başlangıç hedeflerini tutturmak dahi mümkün gözükmemektedir.

7. 1999 BÜTÇESİ ÜZERİNE İLK DEĞERLENDİRMELER

1999 mali yılı bütçe kanunu tasarısının TBMM'ne sunulduğu bu günlerde 1999 yılına ilişkin bütçe teklifleri yanında 1998 bütçesi gerçekleşme tahminleri de ortaya çıkmış bulunuyor. Dolayısıyla 1998'in gerçekleşme rakamlarına oldukça yakın son tahminlerden bakarak 1999'a ilişkin başlangıç tahminleri üzerine fikir yürütülebilir.

Öncelikle bütçenin bütünü üzerine yapılabilecek en genel değerlendirme şudur: Bütçelerde son 15 yıl içinde ortaya çıkan bozulmanın düzeleceğine ilişkin herhangi bir işaret ortada yoktur. Mevcut siyasi, iktisadi ve mali konjonktürde bu tür bir düzelme beklentisi de esasen sözkonusu değildir. Dolayısıyla, sürprizlere açık olmayan, geçmiş yılların izini süren, çok farklı değerlendirmeler yapılması mümkün olmayan ve çözüm getirmekten ziyade "durumu idare eden" bir bütçe ve bütçeleme anlayışıyla yeniden karşı karşıyayız denilebilir.

1998 bütçesi gerçekleşme tahminlerine bakarsak şu değerlendirmeler yapılabilir:

- 1998 Ocak-Ağustos gerçekleşme sonuçlarıyla karşılaştırıldığında 1998'in bütünü için yapılan gerçekleşme tahminleri bazı düzelmelere işaret etmektedir. Bunu büyük ölçüde olağan karşılamak gerekir. Yılın son aylarında vergi girişlerinin faiz giderlerinden fazla olmasının getirdiği dengeleyici düzeltmeler her yıl tekrarlanmaktadır.

- 1998'in başlangıç ödeneklerine kıyasla 1998 gerçekleşme tahminleri de bazı küçük "düzelme" işaretleri vermektedir. Buna göre,

Tablo 12/A - 1998'den 1999'a Konsolide Bütçe (Milyar TL)

	1998				1999	
	Başlangıç Ödeneği	Yüzde Payları	Gerçekleşme Tahmini	Yüzde Payları	Tasarı	Yüzde Payları
GİDERLER	14.789	100.0	15.500	100.0	23.650	100.00
(Faiz Dışı Giderler)	8.894	60.1	9.310	60.06	14.760	62.41
• Personel	3.500	23.6	3.870	24.97	6.070	25.67
• Diğer Cari	1.330	8.7	1.340	8.65	2.360	9.98
• Yatırım	1.000	6.8	960	6.19	1.410	5.96
• Transfer	8.959	60.6	9.330		13.810	58.39
• Faiz	5.895	39.9	6.190	39.94	8.890	37.59
• Sosyal Güvenlik	1.400	9.5	1.426	9.20	2.055	8.69
• Diğer Transferler	1.664	11.2	1.714	11.06	2.865	12.11
GELİRLER	10.800	100.0	11.736	100.00	18.130	100.00
• Vergi Gelirleri	8.900	82.4	9.350	79.67	14.535	78.87
• Vergi Dışı Norm. Gel.	702	6.5	1.131	9.64	1.615	8.93
• Özel Gelir ve Fonlar	1.158	10.7	1.205	10.27	1.900	10.31
• Katma Bütçe Gelirleri	40	0.4	50	0.43	80	0.47
BÜTÇE AÇIĞI	-3.989	(26.77)	-3.764	(24.28)	-5.520	(23.34)

bütçe açığının bütçe harcamalarına oranı yüzde 26.97'den yüzde 24.28'e düşmekte; GSMH'ya oranla da yüzde 8.1 yerine yüzde 7.1 rakamı geçmektedir. Oysa, bir yandan da bütçe harcamalarının 711 trilyon TL arttığı görülmektedir. Hemen anlaşılacağı gibi bunun nedeni, bütçe gelirlerindeki artıştır; bu artış 936 trilyon TL'yi bulduğu için bütçe açığı 225 trilyon TL'lik bir azalma göstermiştir. Gelir artışlarının yarısı vergi gelirleri artışından kaynaklanmıştır. Diğer bölümü de esas olarak "vergi dışı normal gelirler"den ve özellikle bunun içinde yeralan özelleştirme gelirlerinden kaynaklanmıştır. Özelleştirme gelirlerinin bütçeleştirilmesinin yasa dışılığı (4046 sayılı yasaya aykırılığı) ve yanlışlığı buradaki konumuz içinde değildir.

- 1998 yılı personel ödeneklerinde başlangıç tahminlerine göre küçük bir artış olacağı (yüzde 23.6'dan yüzde 25'e) görülmektedir. Ancak bunun anlamlı olmadığını görebilmek için, bu payın 1989-93 döneminde ortalama yüzde 37.5 ve 1994-95'te dahi yüzde 30 düzeyinde olduğu bilgisini eklemek gerekecektir.

- Faiz giderlerinin ise öngörülenin 295 trilyon TL üzerinde gerçekleşmesi beklenmektedir. Ancak vergi gelirleri ve bütçe harcamalarında daha önemli artışlar nedeniyle, faizlerin vergiye ve bütçeye oranla önemi başlangıç ödenekleri düzeyinde kalacak gibi gözükmektedir.

- Yatırımlara ayrılan 1 katrilyon liralık küçük ödenek tutarının dahi gerçekleştirilemeyip 960 trilyon lirada kalacak olması ise, bütçelerin tekrarlanan bir ayıbı niteliğindedir. Bu arada, 1998 bütçesi için başlatılan bir "ilk"in fiyaskoyla sonuçlanması üzerine de düşünülmelidir. 1998 bütçesinde, özelleştirmeler beklendiği gibi gelişirse bir katrilyonluk yatırım ödeneklerine buradan 400 trilyonluk ek katkının sağlanacağı yolundaki düzenlemesi her türlü bütçe ciddiyetinin dışındaydı. Kuruluşlar fiktif ve şartlara bağlı yatırım ödenekleriyle oyalanırsa, yatırım programları hazırlamanın bir anlamı kalır mı? 1999 bütçesini henüz bu gözle inceleme fırsatı bulamadığımız için, aynı gayiciddiliğin tekrarlanıp tekrarlanmadığını henüz bilemiyoruz.

Bütün bu değerlendirmelerin, 1998 için kesin sonuçların oluşmadığını bir dönemde yapıldığı kuşkusuz akıldan çıkarılmamalıdır.

1999 bütçe tasarısına ilişkin olarak -gene 1998 gerçekleşme tahminleriyle karşılaştırmalı bir yaklaşımla- şimdilik şunlar söylenebilir:

- 1999 tasarısının öngördüğü bütçe açığı, bütçeye oranla yüzde 23.3 ve GSMH'ya oranla yüzde 7.0 olarak programlanmıştır. Bunun iyimser bir beklenti olduğu söylenebilir. İki nedenle: Bir, 1999 yılı faiz ödemelerini 8 katrilyon 890 trilyon düzeyinde tutmak çok zor gözükmektedir. Buradaki sapmanın, 1998 için olduğundan daha fazla olacağı ve 10 katrilyonun altında bir faiz gideri beklemenin hayal olduğu fazla yanılmadan ileri sürülebilir. Öte yandan, 1999 için, mevcut enflasyon öngörüleri altında, hedefin üzerinde bir kamu gelirleri ve vergi gelirleri artışı beklemek gerçekçi olmayacaktır.

- Bu nedenle, faiz/bütçe harcamaları oranı gerçekçi gözükmemektedir. Bu oranın 1999'da yüzde 40'ın altına çekilmesi çok sürpriz bir gelişme olacaktır.

- Bütçenin en hızlı artan kalemi "diğer cariler"dir. Bunun yüzde 75 oranında savunma ve güvenlik amaçlı kullanıldığı dikkate alınırsa, 1999 için barışçı bir gelişmenin beklenmediği kolayca sezilebilir.

- Personel ödeneklerinde anlamlı bir gelişme yoktur. Enflasyon tahminlerinin beklenenin üzerinde gerçekleştiği her durumda-ki bu tür gelişmelerin gerçekleşme olasılığı çok yüksektir- personel ödeneklerinde erime hızlanacak demektir. Eğer 1999 seçim yılı ise, personel ödeneklerini bu alt noktalarda tutma olanağı pek yoktur.

- Sosyal güvenlik kuruluşlarına yapılan transferlerin, iddiaların aksine, 1999 yılında göreli olarak (bütçeye ve GSMH'ya oranla) gerileyeceği öngörülmektedir.

- Yatırım ödenekleri her yıl bir önceki yılı aratmaktadır. 1999 bütçesi, ne yazık ki, bunun istisnası olamamıştır. Başlangıç ödeneğinin ilk defa yüzde 6'ın altına düşürüldüğü görülmektedir. Gerçekleşmenin, her zamanki gibi, daha kötü bir sonuç vermesi de beklenmelidir. 1 katrilyon 410 trilyon lira olarak öngörülen başlangıç ödeneği, aslında geçen yılın özelleştirme aktarmalı başlangıç öngörüsüyle çakışmaktadır. Yüzde 44.4 enflasyon öngörülen bir ekonomide bunun nasıl bir reel gerileme anlamına geldiği kolayca anlaşılabilir.

- Yatırımlarla ilgili bir başka gerçek ise, genel ve katma bütçeli kuruluşların yatırım tekliflerinin 10.1 katrilyon lira olmasına karşılık 1.4 katrilyon liralık bir ödenek ayrılmasıdır. Tekliflerin kabul oranı yüzde 14'tür. Kamunun bütçe dışı kuruluşları, KİT'ler de dahil olmak üzere ele alınsıydı, bunların toplam 15.7 katrilyon liralık yatırım talebinin sadece 3.55 katrilyon liralık bölümünün kabul edildiği (kabul oranı yüzde 22.5) görülürdü. Bütün bunların anlamı, kamunun yatırım perspektifinin yokedilmiş bulunmasıdır. 15 yıldır ilmik ilmik örülen ve iktidarları tutsak eden böyle bir anlayışın ekonomik bağımsızlığı, ulusal bağımsızlığı korumak ve ülkeyi kalkınma rampasında tutmak hedefi ve iradesi olamaz.

- Gelirler açısından dikkati çeken nokta, özelleştirme gelirlerini de içeren "vergi dışı normal gelirler" kalemindeki artışın sınırlı tutulmasıdır. 1999 bütçesini oluşturanların, konjonktürün dönmesi nedeniyle istemeyerek kabullenmiş olabilecekleri bu durum, belki de 1999 bütçesinin tek hayırlı sonucu olarak yorumlanabilirdi. Ancak Telekom ve üçüncü GSM lisansının satışından elde edilecek gelirlerin tümüyle bütçeye aktarılması, üstelik bunların "vergi dışı normal gelirlere" değil de doğrudan genel bütçeye gelir kaydedilmesi bütçe tasarısında öngörülmüş bulunuyor. Dolayısıyla, en azından niyet bazında, ne özelleştirmeden ne de satış gelirlerinin bütçeleştirilmesinden geri adım atmanın gündemde olmadığı görülmektedir.

8. VERGİ-FAİZ İLİŞKİLERİ VEYA HANGİ VERGİLERİ FAİZ ÖDEMELERİNE AYIRIYORUZ?

Tablo 10'da sunulan bütçeye ilişkin çok yönlü büyüklüklerin bütçe faiz ödemeleri ile bütçenin çeşitli vergi gelirleri arasında kurularak ayrıntılandırılması ilginç sonuçlar vermektedir. Tablo 13'te özetlenen bu sonuçlar Türkiye'deki mali disiplinsizliğin ulaştığı boyutları daha çarpıcı bir biçimde göstermeye yardımcı olmaktadır.

Bütçedeki faiz ödemelerinin 1983 sonrasında hızlanan kamu iç borçlanması nedeniyle çığ gibi büyüdüğü bilinmektedir. 1980 öncesinde bütçe harcamaları içindeki payı ortalama yüzde 2.7 olan faiz transferleri, 1998 bütçesinde henüz başlangıç teklifi olarak yüzde

40'lık bir düzeye yükselmiştir. Önlem alınmazsa bu eğilimin sürmesi ve bütçeyi tamamen tutsak alması beklenmelidir.

Tablo 13 - Faiz Ödemeleri - Vergi Gelirleri İlişkileri

FAİZ GİDERLERİ ve VERGİLER (Trilyon TL)		1995	1996
Faiz Giderleri	(1)	576	1.497
Vergi Gelirleri	(2)	1.084	2.248
• Dolaysız Vergiler	(3)	442	884
• Gelir Vergisi	(4)	330	676
• Ücretlilerin GV	(5)	173	347
Dolaylı Vergiler	(6)	642	1.364
Dolaysız Vergiler + Dahilde KDV	(7)	654	1.303
GV + KV + MTV + VİV + İç KDV + TAV + BSMV + Gümrük V. + Akaryakıt Gümrük V. + Ek Vergi	(8)	759	1.501
BAZI İLİŞKİLER (YÜZDE DEĞERLER)			
A)		53.3	66.7
• Faiz/Vergi (1/2)		130.3	169.3
• Faiz/Dolaysız Vergi (1/3)		174.5	221.4
• Faiz/GV (1/4)		333.0	431.4
• Faiz/Ücretlilerin GV'si (1/5)			
B)			
• Dolaysız Vergiler/Faiz (3/1)		76.7	59.1
• Gelir Vergisi/Faiz (4/1)		57.3	45.2
• Ücretlilerin GV'si/Faiz (5/1)		30.0	23.2
• Dolaylı Vergiler/Faiz (6/1		111.5	91.1
• Dolaysız+İç KDV/Faiz (8/1)		113.5	87.0
• (8)'de Sayılan Vergiler/Faiz (8/1)		131.8	100.3

1996'da faizlere tahsis edilenler dışında kalan önemli sayılabilecek vergiler (ve harçlar): İthalde Alınan KDV+Akaryakıt Tüketim Ver.+Damga Vergisi+Harçlar

Türkiye'de kısa vadeli ve yüksek faizli olmak gibi olumsuz özellikler taşıyan kamu iç borçlanması, bir anlamda kamu finansmanının özelleştirilmesine götürmüştür. Kamuoyunun çok da farkında olmadığı bu "özelleştirme", kamunun vergi alacağı kesimleri yüksek faizlerle ranta bağlaması biçiminde gerçekleşmiştir.

İşte bu nedenlerle, bütçenin mali sisteme, rantiyeye ve sınai/ticari sermayeye bir aktarma organına dönüşme eğilimine karşı sermaye çevrelerinden çok güçlü tepkiler yükselmemektedir. Bütçeden sosyal güvenlik kuruluşlarına yapılan transferler yüzde 8-9 mertebesine çıktığı için büyük gürültü koparan kesimler, faiz transferlerinin yüzde 40'a ulaşmış bulunması karşısında çok cılız tepki vermektedir. Oysa, bütçeyi ve tüm sosyal devlet anlayışını tahrip eden eğilim bütçedeki bu faiz kanamasıdır.

Bu kanamanın önemini daha iyi gösterebilmek için, faiz ödemelerini vergi gelirleriyle ilişkilendirmek gerekir. Bütçe vergi gelirlerinin 1991'de yüzde 31'i faize aktarılırken, bu oran 1993'te yüzde 44'e, 1994'te yüzde 51'e çıkmıştır. İlişikteki tabloda görüldüğü üzere 1995'te vergilerin yüzde 53'ü, 1996'da ise yüzde 66.6'sı yani tam olarak üçte ikisi faizcilere aktarılmış bulunmaktadır. 1998 bütçesinin başlangıç öngörüsü de 1996'daki durumun aynısıdır. Bu gidişle, birkaç yıl içinde tüm vergi gelirlerinin faiz ödemelerine tahsis edilmesi söz konusu olacaktır. Bugünden ortaya çıkan sonuç, devletin vergi alma hak ve meşruiyetinin giderek sorgulanır duruma gelmesidir.

Devletin vergi alma meşruiyetinin tartışılır duruma geldiğini daha iyi algılayabilmek için, ilişikteki tabloda çeşitli vergi gelirleriyle faiz ödemeleri arasında ilişkiler kurulmaktadır. Buna göre:

A)

- Bütçe faiz ödemeleri bütçe vergi gelirlerinin 1996 yılında üçte ikisini götürürken, Gelir Vergisi (GV), Kurumlar Vergisi (KV), Motorlu Taşıtlar Vergisi (MTV) ve Veraset ve İntikal Vergisi (VİV)'den oluşan dolaysız vergiler toplamının yüzde 169.3'ünü oluşturmaktadır. Bir başka deyişle, faiz ödemeleri dolaysız vergiler toplamının 1.7 katına çıkmış bulunmaktadır.

- Faiz ödemelerinin Gelir Vergisine oranı ise 1996'da yüzde 221'dir. Yani, toplanan tüm Gelir Vergisinin 2.2 katını alırsak ancak faiz ödemeleri karşılanabilmektedir.

- Ücretlilerin ödediği Gelir Vergisi alınırsa, bunun ancak 4.3 katıyla tüm bütçe faiz ödemeleri karşılanabilmektedir.

B)

- Tersten bakılırsa, 1996 yılında dolaysız vergilerin tümü (yani GV, KV, MTV, VİV toplamı) faizlerin ancak yüzde 59'unu karşılayabilmektedir.

- Sadece Gelir Vergisi alınsaydı, bunun faizleri karşılama oranı ancak yüzde 45.2 olmaktadır.

- 1996'da Gelir Vergisi'nin yüzde 51.4'ünü ödemiş olan ücretlilerin ödediği Gelir Vergisi toplamı faizlere oranlandığında, bunun faizlerin ancak yüzde 23'ünü yani dörtte birinden azını karşıladığı farkedilmektedir.

- Toplam Vergi gelirleri içinde yüzde 60'lık bir ağırlığa ulaşan dolaylı vergiler alınsaydı, bunların toplamının 1995'te faiz ödemelerini aştığı (yüzde 111.5), ancak 1996'da ancak yüzde 91'ine yetiştiği görülmektedir.

- Tüm dolaysız vergiler (yukarda sayılan 4 vergi) ile tüketim vergilerinin en önemlisi olan "Dahilde Ödenen KDV" birlikte ele alındığı durumda dahi, 1996 yılında faiz ödemelerinin karşılanamadığı (veya ancak yüzde 87'sinin karşılanabildiği) görülmektedir.

- Acaba hangi vergileri alt alta toplarsak 1996 yılında faiz ödemelerini tam olarak karşılayabiliriz sorusu sorulduğunda ise, bunun cevabının 1996 yılı için şu vergilerden oluştuğu görülmektedir: GV, KV, MTV, VİV, İç KDV, Gümrük Vergisi, Taşıt Alım Vergisi (TAV), Banka ve Sigorta Muameleleri Vergisi (BSMV), Akaryakıt Gümrük Vergisi, Ek Vergi. Tüm bu vergilerin toplamı 1995 yılında faiz öderneklerinin yüzde 132'sine denk düşerken, 1996 yılında bütünüyle (yüzde 100'ü) faiz ödemeleri tarafından emilmektedir!

- "Acaba 1996 yılında faiz ödemelerine gitmeyen hangi vergi gelirleri elde kaldı" diye sorulursa, faiz öderneklerine ayrıldığını varsaydığımız yukarıdaki vergilerden sonra elde kalabilen bellibaşlı vergiler yalnızca şunlar olmaktadır: İthalde Alınan KDV, Akaryakıt Tüketim Vergisi ve Damga Vergisi. Bunlara bir de Harçlar eklenebilir.

İşte 1996 bütçesinin acıklı durumu budur. Bu acıklı tablonun 1998'de daha da kötüleşerek sürmesi beklenmektedir. Eğer bütçe faiz yükünden kurtarılmazsa, izleyen yıllarda tüm vergilerin faizlere aktarılacağı, hatta bunun dahi yeterli olmayacağı günler gelecektir. Nitekim 1998'in ilk 8 ayında, yukarıda sayılan 10 vergiye Damga Vergisi ve Harçlar da eklendiği durumda dahi faiz ödemeleri karşılanamamaktadır. 1999 yılında ise vergi gelirlerinin son iki öğesinin, ATV ve ithalde alınan KDV'nin de katılmasıyla eksiksiz tüm vergi gelirlerinin faize aktarılması olasılığı çok yüksek görünmektedir.

Devlet böyle bir tabloda hizmet vaadiyle vergi toplayabilme meşruiyetini sürdüremez.

Kamu finansmanını özelleştirme mantığının kurucusu Özal Hükümetleri olmuş, izleyen koalisyon hükümetleri ise bunu sürdürmüşlerdir. Bugünkü ANAP öncülüğündeki 55. Hükümete düşen görev, sadece vergi düzenlemeleri yapmak değildir. Toplanan vergilere hakim olunamadıktan sonra daha fazla vergi toplamanın anlamı nedir? Hatta vergilerin kamusal hizmete dönüştürülemediği durumda, daha adil vergi toplamanın bile fazla anlamı kalmayacaktır.

9. GENEL SONUÇ

1998 bütçesinin ayrıntılı bir içerik analizi, bu bütçenin, gerek mali, gerek iktisadi, gerekse hukuki açılardan geçmiş yıllardaki bozulmaların bir uzantısı olmaktan öteye gidemediğini göstermektedir. Biçimsel sunuş özellikleri bakımından bazı düzeltmelere yer veriliyor gibi görünmekle birlikte, 1998 bütçe tasarısı ve kanunu yeni mali disiplinsizliklere kapı aralamaktan da geri kalmamaktadır.

Mali ve iktisadi açılardan bakıldığında 1998 bütçesi, boyutları ve bileşimi itibariyle, Türkiye'nin sorunlarını çözmekten tamamen uzak bir yapı taşımaktadır. Analizin sonuçları, Özal döneminin tahribatlarının izleri tamamen silinmeden bu olumsuz gidişten kurtuluş yolunun bulunmadığını göstermektedir. Bu nedenle, söz konusu edilmesi gereken asgari hedefin, Özal öncesi dönemin bütçe disiplinine bir dönüşün sağlanması olacağı anlaşılmaktadır. Kuşkusuz daha ileri bir adım, bu tür bir restorasyonu ek önlemlerle tamamlamak ve Türkiye'de son 15 yıldır kesintiye uğratılmış bulunan bütçe gelişme dinamiğinin yeniden işlerliğe kavuşturulması olacaktır. Gelişen, kentlileşen, ücretlileşen, ihtiyaçları artan ve çeşitlenen bir toplumun yönetilmesi bugünkü bütçe olanaklarıyla mümkün görünmemektedir. Kaldı ki, vergi yükümlülerinin vergi ödevleri karşılığında kamu hizmetlerinden yararlanma haklarının daha fazla gözardı edilmesi sürdürülebilir bir politika gibi de gözükmemektedir.

Mali ve hukuki açılardan bakıldığında, geçmiş bütçe tasarılarında ve gerekçelerinde olduğu gibi 1998 belgelerinde de yeterli bir saydamlığın, geçmiş uygulamaların yanlışlarını düzeltmeye ilişkin yeterli bir gayretin işaretleri görülmemektedir. Kesin hesap kanunu tasarılarının ve genel uygunluk bildirimlerinin parlamenterlerin ve bilinçli kamuoyunun yeterli bir ilgi odağı durumuna gelememiş olmasının ise bütçe hakkı bakımından yolaçtığı ciddi sıkıntılar bulunmaktadır. Bütçeleri sadece birer tahmin belgesi olarak tartışan, buna karşılık gerçekleşme sonuçlarına ilgisiz kalan bir parlamentonun ve toplumun, üzerine düşen "yasama denetimi" ve "toplumsal denetim" görevlerini yerine getirebilmesi çok kuşkulu gözükmektedir. Öte yandan, bu denetim kademelerinin herşeye rağmen yıllardır dikkat çektiği veya iptal ettirdiği yanlış veya diğer yasalara veya anayasaya aykırı düzenlemelerin tekrar tekrar tasarı ve kanun metni içine sokulmasında direnilmesi, yürütmenin bu tür denetimlere atfettiği değerin de bir ölçüsünü vermektedir. Muhalefet konumundan iktidar konumuna geçer geçmez benimseniveren bu samimiyetsiz tutumun sürdürülmesinde kuşkusuz kamuoyunun sığlığının da önemli bir payı bulunmaktadır.

Toplumun ilgi odağının merkezinde geçim sorunlarının bulunması, buna karşılık, örgütlü toplumsal kesimlerin bile bu sorunların çözümünde kamu hizmetlerine ulaşma hakkının temel bir rol oynadığının bilincinde olmaması nedeniyle süren bir kısır döngü söz konusudur. Bu döngünün kırılması ancak daha yüksek bir eğitim düzeyiyle mümkün olabilecekken, eğitim hakkına ulaşmanın önü de kısıtlı bütçe imkanlarıyla kesilmekte ve böylece kitleler yeni bir döngü içine sokulmaktadır. Bu cehennemi döngülerin kırılmasında işçi-memur sendikalarına kaçınılmaz görev ve sorumluluklar düşmektedir. Çünkü bugün için bu olumsuzlukları dengeleme gizilgücüne sahip başka bir toplumsal güç ortada gözükmemektedir.

DEĞİŞEN DÜNYADA DEĞİŞMEYEN DEVLET Mİ?

1. GİRİŞ

Dünya Bankası'nın 1997 *Dünya Kalkınma Raporu Değişen Dünyada Devlet* başlığını taşıyor. Dünya Bankası'nın devlet konusuna öteden beri ilgi duyduğu bilinir. 21. Yüzyılın eşiğinde bu konuya yenilenen bir ilgiyle el atması ise daha fazla anlam taşıyor olmalı. 1980'lerden itibaren devleti küçültme programlarına neo-liberal ideoloji doğrultusunda yoğun bir destek veren Banka'nın şimdiki ilgisi, açıkça söylenmese de, geçmişin bir muhasebesini de içeriyor.

Bunun iki temel nedeni öncelikli gözüküyor. **Birincisi**, gelişmiş kapitalist ülkeler coğrafyasında, devletin en geniş boyutlarını gösteren "kamu harcamaları bölü Gayri Safi Yurtiçi Hasıla (GSYH)" oranının 1980'lerde de yükselmeye devam ediyor olması. Özelleştirmelere rağmen bu sonucun ortaya çıkmasının kuşkusuz birçok nedeni bulunuyor: Sistemin kendini yeniden üretmesinin ancak genişleyen kamu bütçeleriyle mümkün olabilmesi; sosyal hizmet üretiminin, dolayısıyla refah devletinin gerilemesine geniş kitlelerin direnmesi, dolayısıyla devletin gerilemesinin karşısında ekonomik ve toplumsal kökenli güçlü direnç noktalarının varlığı.

İkincisi, azgelişmiş ve gelişmekte olan birçok ülkede devleti geriletme programlarının sonuçta ya tam bir çöküntüye ve sefalete ya da Türkiye'de olduğu gibi uzun süreli istikrarsızlıklara yol açmış olması. Gelişmiş dünyaya ticari/mali kazanç aktarımlarının bu ülkelerde genelde büyüyen eşitsizlikler üzerinden gerçekleşmiş olduğunun farkında değilmişçesine ve bu süreçteki sorumluluğunu itiraf etmeksizin, Dünya Bankası şimdi kurtarıcı rolünü oynamak istemekte. Buna rağmen, Dünya Bankası'nın Raporuyla bu coğrafyadaki ülkelere daha kapsamlı bir devlet önerildiği de sanılmasın: Rapor, gelişmiş ülkeleri bir istisna ve dönüştürülmesi gereken bir yapı olarak gösterip, diğer ülkelere hala küçük ama etkin bir devletin reçetesini daha ince argümanlarla sunabilme kaygılarıyla hazırlanmış görünüyor.

Rapor, devletin ekonomideki yerini toplam kamu harcamalarının (yani merkezi ve yerel kamu bütçelerinin) ulusal gelire oranla büyüklüğü olarak belirliyor. Bu doğru bir yöntem. Çünkü bu göstergeyle devletin ekonomideki en geniş ölçülebilir boyutları kavranmış oluyor. Ayrıca, tanımların doğru yapılması koşuluyla, hem zamansal (tarihsel) düzlemde hem de mekansal (uluslararası) düzlemde karşılaştırılabilir bir veri setinden hareket edilmiş oluyor.

Burada bu Rapor'un kapsamlı bir değerlendirmesine girişilmeyecek. Esas olarak gelişmiş ülkeler eksenli bir sunuşa ağırlık verilerek izleyen "ekonomik anayasa" dosyasındaki tartışmaların daha iyi anlaşılması sağlanmaya çalışılacak; bunun için olgusal bazda verilere de yer verilecek.

2. BAZI ANIMSATMALAR

Daha önce incelendiği gibi, devletin ekonomiye müdahalesi üç temel biçim alabiliyor. Bunlardan en belirleyici ve kapsamlı olanı, merkezi ve yerel kamu birimlerinin bütçe harcamalarının büyüklüğü toplamıdır. Kamu harcamalarının öteki yüzü, yani kamu finansmanı da aynı büyüklük üzerinde fikir vericidir (Devletin kamusal/toplumsal/kollektif mal ve hizmet sunumunu sadece neo-klasik iktisat kuramı değil kamu finansmanı kuramı da farklı bir çerçevede inceleme konusu yapmaktadır).

İkinci müdahale biçimi, kamunun doğrudan girişimci rolünü oynayarak KİT türü işletmeleri oluşturmasıdır. Bunun ekonomik, tarihsel, toplumsal nitelikli çok sayıda genel ve özel nedeni olabilmektedir. 1980'lerden itibaren devletin rolü en fazla bu alanda geriletilmiş olmakla birlikte, bundan devletin total müdahalesinin küçültüldüğü anlamının çıkartılması aceleci bir yargı olacaktır. Çünkü dolaysız girişimcilik alanından çekilen devletin bütçesi yoluyla müdahale alanını yeniden genişletmesi pekala mümkündür. Nitekim, aşağıda görülebileceği gibi bu durum birçok gelişmiş ülkede gözlenmektedir. Kaldı ki, özelleştirme uygulamaları henüz hiçbir yerde KİT sektörünün eksiksiz bir tasfiyesiyle sonuçlanabilmiş değildir.

Üçüncü müdahale alanı, devletin kural koyucu üst otorite olarak yaptığı düzenleyici (regüle edici) etkinliklerdir. Her ne kadar, 1980'ler sonrasında "deregülasyon=kuralsızlaştırma" adı altında kamunun bu alandaki müdahaleleri, özellikle piyasaya yönelik düzenleyici müdahaleler sınırlandırılmaya çalışıldıysa da, aynı süreçte yeni regülasyon alanlarının ortaya çıkıyor olmasının getirdiği karşıt eğilimlerin dengeleyici etkileri de hesaba katılmalıdır.

Devletin bütçeleriyle yani kamu finansmanı ve kamusal mal ve hizmet üretimi aracılığıyla yaptığı müdahale, hem sermaye hem de emek açısından belirleyici bir öneme sahiptir. Bu alandaki müdahale geniş anlamda tüketimin, dar anlamda da işgücünün finansmanı anlamına da gelmektedir. Ücretli emeğin gelişmiş ülkelerde aktif nüfusun yüzde 80 ila yüzde 95'lik bir bölümünü oluşturduğu dikkate alınırsa bunun belirleyiciliği daha iyi anlaşılır. Sağlık, eğitim, sosyal güvenlik gibi temel sosyal gereksinimlerin karşılanmasına ayrılan zamanın kollektif tüketim biçimlerinin geliştirilmesi yoluyla azaltılması, emek maliyetlerinin azalmasına götürmektedir. Kuşkusuz bu tür temel gereksinimlerin kollektif olarak karşılanmasının sermayeye olan getirisi ile gene sermayeye yüklediği kamu finansmanı bedeli arasında hassas bir denge bulunmaktadır.

Kaldı ki, sınıfsal içgüdüler bir yana, sermaye sınıfı bir bütün olarak karar almamakta, herbir sermaye birimi daha düşük bedelle daha çok yarar sağlamaya çalışmaktadır. Bir başka deyişle, herbir sermaye birimi kamu hizmetlerinden en yüksek yararı sağlamaya çalışırken bunun finansmanına en düşük seviyede katılmak için kendi özel önlemlerini almakta, dolayısıyla değerlenme maliyetlerini düşürerek kârlılık oranlarını yükseltmeye çalışmaktadır. Bunun kümülatif etkisi ise, vergiden kaçınma ve vergi kaçırma eğilimlerinin artması ve böylece kamu açıklarının büyümesidir. Aynı yönde etki yapan bir diğer öğe, uluslararası rekabet argümanıyla gündeme getirilen diğer yasal vergi bağışıklıklarıdır. Bütün bunların etkisiyle büyüyen kamu borçlanmasının "dışlama=crowding out etkisi" yaratarak sermayenin mali piyasalardan kaynak teminini daha pahalı ve daha zor kılması, kamu kesiminin küçültülmesi yönündeki ortak sermaye tavrını körüklemektedir. Kamu hizmetlerinin sermayeye yüklediği finansman bedeli ile sermayeye dönük yararı arasında yukarda vurgulanan hassas dengenin ucunun kaçtığı yönündeki sermaye görüşü de giderek devletin küçültülmesi taleplerini beslemektedir. Kuşkusuz bu tahlil öncelikle ve özellikle gelişmiş kapitalist ülkeleri kavramaktadır.

"Devletin küçültülmesi" biçiminde gelişmiş ülkelerde güç kazanan ama pratiğe yansıtılmasında zorlanılan taleplerin arka planına bakıldığında, aslında sermayenin oldukça nüanslı ve sınıf çıkarlarıyla tamamen örtüşen bir bakışa sahip olduğu anlaşılır. Sermaye kesimi, toplumun temel gereksinimlerinin tatmini için gerekli olan sağlık/eğitim gibi toplumsal tüketimleri, sermayenin değerlenmesi için gerekli olan yollar, santraller, limanlar gibi kollektif üretim altyapısı harcamaları açısından giderek rakip konumda görmeye başlar; temel toplumsal tüketimlere yapılan tahsislerin azaltılması talebinin bir dolaylı sonucu da, bu alanların giderek piyasaya devredilerek sermaye için yeni değerlenme alanlarının açılmasıdır. Ancak toplumsal tüketim gereksiniminin hızla büyüdüğü bir toplumsal ilişkiler ortamında, halkın isteklerinin sermayenin rakip talepleriyle tayınlanmasının ciddi sınırları bulunduğu da son onyılların pratiğince kanıtlanmıştır. Bu, işçi sınıfının gerileyen sendikal ve siyasal örgütlenme pratiğine rağmen elde edilebilmiş bir sonuçtur.

Öte yandan iç güvenlik, adalet, ulusal savunma gibi devletin *sosyal zorlama* uygulamasına bağlı harcamaları, sermayenin değerlenmesi için gerekli kamu harcamalarına rakip olma özelliği yanında bazı tekelci sermaye grupları açısından kârlı kamu siparişlerinin kaynağı olmak gibi özellikleri de taşıması nedeniyle çelişkili taleplere yol verebilmektedir. Bu arada çatışma odaklarının sürdürülmesinde ulusötesi silah tröstlerinin oynadığı rol, bu çelişkili sürecin sadece iç dinamiklerce belirlenmediğine de işaret etmektedir. Kaldı ki, küreselleşmenin ulus-devletlerin zayıflaması temelinde daha hızlı yol aldığı dikkate alınırsa, her türlü etnik/dinsel yerel kimliklerin ve buna bağlı yerel çatışmaların öne çıkmasının destek görmesi anlaşılamaz değildir.

3. GELİŞMİŞLERDE DEVLETİN BOYUTLARINA İLİŞKİN FARKLILIKLAR

Eğer kamu gelir ve giderleriyle yani bütçelerle yapılan müdahale alanına bakılırsa, Dünya Bankası Raporu'nun bildiğimiz bazı eğilimlerden yola çıktığı görülür. Bu eğilimlere göre yapılan saptama, gelişmiş ülkelerde yüzyıl başlarında yüzde 10'larda gezinen bütçe bölü ulusal gelir oranının yüzyıl boyunca sürekli bir artışa konu olarak bugün yüzde 50'ler mertebesine erişmesidir. Bu çarpıcı önem artışında 20. yüzyıldaki iki büyük savaşın ve 1929 krizinin getirdiği sıçramalar ile ikinci büyük savaş sonrasındaki kalkınmacı politikaların belirleyici rolü olmuştur.

Kuşkusuz bu artışlar ülkelere ve ülke gruplarına göre farklılıklar göstermektedir. Farklılıklar gelişmiş ülkeler grubu içinde de mevcuttur. OECD kaynaklı tablo 14'ün 1995 yılı verilerinden bu farklılıklar izlenebilir. Buna göre, Maastricht tanımına göre belirlenmiş toplam kamu harcamaları GSYİH'ya oranla şu yüzdeleri vermektedir:

- OECD ortalaması : % 40.8
- G-7'ler ortalaması : % 39.5
- Küçük OECD ülkeleri ortalaması : % 48.9
- AB ülkeleri ortalaması : % 50.1

Görüldüğü gibi ülke grupları itibariyle önemli farklılıklar bulunmakta, sözkonusu oran ortalama olarak % 39.5 ile % 50.1 arasında değişmektedir. Ancak biraz daha dikkatli bakılırsa, bu farklılığın asıl nedeninin OECD'nin ve G-7'lerin iki ağırlıklı ülkesi olan ABD ve Japonya'nın görece daha küçük kamu harcaması büyüklüğüne sahip olmalarından ileri geldiği anlaşılır. Öte yandan, yüzde 60'ın üzerine çıkan İsveç ve Danimarka gibi ülkeler de olmakla birlikte, bu küçük ülkelerin ağırlıklı ortalama üzerindeki etkileri zayıf kalmaktadır.

Ülke bazında görülen farklılıklara rağmen, gelişmiş ülkeler içinde AB ekseni ile ABD ve Japonya ekseni birbirinden net olarak ayrılabilmektedir. Harcamalar yönünden görülen bu farklılıklar ve benzerlikler kuşkusuz kamu gelirleri ve vergi yükleri bakımından da ortaya çıkmaktadır (tablo 15 ve 16).

Kamu harcamalarının ülkelere ve ülke gruplarına göre farklı oluşu, farklı finansman yüklerinin oluşması demektir. Oysa kamu finansmanı maliyetlerinin farklılığı, sermaye açısından farklı değerlenme maliyetleri anlamına da gelmektedir. Bunun beklenen bir sonucu, sermayenin daha düşük değerlenme maliyetleri olan ülkelere akması olabilirdi. Ancak bu akım büyük ölçeklerde ortaya çıkabilmiş değildir. Bunun birçok nedeni bulunmaktadır. Bunlardan önemli biri, kamu siparişlerine bağlı olarak ortaya çıkar. Çünkü kamu harcamalarının büyümesi piyasa ekonomisinden ayrı oluşturulan kamu mal ve hizmet üretim birimlerinin çoğalması temelinde değil, kamunun piyasaya giderek daha fazla sipariş vermesi temelinde gerçekleşir. Esasen bu nedenle de, kamu harcamalarının bütçeye oranla öneminin büyümesi, hatta İsveç gibi uç bir örnekte 1993'te % 71 düzeyine varması (tablo 1), kapitalist sisteme özgü bir gelişme biçiminden başka bir anlama gelmez. Sistemin gelişmiş ülkelerin büyük bölümünde ağır finansman maliyetleri taşıması nedeniyle bu ülkelerde hoşnutsuzluğunu belli eden sermaye ve emek kesimleri kuşkusuz vardır. Ancak bu durumdan yarar sağlayan tekelci sermayenin varlığı da unutulmamalıdır. Nitekim kapitalist sistemin yüzyıllık gelişme trendinde kapitalist devletin büyümesi ile tekelci sermayenin büyümesi arasındaki gelişmiş olsun gelişmekte olsun tüm kapitalist ülkelerde görülen paralellik başka türlü açıklanamaz.

4. GELİŞMİŞLER İLE GELİŞMEKTE OLANLAR ARASINDAKİ FARKLILIKLAR VE TÜRKİYE

Farklılıklar sadece gelişmiş ülkeler coğrafyası içinde değildir. Daha büyük ve yapısal özellikteki farklılıklar, gelişmişler ile gelişmekte olanlar arasında bulunur. Gelişmekte olan ülkeler ile azgelişmiş ülkelerde kamu harcaması bölü GSYİH oranı genellikle yüzde 20'lerin altında bulunmakta, nadiren yüzde 20 ila 30 arasında yer almaktadır.

Bu, bir açıdan anlaşılır bir şeydir: Kamu harcamaları gelişme sürecinde arttığına, yani daha gelişkin kapitalist ekonomiye daha büyük devlet karşılık geldiğine göre süreç içinde devletin büyümesi beklenecektir. Sermaye birikiminin yeni gereksinimlerini ve sistemin kendini genişleyerek yeniden üretimini karşılamanın bugüne kadar bilinen yolu, devletin müdahale olanaklarını genişletmesinden başka birşey olmamıştır. Belki bugün ulaşılan noktada bunun sermaye açısından bazı sorunları ortaya çıkmaya başlamıştır; ama gelişmekte olan ülkeler açısından henüz devletin aşırı genişlemesi diye bir olgu ortada yoktur. Eğer gelişmekte olan ülkeler gelişmiş ülkelerin geçtiği patikaları aynen izliyorlarsa, bu ülkelerde devletin zaman içinde (sermaye birikiminin daha ileri aşamalarına geçildikçe) büyüyeceği önermesinde fazla bir hata yoktur. Nitekim, yeni sanayileşmiş ülkeler arasına giren Uzakdoğu ülkeleri de yoğun devlet müdahaleleriyle sermaye birikimi sürecini hızlandırabilmişler ve bir üst lige çıkabilmişlerdir.

Bununla birlikte, gelişmekte olan ülkelerin bütünü açısından dünya konjonktürü farklıdır. Dolayısıyla gelişmişlerin ayak izlerine basarak ilerlemeleri olanağı sınırlıdır. Bu ülkeler, yüzyıl başında birinci sanayi devrimini tamamlamış olan bugünün gelişmişlerinden farklı olarak yoğun bir uluslararası sömürü mekanizmasının muhatabı durumundadırlar. Bunun bir sonucu da, dış borçlanma ya da yabancı sermaye transferleri nedeniyle, dışarıya önemli ölçüde değer aktarımı yapıyor olmalarıdır. Bu yapıdaki bir devletin büyümesinin anlamı da farklı olacaktır. Nitekim buna, Türkiye örneğinde olduğu gibi, iç borç faizleri aracılığıyla yapılan transferler de eklendiğinde, devletin büyümesinin tamamen marazi bir nitelik taşımaya başladığı farkedilir.

Daha da ilginç olanı, Dünya Bankası Raporu'nun saptadığı gibi, azgelişmiş ve gelişmekte olan ülkelerde kamu bütçelerinin ağırlığının son 10 yıl içinde azalmakta oluşudur. Bu, sadece sosyal nitelikli kamu harcamalarının felce uğraması açısından değil, sermaye birikiminin asgari gerekleri açısından da dramatik bir durumdur. Bu tür ülkelere uluslararası sermaye odaklarının 1980'ler boyunca devleti küçültme reçeteleri önermesi ise, sefalet üzerinden çıkar hesapları yapmaktan başka bir anlama gelmemiş ve bugün Dünya Bankası raporunda görüldüğü gibi örtük bir günah çıkarma belgesiyle sonuçlanmıştır. Gerçekten, IMF ve Dünya Bankası programları dayatılan dünyanın birçok bölgesinde azgelişmiş ülke devleti hizmet üretemez duruma sokulmuş ve özellikle sosyal hizmet yönünden çökmüş bulunmaktadır.

Türkiye'deki durum ise özetle şudur: Devletin boyutları 1980-85 sürecinde neo-liberal politikaların etkisindeki Özal'cı anlayışlarca 1980 öncesine göre bilinçli bir biçimde daraltılmış, 1986 sonrasında ise yeniden büyüme eğilimi başlamıştır. 1980'lerin sonlarından itibaren kamu harcamaları bölü GSMH oranı 1980 öncesini aşmaya başlamıştır (tablo 17).

Tablo 14 - OECD Ülkelerinde Kamu İdarelerinin Toplam Harcamaları[a]
(Cari Fiyatlarla GSYİH'nın Yüzdeki Olarak)

	1980	1981	1982	1983	1984	1985	1986	1987	1988	1989	1990	1991	1992	1993	1994	1995	Tahmin ve Öngörüler 1996	1997	1998
ABD	31.4	31.7	33.4	33.4	32.3	32.9	33.1	33.0	32.1	31.9	32.8	33.4	34.4	33.9	33.0	33.2	33.3	33.3	33.3
Japonya	32.0	32.8	33.0	32.3	31.6	31.6	31.9	32.1	31.3	30.6	31.3	30.9	33.7	33.7	34.3	35.4	36.2	36.0	36.0
Almanya[b]	47.9	48.7	49.0	47.8	47.4	47.0	46.4	46.7	46.3	44.8	45.1	47.9	48.5	49.5	48.9	49.5	49.6	49.0	48.1
Fransa[c]	46.1	48.6	50.3	51.4	51.9	52.1	51.3	50.9	50.0	49.1	49.8	50.4	52.0	54.6	54.0	53.7	54.1	53.0	52.8
İtalya	42.1	46.3	47.8	48.9	49.8	51.2	51.0	50.5	50.6	51.5	53.4	53.7	53.8	57.0	54.2	51.8	53.4	51.7	50.6
İngiltere	43.0	44.2	44.5	44.7	45.1	44.0	42.4	40.7	37.6	37.6	39.8	40.6	43.1	43.5	43.1	43.3	41.6	40.6	40.1
Kanada	38.8	39.8	44.8	45.3	45.0	45.3	44.6	43.5	42.5	43.1	46.0	49.2	50.2	49.4	47.2	46.5	45.6	44.6	43.7
G.-7'lerin Ortalaması	36.2	37.2	38.5	38.6	38.1	38.2	38.1	37.9	37.0	36.6	37.6	38.4	39.4	40.1	39.4	39.5	39.7	39.3	39.0
Avustralya	31.4	31.4	32.9	35.0	35.4	36.5	37.5	35.4	33.8	33.1	34.9	37.3	37.7	37.3	36.9	36.9	36.4	35.7	34.7
Avusturya	48.1	49.5	50.1	50.4	50.0	50.9	51.6	51.9	50.2	49.0	48.6	49.9	50.5	53.2	51.8	52.5	52.2	51.4	51.2
Belçika	58.3	63.5	63.5	63.6	62.3	61.9	60.9	59.2	56.8	54.5	54.3	55.7	56.2	57.1	55.7	55.0	54.5	53.8	53.2
Danimarka	56.2	59.8	61.2	61.6	60.4	59.3	55.7	57.3	59.4	59.6	58.6	59.2	61.1	63.7	63.6	60.9	61.6	59.9	58.5
Finlandiya	38.1	39.0	40.8	42.4	42.0	43.8	44.7	45.0	44.0	42.0	45.3	53.9	59.1	60.2	59.5	58.1	57.2	55.0	53.8
Yunanistan	30.4	34.8	35.6	37.5	39.9	42.9	42.4	42.3	42.2	43.6	48.2	44.4	46.0	48.5	48.0	46.7	46.2	44.3	44.1
İrlanda	32.5	33.7	34.3	36.1	33.1	35.7	37.8	34.7	39.5	42.0	39.4	40.2	40.6	40.4	40.1	38.8	38.0	37.4	37.1
İzlanda	49.2	50.5	53.3	53.3	51.6	52.6	52.4	50.5	47.2	40.6	41.1	42.2	42.8	42.8	42.9	40.9	39.7	39.1	38.2
Hollanda	55.8	57.6	59.8	59.9	58.9	57.1	57.0	58.6	56.7	53.9	54.1	54.6	55.0	55.5	53.1	52.3	50.0	49.1	48.3
Norveç	43.3	43.0	43.3	43.4	41.5	40.9	44.6	46.0	49.6	49.2	49.8	50.7	52.0	51.3	49.1	47.1	44.8	44.1	42.5
Portekiz	33.8	41.9	40.9	45.6	42.1	41.2	41.6	40.2	39.4	38.4	41.8	43.9	43.3	44.0	42.9	43.1	43.5	42.6	42.4
İspanya	32.2	34.9	36.6	37.7	38.1	41.2	40.7	39.6	39.5	40.9	42.0	43.4	44.4	47.7	45.9	44.8	43.1	41.6	40.6
İsveç	60.1	62.6	64.8	64.5	62.0	63.3	61.6	57.8	58.1	58.3	59.1	61.3	67.2	71.0	68.3	66.0	65.4	62.6	60.8
Üstteki Küçük Ülkeler Ortalam.	42.1	45.1	46.4	47.5	46.9	47.9	47.7	47.0	46.3	45.7	46.8	48.3	49.6	51.2	49.8	48.9	47.9	46.6	45.7
Üstteki OECD Ülkeleri Ortalam.	37.0	38.2	39.6	39.8	39.2	39.5	39.4	39.1	38.2	37.8	38.8	39.7	40.8	41.6	40.8	40.8	40.8	40.2	39.9
Üstteki AB Ülkeleri Ortalaması	44.7	47.3	48.3	48.7	48.8	49.0	48.3	47.8	46.9	46.4	47.5	48.8	50.0	51.9	50.7	50.1	49.9	48.7	48.0

a) Cari harcamalar artı net sermaye harcamaları.
b) 1994'ten itibaren Alman demiryolları ile 1995'ten itibaren miras kalan kamu borçlarının amortisman fonları dahil.
c) 1992'den itibaren milli muhasebe uygulamasındaki birçok değişiklik nedeniyle, burada "Maastricht" tanımına göre hesaplanmış toplam harcamalar, Fransız Milli İstatistik Enstitüsü INSEE'nin yayınladıklarından daha aşağı düzeydedir.

Kaynak: *Perspectives economiques de l'OECD.*

Tablo 15 - OECD Ülkelerinde Kamu İdarelerinin Toplam Gelirleri[a]
(Cari Fiyatlarla GSYİH'nin Yüzdesi Olarak)

	1980	1981	1982	1983	1984	1985	1986	1987	1988	1989	1990	1991	1992	1993	1994	1995	Tahmin ve Öngörüler 1996	1997	1998
ABD	30.0	30.6	30.0	29.3	29.3	30.8	29.7	30.5	30.0	30.2	30.1	30.1	30.0	30.3	30.7	31.3	31.7	31.5	31.5
Japonya	27.6	29.0	29.4	29.6	30.2	30.8	31.0	32.5	32.8	33.1	34.2	33.8	33.1	32.1	32.2	32.1	32.0	33.5	33.8
Almanya	45.0	45.0	45.7	45.3	45.5	45.8	45.0	44.8	44.1	44.9	43.0	44.5	45.7	46.0	46.5	46.0	45.5	45.5	45.6
Fransa	46.1	46.7	47.6	48.2	49.2	49.3	48.6	49.0	48.3	47.9	48.3	48.3	48.2	49.0	48.4	48.9	50.0	49.8	49.7
İtalya	33.6	34.8	36.5	38.3	38.1	38.6	39.4	39.5	39.8	41.6	42.4	43.4	44.3	47.4	45.2	44.8	46.7	48.0	47.1
İngiltere	39.6	41.6	42.1	41.4	41.3	41.2	40.0	39.3	38.6	38.5	38.7	38.1	36.8	35.7	36.3	37.6	36.8	36.9	37.1
Kanada	36.41	38.3	38.8	38.4	38.5	38.5	39.2	39.7	40.0	40.3	41.9	42.6	42.8	42.1	41.9	42.4	42.9	43.1	43.1
G-7'lerin Ortalaması	33.5	34.4	34.5	34.3	34.5	34.8	34.7	35.4	35.1	35.4	35.5	35.7	35.7	35.9	35.9	36.2	36.5	36.8	36.8
Avustralya	29.7	30.7	32.4	31.1	32.1	33.6	34.5	35.1	34.7	34.1	35.5	34.6	33.7	33.5	32.9	34.7	34.7	34.6	34.6
Avusturya	46.4	47.8	46.7	46.4	47.5	48.5	48.0	47.6	47.1	46.2	46.5	47.2	48.6	49.0	47.4	46.7	47.9	48.4	47.8
Belçika	49.5	50.4	52.5	52.0	52.9	52.9	51.5	51.5	49.8	48.1	48.7	49.2	49.0	49.7	50.6	50.8	51.2	50.9	50.4
Danimarka	52.9	52.9	52.0	54.4	56.3	57.3	59.1	59.7	60.0	59.1	57.1	57.1	58.2	59.8	60.1	59.3	60.1	59.5	58.7
Finlandiya	41.0	42.6	42.8	43.0	45.0	46.8	48.2	46.1	48.1	48.3	50.7	52.5	53.2	52.2	53.3	52.8	54.3	53.3	53.1
Yunanistan	27.8	26.5	29.3	30.3	31.4	31.5	32.1	32.8	30.7	29.2	32.1	32.9	33.7	34.4	35.9	37.6	38.0	38.6	39.0
İzlanda	33.8	34.9	36.0	34.0	35.4	34.0	33.8	33.9	37.4	37.5	36.0	37.3	37.8	35.9	35.4	35.6	35.9	36.3	36.3
İrlanda	37.1	37.7	40.1	42.1	42.2	41.9	41.8	42.1	42.8	38.8	38.8	39.9	40.3	40.3	40.8	38.6	38.2	37.9	37.7
Hollanda	51.6	52.2	53.2	54.1	53.3	53.4	51.9	52.7	52.1	49.1	49.0	51.7	51.1	52.0	49.7	48.3	47.4	46.8	46.2
Norveç	48.5	47.3	47.2	48.3	50.2	49.9	49.9	50.3	52.2	51.0	52.4	50.8	50.3	49.8	49.4	50.2	50.2	49.2	46.7
Portekiz	29.4	31.2	33.1	35.4	35.0	33.7	35.2	34.5	35.7	36.0	36.4	37.5	40.0	37.1	37.2	38.2	39.7	39.7	39.4
İspanya	29.9	31.2	31.2	33.1	32.8	34.2	34.7	36.4	36.3	38.1	37.9	38.6	40.9	40.9	39.6	38.1	38.3	38.2	37.7
İsveç	56.1	57.4	57.8	59.5	59.0	59.5	60.4	62.1	61.6	63.7	63.3	60.2	59.4	58.8	57.9	58.2	61.6	60.2	60.0
Üstteki Küçük Ülkeler Ortalam.	39.6	40.5	41.3	42.1	42.4	43.2	43.4	44.1	43.9	43.6	44.0	44.3	45.0	45.0	44.4	44.1	44.6	44.3	43.9
Üstteki OECD Ülkeleri Ortalam.	34.3	35.2	35.4	35.3	35.5	35.9	35.9	36.5	36.3	36.5	36.6	36.9	36.9	37.0	37.0	37.3	37.6	37.8	37.7
Üstteki AB Ülkeleri Ortalaması	41.3	42.2	43.0	43.6	43.8	44.1	43.8	44.0	43.5	43.9	43.7	44.4	44.8	45.4	44.9	44.9	45.3	45.4	45.2

a) Cari gelirler sermaye gelirlerini dışarıda tutmaktadır.
Kaynak: Tablo 14 ile aynı,

Tablo 16 - OECD Ülkelerinde GSYİH'ya Oranla Toplam Vergi Gelirleri (3 Yıllık Ortalamalar Olarak)

(Yüzde Değerler)

	1966	1970	1975	1980	1985	1987	1988	1989	1990	1991
Avustralya	23.1	24.3	27.5	28.4	30.3	30.8	30.7	30.5	30.0	29.3
Avusturya	35.1	36.0	38.4	41.5	42.8	42.4	41.8	41.4	41.4	42.2
Belçika	32.8	35.8	41.0	45.0	47.5	47.0	46.1	45.2	44.8	45.1
Kanada	27.0	31.1	32.5	31.9	33.2	34.1	34.6	35.1	36.1	36.6
Danimarka	31.8	39.9	42.4	45.1	49.1	51.3	51.3	50.3	49.4	49.0
Finlandiya	31.4	32.7	38.0	37.5	40.8	41.9	42.3	44.0	45.2	46.4
Fransa	34.5	35.1	37.0	41.3	44.3	44.1	44.0	43.8	43.8	43.8
Almanya	32.0	33.4	36.4	37.9	37.8	37.8	38.0	37.6	37.9	38.3
Yunanistan	23.5	25.4	26.0	29.7	35.6	35.6	36.3	35.6	35.6	38.7
İzlanda	9.3	9.5	10.5	20.4	29.2	29.8	31.0	32.1	32.4	32.7
İrlanda	27.4	30.9	32.4	33.2	37.5	37.9	37.4	36.8	35.8	36.1
İtalya	25.7	26.5	26.3	29.4	35.1	36.3	36.9	37.9	38.9	40.4
Japonya	18.1	19.5	21.9	25.3	27.7	29.5	30.2	30.8	31.0	30.6
Lüksemburg	30.6	31.7	40.7	45.9	49.0	49.2	49.2	48.8	48.5	48.6
Hollanda	33.7	37.0	42.1	44.3	44.3	46.7	46.7	45.7	45.6	46.3
Y. Zelanda	25.2	26.7	31.0	33.1	33.2	35.7	37.4	37.5	37.3	36.4
Norveç	34.8	40.3	45.3	47.2	47.8	48.6	47.2	46.7	46.5	46.7
Portekiz	19.0	22.1	24.7	28.4	31.1	29.0	29.5	30.5	31.0	31.7
İspanya	15.1	16.8	19.1	24.3	29.4	32.0	33.3	33.9	34.6	35.0
İsveç	35.8	40.1	44.5	49.3	50.7	54.2	55.2	55.3	54.6	52.7
İsviçre	21.2	23.7	29.4	30.8	32.3	32.4	32.1	31.9	31.5	31.5
Türkiye	11.2	13.3	15.7	17.8	15.6	17.8	18.2	18.7	20.0	21.5
İngiltere	31.7	36.0	35.3	34.8	37.8	37.3	37.0	36.9	36.6	36.1
ABD	26.4	28.7	28.8	29.3	28.4	29.3	29.7	29.5	29.5	29.5
Ağırlıksız Ortalama:										
Toplam OECD	26.5	29.0	32.0	34.7	37.1	38.0	38.1	38.2	38.3	38.5
OECD Avrupa	27.2	29.8	32.9	36.0	38.8	39.6	39.6	39.6	39.7	40.2
AET	28.2	30.9	33.6	36.6	39.9	40.4	40.4	40.2	40.3	40.8

Kaynak: OECD, *Revenus Statistics of OECD Member Countries, 1965-1993.*

Tablo 17 - Türkiye'de Toplam Kamu Harcamalarının Değişen Boyutları

	(GSMH'ya oranla yüzde değerler)				
	1977-80	1981-83	1984-88	1989-93	1994-96
Top. Kamu Harcam.	26.5	23.4	25.2	28.5	28.5
Transfer Harcamaları	5.3	4.0	7.6	8.3	12.8
Reel Kamu Harcam.	21.0	19.8	17.6	20.2	15.7

Kaynak : DPT, Yıllık Programlar.

Ancak bu büyüme patolojik bir özellik taşımıştır. Çünkü asıl büyüyen transfer harcamaları olmuş, bunun içindeki en büyük kalemi de faiz ödenekleri oluşturmaya başlamıştır.

Bir başka açıdan bakıldığında, 1977-80 döneminde GSMH'nın yüzde 26.5'i büyüklüğünde bir toplam kamu harcaması yüzde 21 oranında bir **reel** kamu harcamasına (yani yatırım ve cari harcamalar toplamına) izin verirken, 1994-96 döneminde yüzde 28.5 büyüklüğündeki bir toplam kamu harcaması ancak yüzde 15.7'lik bir **reel** kamu harcaması olanağı bırakmaktadır.

Transfer harcamalarını değil de sadece faiz harcamalarını dikkate alırsak, kamu faiz ödemelerinin GSMH'ya oranı yüzde 10 büyüklüğüne erişmiş, böylece faiz dışı kamu harcamalarının GSMH'ye göre büyüklüğü yüzde 18'lerde oluşmaya başlamıştır. Faiz hariç kamu harcamalarının bu yüzdesi 1980 öncesi Türkiyesinde elde edilenin altındadır.

1980'li yılların hem toplam hem de reel kamu harcamaları bakımından bir azalışı simgelediği de saptanabilmektedir. Bu azalışın dip noktasını 1984-85 yılları oluşturmaktadır. Bir başka deyişle, 1981-85 dönemi kamu kesiminin önemli ölçüde küçültüldüğü bir dönem olmaktadır. 1986'dan itibaren kamu harcamaları çeşitli alt yapı yatırımları yanında büyüyen borç yükü bakımından da yeniden büyüme eğilimi içine girmiştir. Ancak reel kamu harcamalarında küçülme eğilimi devam etmiştir.

Tablo 18 - Türkiye'de Bütçenin Değişen Boyutları

(Yüzde değerler)

	1985-90	1991-93	1994-96
Bütçe Harcamaları/GSMH	16.6	22.0	23.9
Faiz Ödemeleri/GSMH	3.1	4.5	8.4
Bütçe Harca. - Faiz Ödemesi/GSMH	13.5	17.5	15.5

Kaynak : Maliye Bakanlığı, Bütçe Gerekçeleri

Burada da bir önceki tablonun sonuçları konsolide bütçe açısından doğrulanmaktadır. Toplam kamu harcamalarının en önemli öğesi olan konsolide bütçe büyüklüğünün son üç yıl ortalaması olarak yüzde 24'ü dahi bulamadığı görülmektedir. İç ve dış borçların faiz ödemeleri bu büyüklükten düşüldüğünde, Türkiye'nin, GSMH'nın yüzde 15.5'i dolayında bir bütçeyle yönetilmeye çalışıldığı görülmektedir. Bu sonuncu oran, bütçenin daha da küçültüldüğü ve bazı gelir ve harcamaların fon sistemi aracılığıyla bütçe dışına çıkarıldığı 1985-90 döneminde yüzde 13.5 düzeyine kadar gerilemiştir.

Eğer önceki tabloda (tablo 17) olduğu gibi bütçe büyüklüğünden sadece faiz ödemeleri değil toplam transfer harcamaları düşülmüş olsaydı, 1994-96 dönemi için **reel** konsolide bütçe harcaması/GSMH oranının sadece ve sadece yüzde 10 olduğu görülecekti. Türkiye'nin sorunları bu boyuttaki bir bütçeyle asla çözülemez. Bu boyuttaki bir bütçeyi "ekonomik anayasa" veya "anayasal iktisat" gibi yeni sağın en tutucu ideolojileriyle daha da sınırlamaya çalışmak, bütçenin sosyal özünden arta kalan ne varsa hepsini tasfiye etmek anlamında olacaktır.

AB ülkelerinde kamu harcamaları/GSMH oranının yüzde 50 düzeyinde olduğu ve bunun çok küçük bir bölümünün faiz ödemelerine ayrıldığı hatırlandığında, Türkiye'de devletin bütçesi bakımından niçin küçültülmek değil de büyütülmek zorunda olduğunu kavramak daha kolay olabilecektir. Kuşkusuz bu büyüme esas olarak reel harcamalar yönüyle olmalıdır; ancak toplam harcamaların da daha üst bir eşiğe sıçraması gereklidir.

Gelişmiş büyük sanayi ülkeleriyle toplam kamu harcamaları (merkezi ve yerel tüm bütçelerin toplamının ulusal gelir içindeki payı) itibariyle yapılacak bir karşılaştırma da Türkiye'nin gelişmemiş ve çarpık kamu maliyesi yapısını ortaya koyacaktır. Tablo 5'in verileri G-7 ülkelerinin 1975-1993 döneminde toplam kamu harcamalarının artış eğiliminin (İngiltere'deki duraklama dışında) kesintiye uğramadığını göstermektedir.

Toplam kamu harcamaları kuşkusuz faiz harcamalarını da içermektedir. Ancak gelişmiş ülke örneklerinde faizlerin ulusal gelir (GSYİH) içindeki payı İtalya ve Kanada dışında, yıllar boyunca yüzde 1.2 ile yüzde 4.9 arasında kalmaktadır. Türkiye'de ise sadece konsolide bütçe faiz ödemelerinin GSMH içindeki payı 1994-1996 dönemi ortalaması olarak yüzde 8.4'tür (tablo 18). Bu oran 1996 yılı için yüzde 10.2'dir. Türkiye'de tüm kamu idareleri kapsandığında ise kamunun 1996 yılı faiz ödemeleri yüzde 12'ye yaklaşmaktadır.

Tablo 19, İtalya ve Kanada'da da faiz ödemeleri/GSYİH oranının yüksek olduğunu göstermektedir. Bu oran İtalya'da 1985'de yüzde 8 ve 1993'te yüzde 12'dir. Kanada'da 1985'te yüzde 8.4 ve 1993'te yüzde 9.2'dir. Ancak bu ülkeleri gene de Türkiye'ye benzemez kılan özellikleri kamu harcamaları toplamının yüksek düzeyi olduğu kadar, bu düzeyin çok hızlı bir artış eğiliminde oluşudur. Dolayısıyla, bundan çıkan ilk sonuç, gelişmiş ülkelerde yıllar boyunca **faiz dışı** toplam kamu harcamalarının da artmaya devam etmesidir. Oysa Türkiye'de faiz dışı kamu ve bütçe harcamalarının ulusal gelire oranı azalma eğilimindedir (tablo 17 ve 18). İkinci sonuç ise, gelişmiş ülkelerde faiz harcamalarının artışının kamunun hizmet görme yeteneğini sınırlandırıcı etkisi ihmal edici düzeyde kalırken, Türkiye'de esasen çok zayıf olan bu yeteneği tamamen kötürüm etmesidir.

Türkiye'de faiz dışı toplam kamu harcamalarının ulusal gelire oranı son yıllarda yüzde 17-18 dolayında gezinirken, kamu kesiminin küçük olmasıyla tanınan ABD ve Japonya'da bile bu oran yüzde 30'u aşmakta, Kanada ve İngiltere'de yüzde 41'i geçmekte, Türkiye kadar faiz yükü oluşan İtalya'da ise yüzde 45'i aşmaktadır.

Avrupa Topluluğu ülkeleri ortalamasıyla yapılacak bir karşılaştırma daha da çarpıcı olacaktır. Bu ülkelerde toplam kamu harcamaları/GSYİH oranı yüzde 50'lik bir ortalamaya sahipken, Türkiye'de yüzde 28 oranı geçerlidir. Karşılaştırma faiz hariç yapıldığında AT oranı yüzde 45'e inerken, Türkiye oranı yüzde 17'ye inmektedir. Yani arkadaki düzey farkı yaklaşık 2 kat iken, faiz hariç kamu harcamaları esas alındığında 3 kata yaklaşmaktadır. Bu da devletin Türkiye'de hizmet üretemez bir noktaya geriletildiğini ve gündemde olması gereken konunun devletin küçültülmesi değil büyütülmesi olduğunu bir kere daha göstermektedir.

Gelişmiş kapitalist ülkelerin hemen hemen tamamında vergi ile bütçe gelir ve gider büyüklükleri yavaşlayarak da olsa artmaya devam etmiştir.

Tablo 19 - Gelişmiş 7'lerde GSYİH'ya Oranla Toplam Kamu Harcamaları (1975-1993) (Faiz Ödemeleri Hariç ve Dahil Olarak)

(Yüzde değerler)

Ülkeler	1975		1985		1993	
	Faiz Dahil	Faiz Hariç	Faiz Dahil	Faiz Hariç	Faiz Dahil	Faiz Hariç
ABD	33.5	31.1	33.2	28.3	34.5	30.1
Japonya	26.8	25.6	31.6	27.2	34.3	30.5
Almanya[1]	48.8	47.2	48.1	45.1	50.4	47.1
Fransa	44.2	43.0	52.5	49.6	55.0	51.3
İtalya	38.6	n.d.	51.4	43.4	57.2	45.2
İngiltere	45.2	41.3	44.6	39.7	44.1	41.2
Kanada	39.9	36.1	46.8	38.4	50.8	41.6

[1] 1989'a kadar Batı Almanya, 1989 sonrasında Birleşik Almanya verileridir.
Kaynak: *World Economic Outlook data base.*

Türkiye açısından daha yüksek karşılaştırma değeri olan Yunanistan, İzlanda, İspanya, İtalya gibi ülkelerde ise toplam vergi yükü 1980'lerde çarpıcı artışlara konu olmuştur (tablo 16).

Kamu harcamalarının geriletilememesinde (tablo 19) kuşkusuz toplumun büyük bölümünü oluşturan ücretli kesimin bilinçli karşı koyuşunun da rolü olmuştur. Ancak, kapitalist devletin yapısının dönüştürülmesinin basit bir konu olmadığı, sistemin nesnel iktisat yasalarının iradi düzenlemelerle hemen tersine döndürülemeyeceği ve tekelci sermaye birikiminin karmaşık dengelerine küçük bir devlet yapısının cevap vermesinin henüz kendini kanıtlamış örnekleri olmadığı gibi hususlar da gözden uzak tutulmamalıdır.

Türkiye açısından bakıldığında ise, 1980'lerde gelişmiş kapitalist dünyada geliştirilen politikalarla uyumlu ancak gözlenen uygulama sonuçlarına açık bir aykırılık taşıyan bazı denemelere birinci Özal Hükümeti döneminde girişildiği görülmüştür. Sınai, ticari ve mali sermaye üzerindeki dolaysız vergi yükünü düşürmenin özel yatırımları geliştireceği (dolayısıyla kamu yatırımlarını daraltacağı), üretimi ve büyümeyi teşvik edeceği yönündeki bağnaz "arz yönlü iktisat" söyleminin ABD ve İngiltere'de de belirli bir uygulama alanı bulmasının da etkisiyle, 1983 sonunda iktidar olan Özal Hükümeti esasen yetersiz olan vergi yükünü azaltma yönünde cüretkar politikalara girişebilmiştir. Ancak tıpkı ABD'deki gibi bütçe ve kamu açıklarının aşırı bir hızla büyümesine yol açan bu süreç, Türkiye'de kamu maliyesinde bir altüst oluş sürecini de başlatmıştır. Vergileme yerine bütçe dışı kamu özel fonlarını ve iç/dış borçlanmayı ikame eden bu süreç, sonuçta kısa vadeli ve yüksek reel faizli bir iç borçlanma batağına saplanmış, 1989 sonrasındaki sıcak para politikası döneminde ise bütçelerin hızla ama kof bir biçimde yeniden büyümesi sürecine girilmiştir. 1980'lerin ortalarında toplam vergi yükünü en fazla gerileten OECD ülkesi olma "başarısını" (bkz. tablo 16) gösteren Özal anlayışı, izleyen dönemlerin kamu maliyesi krizinin hazırlayıcısı olmuştur.

Sonuç olarak, Türkiye, toplam kamu harcamaları bakımından AB ülkelerindeki oranın yarısını biraz aşan bir kamu kesimi büyüklüğüne sahipken, faiz hariç kamu harcamaları bakımından aynı ülkelerdeki oranın üçte birini ancak aşabilmektedir. Bu, devletin eritilmesi anlamındadır. Özalizm, bu anlamda muradına kavuşmuş görünmektedir. Ancak devletin bu geri çekilişi Türkiye'de ekonomik istikrarsızlığın, gelir dağılımı bozukluğunun ve siyasal istikrarsızlığın çözümü önündeki en büyük engeli de oluşturmaktadır.

Türkiye son yıllarda dış borç ana para girişlerinin üstünde bir dış borç servisi yapmak durumunda kaldığı için iç borçlarla dış borç servislerini de finanse etmekte, böylece dışarıya net değer aktarımında bulunmaktadır.

Böylesine olumsuz bir resim veren Türkiye'de devletin hâlâ küçültülmesini savunan dış ve iç çevreler, bu arada "ekonomik anayasa" taraftarları, çok dar bir bakış açısının veya sığ sınıfsal reflekslerin tutsağı olmuş gözükmektedirler.

5. EVRİMİN DOĞRULTUSU VE DÜNYA BANKASI RAPORU

Gelişmekte olan ülkelerde ve Türkiye'de 1980'li yıllarda uygulanan politikalar devleti küçülmeye ve kötürümleşmeye yöneltirken gelişmiş dünyadaki eğilimler benzer olmamıştır. Bazı farklılıklara rağmen gelişmiş ülkeler coğrafyasının 1980'lerdeki oldukça istikrarlı yönelişi, genelde devletin büyümesinin devamı şeklinde olmuştur. Tablo 14 ve 15'ten izlenebileceği gibi, yoğun bir özelleştirme dönemi yaşayan İngiltere'de bile 1995 yılının kamu harcaması oranı 1980'deki oranın biraz üstünde bulunabilmektedir (Özelleştirmenin mutlaka kamu kesiminin küçülmesine götürmeyebileceğinin tarihsel kanıtlarından biri de budur). 1980 ile 1995 yıllarının karşılaştırması, ABD ve Japonya gibi görece sınırlı kamu harcamalarına sahip olan ülkelerde de 2-3 puanlık büyümelere işaret etmektedir. Bu eğilim OECD ülkelerinin bütünü açısından gözlemlenmektedir. Küçük OECD ülkeleri ile AB ülkeleri bütününde bu eğilim 1980'lerde 5-7 puanlık yükselişler göstererek daha belirgin olarak devam etmiştir.

En büyük sıçramayı yapan ülkelerden biri, AT'na girişinin de etkisiyle, Yunanistan olmuştur: 1980'de yüzde 30.4 olan harcama oranı, 1995'te yüzde 46.7'dir! 16 puanı aşan bir önem artışı söz konusudur. Bu ülkeyi, İspanya ve Portekiz izlemektedir.

* * *

Dünya Bankası'nı devlet üzerine bir rapor hazırlamaya iten nedenlerden en önemlisi, 1980'lerdeki bütün devlet karşıtı söylem ve uygulamaya rağmen yukarda gösterildiği gibi devletin gelişmiş dünyada büyümeye devam ediyor olmasıdır. Bu eğilime karşı şimdiye kadar ortaya atılmış "arz yönlü iktisat" ve "anayasal iktisat" gibi oldukça militan kuram ve politika araçlarının yetersiz kalması Banka'yı kaygılandırmış gözükmektedir. Çünkü, gelişmekte olan ülkeler yönetimleri açısından gelişmiş kapitalist ülkelerin devletleri bütün izleme güçlüklerine karşın örnek olmaya devam etmektedir.

Banka, Rapor'u ve etkilerini bu nedenle oldukça önemsemiş gözükmektedir. Devlet karşıtı eskimiş kaba argümanlar yerine daha yumuşak ve bilimsel görünüm taşıyan daha ince bir üslubun benimsenmesinin nedeni de herhalde daha ikna edici olabilme kaygısıdır.

Rapor (Türkçe özeti, s. 1) şöyle başlıyor:

"Devletin rolü konusundaki yeni kaygılar ve sorular çok çeşitlidir, ancak yakın bir tarihte meydana gelen dört gelişme bu kaygıları arttırmıştır.

• Eski Sovyetler Birliği ile Orta ve Doğu Avrupa'daki komuta ve denetlemeye dayalı ekonomilerin çökmesi,

• Önde gelen sanayileşmiş ülkelerin bir çoğunda refah devletinin içine girdiği mali kriz,

• Doğu Asya'daki "mucize" ekonomilerde devletin önemli rolü,

- Dünyanın çeşitli bölgelerinde devletlerin çöküşü ve insani acil durumlardaki artış.

Bu Rapor, bu zıt gelişmelerin arkasındaki belirleyici faktörün devletin etkinliği olduğunu göstermektedir."

Farklı durumlar için tek bir çözüm önerisi geliştirmek kuşkusuz kolay değil. Aslında Rapor'un dikkatli bir okunuşu yukarıda sıralanan dört gelişmenin ikiye indirilebileceğini gösteriyor. Bir yandan devletin büyük boyutlara ulaştığı gelişmiş sanayi ülkeleri devleti (Doğu Asya'nın "mucize" ekonomilerindeki ekonomik kalkınmanın ve sermaye birikim sürecinin düzenleyicisi rolündeki devlet, gelişmiş ülkelerin ticaret pastasını küçülten bir rekabet ögesi özelliği de taşıması bakımından Banka'nın eleştirdiği türden bir devlet gelişmesini göstermekle birlikte esas olarak gelişmiş ülkeler devletleri kapsamında gösterilebilir), diğer yandan gelişmekte olan, azgelişmiş ve eski "reel sosyalizm" ülkelerinin ekonomiyi ve toplumu denetlemekte belirli zayıflıkları olan sorunlarla yüklü devletleri. Rapor bu ikili bölümlenmeyi nicel ayırımlarla da destekliyor: "Devlet harcamaları önde gelen sanayileşmiş ülkelerde toplam gelirin yaklaşık yarısını, gelişmekte olan ülkelerde ise dörtte birini oluşturmaktadır. Ancak devletin nüfuzundaki artış, aynı zamanda ilgiyi nicelden nitele, devletin sadece büyüklüğünden ve müdahalelerinin kapsamından insanların gereksinimlerinin karşılanmasındaki etkinliğe kaydırmıştır" (s: 2).

Bu yaklaşımın sonucunda gelişmiş dünyada devletin küçültülmesi talep edilmeye devam edilirken daha ince argümanlara başvurulması da gerekli olmaktadır: "Devlet, büyümeyi doğrudan sağlayan bir varlık olarak değil, bir **ortak, katalizör ve kolaylaştırıcı** (a. b. c.) olarak ekonomik ve toplumsal kalkınma için çok önemlidir" (s: 1). Öte yandan bu coğrafyanın dışında kalan ülkelerde de, esasen küçük olan devleti ekonomiye daha fazla müdahale ettirmeksizin daha etkin bir oyuncu olarak yeniden biçimlendirmek şeklinde özetlenebilecek olan yeni bir strateji ortaya konulmak istenmektedir: "Hükümetin daha fazla etkin olması yönündeki yoğun çağrılar, devletin mülkiyet hakları, yol, sağlık ve eğitim gibi temel kamu hizmetlerini bile gerçekleştiremediği birçok gelişmekte olan ülkede kriz boyutlarına ulaşmıştır" (s: 3).

Bu saptamalardan yola çıkan Banka'nın Rapor'u iki bölümlü bir strateji öneriyor (s: 4):

- Stratejinin ilk unsuru, "devletin rolünün kapasitesine uygun bir hale getirilmesi" olarak sunuluyor. Bunun arkasındaki düşünce şu: "Birçok devlet az sayıda kaynak ve az kapasite ile çok fazla şey yapmaya çalışmakta ve genellikle yarar yerine zarar sağlamaktadır. Temel görevler üzerinde daha fazla yoğunlaşma etkinliği arttıracaktır". Görüldüğü gibi buradaki temel mesaj çok açıktır: Kaynağının yani bütçe gelirlerinin ötesinde hizmet üretme; bütçe açıklarına yol açma; hizmet alanlarını sınırlandır yani kendini küçült ama etkini büyüt. Kısacası, derinliğine inilmediğinde oldukça ikna edici gibi görünen bir yaklaşım sergileniyor.

- Tam ikna olmadıysanız stratejinin ikinci bölümü de bulunuyor: "Ancak, kapasite kader değildir. Bu nedenle, stratejinin ikinci bölümü, kamu kurumlarını canlandırarak devletin kapasitesinin arttırılmasıdır. Bu, etkin kurallar ve sınırlamaların oluşturulması, devletin keyfi edimlerinin kontrol edilmesi ve kök salmış yolsuzluklarla mücadele edilmesi anlamını taşımaktadır. Aynı zamanda devlet kurumları arasında daha fazla rekabet yaratılmasını, *kurumların verimliliğinin arttırılmasını* gerektirmektedir. Devlet kurumlarının performansının arttırılması, ücret ve teşviklerin iyileştirilmesi anlamını taşımaktadır. Ayrıca, devletin insanların gereksinimi ile daha yakından ilgilenmesini sağlamak, *daha geniş katılım ve merkezi olmayan bir yapıyla*, devletle halkın yakınlaşması anlamını taşımaktadır." (a. b. ç.)

Görüldüğü gibi, kapasiteyi arttırmak için daha fazla kaynak kullanılması asla öngörülmüyor. Kurumların verimliliği arttırılacak, daha geniş bir sivil toplum katılımı ve merkezi olmayan bir yapıda kapasitenin yeniden oluşturulması süreci başlatılacaktır. Rapor'un "Etkin Devlete Giden Yol" bölümünde ifade edildiği gibi "iş dünyası ve sivil toplumla ortaklık yolu ile sınırlı imkanların arttırılması" yolu denenecektir.

Rapor, devletlerin sınırlandırılmış temel görevlerini, sürdürülebilir, paylaşılmış, yoksulluğu azaltıcı bir kalkınma için vazgeçilmez olan beş temel işlev olarak saymaktadır:

- Hukuk temelinin oluşturulması,
- Makroekonomik istikrar dahil olmak üzere çarpıtıcı olmayan bir politika ortamının muhafaza edilmesi,
- Temel toplumsal hizmetlere ve altyapıya yatırım yapılması,
- Zayıfların korunması,
- Çevrenin korunması.

Özetle şu: Devletler, piyasanın ve toplumdaki çeşitli grupların sağlayamadığı temel kamusal hedeflere yönelecek. Öncelik piyasada ve sivil girişimlerde olacak. Devletin sınırlarının çizilmesi için Yap-İşlet-Devret türü kendi kendini kısıtlayıcı kurallar konulacak, firmalar ve vatandaşlarla ortak çalışılarak aşağıdan yukarıya vatandaş girişimleri cesaretlendirilecek. "Piyasa öncülüğündeki büyümenin yararlarının, özellikle temel eğitim ve sağlığa yapılan yatırımlar yoluyla paylaşılması sağlanacak" (s: 6). "Kıt olan kamu kapasitesini daha iyi tahsis etmek için, altyapı ve hizmetlerin finansmanını, bu hizmetlerin verilmesinden ayırmaya ve kamu hizmetlerinin rekabete dayalı bölümlerini tekele dayalı kısımlarından ayrı değerlendirmeye başlayacak, (...) toplumun geneli için sağlık ve istihdam sorunlarını çözmeye yönelik sosyal sigorta programlarını, toplumda sadece en yoksul kesime yardımı amaçlayan sosyal yardım programlarından ayırmaya yönelecek" (s: 7), yani sağlık ve eğitim de dahil olmak üzere hizmet sunumunun piyasaya açılması sağlanacak. Bu arada, "Brezilya'dan

Çin'e kadar gelişen ekonomiler hızla yaşlanan nüfusları ile Avrupa sisteminin indirgenmiş biçimini bile gerçekleştiremeyeceklerdir" (s: 7) diyen Rapor, gelişmiş ülkelerin sosyal programlarını bir istisna olarak gösterip, azgelişmiş ve gelişmekte olan ülkelere farklı bir yol izleyin mesajını vermeyi de ihmal etmiyor. Bütün bunların bir anlamı da, hem gelişmiş hem de gelişmekte olan ülkelerde devleti özellikle sosyal hizmet alanındaki birçok yükümlülük ve sorumluluğu dışına çıkarmak veya buradaki sorumluluklarını geliştirmesini sınırlamak değil mi?

Kuşkusuz daha *köşeli* önerilerin yer aldığı bildik temalar da yok değil (s: 9): KİT gibi devlet teşebbüsleri sektöründe özelleştirmenin öncelik alması, "aktif bir sanayi politikası"nın oluşturulması (bunların "yanlış oluşturulması durumunda kötü sonuçlar alındığı" teslim ediliyor, ancak Dünya Bankası'nın bu yanlışlardaki tarihsel sorumluluğu asla söz konusu edilmiyor!) ve "özel sektör açısından altyapı ve toplumsal hizmetlerin sağlanmasında iyi bir yasal çerçevenin oluşturulması", yani "etkin bir düzenleme"nin sağlanmasına önem veriliyor.

"Yetkilerin dikkatli bir şekilde devredilmesi", yani yerelleşme politikalarıyla "merkezi olmayan bir yapı"nın oluşturulmasına da birinci derecede önem verildiği görülüyor. Ancak burada dikkat edilmesi gereken üç büyük sorun saptanıyor:

– bölgeler arası eşitsizliğin büyümesi;
– makroekonomik politikanın denetiminin elden kaçırılarak makroekonomik istikrarsızlığın büyümesi;
– yerel yönetimin özel çıkar gruplarının etkisi altına girmesi (s: 18-19).

Görüldüğü gibi, Rapor sorunların farkında olduğunu da gösteriyor, yani herkese Rapor'da istediğini bulma olanağını veriyor. Ama buna rağmen, katılımın çok sorunlu olduğu gelişmekte olan ülkelerde çok olumsuz sonuçlara yol açan yerelleşmeyi temel bir çözüm aracı olarak savunmaktan vazgeçmiyor. Küreselleşmenin ikizinin yerelleşme olduğu bilinciyle hareket ediyor.

Esasen, dış ticaret politikalarına gelindiğinde, pek de haksız sayılmayacak biçimde, "küreselleşme, henüz gerçek anlamda küresel değildir, dünya ekonomisinin büyük bölümünü henüz etkisi altına almamıştır. Gelişmekte olan ülkelerin halklarının yaklaşık yarısı, 1980'lerin başından itibaren uluslararası ticaret ve sermaye akışlarında meydana gelen artışın dışında kalmışlardır. Yetkilerin merkezden devredilmesi gibi küresel ekonomiye katılım da, fırsatların yanısıra tehlikeler de taşımaktadır" (s: 20) deniliyor. Ancak buna rağmen gelişmekte olan ülkeler küreselleşmeye daha fazla katılmaya davet ediliyor: "Özellikle küreselleşme sürecinin tamamen dışında kalma tehlikesi ile karşılaştırıldığında bu güçlüklerin abartılmaması gereği ortaya çıkmaktadır. Dışa açılmamanın maliyeti, bütünleşen ülkeler ve bunun dışında kalanlar arasında yaşam standartlarındaki uçurumun açılması olacaktır" (s: 20).

Sonuç olarak, oldukça ihtiyatlı bir dille yazılmış Dünya Bankası Raporu olgusal düzlemde doğru saptamalardan hareket ederek "gerçekçi yorumlar ve öneriler" geliştirme görüntüsü altında, müdahale alanları sınırlandırılmış, sosyal özü budanmış ve küreselleşmeye yatkın hale getirilmiş bir devleti pazarlamaktadır. Ancak Dünya Bankası'nın bu sınırlı devleti, sistemin giderek büyüyen sorunlarını çözebilecek gibi durmamaktadır.

III. BÖLÜM
VERGİLEME VE EMEK KESİMİ

- **VERGİ TASARISININ EMEK KESİMİ AÇISINDAN GENEL ELEŞTİRİSİ**
1. Tasarının Dayanakları
2. Bir Vergi Reformunun Öncelikleri
3. Ücretliler Üzerindeki Gelir Vergisi Baskısı
4. Ücretliler Lehine Yapılması Gerekenler
5. Sermaye Yönlü Düzenlemeler
6. Sonuç Yerine: Verginin Hizmete Dönüşmesi Sağlanmalıdır
7. Vergi Yasası Çıktıktan Sonrası

VERGİ TASARISININ EMEK KESİMİ AÇISINDAN GENEL ELEŞTİRİSİ

1997 sonbaharı ile 1998 ilkbaharını içine alan dönem boyunca Maliye Bakanlığı'nın 12 vergi yasasında yeni düzenlemeler öngören 81 maddelik kapsamlı bir revizyon tasarısı gündemde kalmayı başarmıştır. Tasarı, TBMM Bütçe ve Plan Komisyonu'nda görüşülerek Mart 1998'de Meclis Genel Kuruluna sunulmuş bulunmaktadır. Tasarının oluşturulma sürecine Türkiye'de en yüksek vergi yükünü taşıyan çalışan kesimlerin etken olarak katılmasının öngörülmeyişi büyük bir eksiklik olmuştur. Bu eksiklik, ortaya çıkan taslak ve tasarıya yönelik TÜRK-İŞ taleplerinin dikkate alınmaması nedeniyle tam bir yetersizliğe dönüşmüştür. Buna karşılık bakanlık tasarısının işveren kesiminin (TOBB'un) vergi reformu konusunda yürüttüğü almaşık çalışmaya yakınlığı ve Ekonomik ve Sosyal Konsey'de ve Bütçe Plan Komisyonu'nda taslak ve tasarının tartışılma sürecinde Maliye Bakanlığı'nın işveren kesiminin taleplerine olan duyarlılığı nedeniyle var olan simetri bozukluğu daha da büyümüştür.

1. TASARININ[*] DAYANAKLARI

Yasama sürecindeki vergi tasarısı, mevcut vergi sistemini,

---

[*] Bu yazı tasarı aşamasında yazılmıştır. Ancak değişiklikler esas olarak içerilmiştir. Ayrıca, 7. ayırımından itibaren kanunlaşma sonrasındaki gelişmeler incelenmektedir.

– içinde yaşanılabilir bir sistem olmaktan çıkmış bulunması (bunun temel nedenleri arasında yasal vergi oranlarının aşırı derecede yüksek oluşu ve sistemin iktisadi faaliyetler karşısında tarafsızlığını yitirmiş olması sayılmaktadır);
– sistem dışına çıkanı (vergi mükellefi olmayan veya vergi kaçıranı) yakalama olasılığının düşük olması;
– sistem dışına çıkanın yakalanması durumunda da caydırıcı bir yaptırım/ceza uygulamasının bulunmaması,

noktalarından eleştirmektedir.

İzlenecek yolları ise,

– vergi tabanının genişletilmesi;
– milli gelirin yüzde 40'ına ulaştığı varsayılan kayıt dışı ekonominin kayda alınması;
– sistemin basit ve açık hale getirilmesi;
– halen vergisini düzenli olarak ödeyen bireylerin vergi yükünü arttırmadan vergi gelirlerinin arttırılması olarak belirlemiştir.

Bu saptama ve önerilerin, genel gerekçenin bütününe hakim olan eğilimler doğrultusunda, genel doğrular yanında bazı yanıltıcı yaklaşımları da içerdiği görülmektedir. Temel vurgunun bir yandan "yüksek marjinal oranlar" üzerine, öte yandan Türkiye'de toplam vergi yükünün aslında yeterli ancak dağılımının yetersiz olması üzerine yapılması nedeniyle sistemin gerçek yetersizliklerinin görülmesi kanımızca mümkün olamamaktadır. Şu nedenler sıralanabilir:

- Türkiye'de vergi yükünün yeterli düzeyde olduğu, ama sadece bu yükün dağılımının adaletsiz olduğu yaklaşımı yanıltıcıdır çünkü Türkiye'de vergi yükü tüm Avrupa Birliği (AB) ve tüm OECD ülkeleri içinde en düşük düzeyde olanıdır. Toplam vergi gelirlerinin milli gelire oranı AB ülkeleri ortalaması olarak yüzde 42.5 iken, Türkiye'de yüzde 22.3'tür. Türkiye'ye daha yakın ekonomik/mali yapılara sahip oldukları sanılan Güney Avrupa ülkeleriyle de herhangi bir benzerlik bulunmamaktadır. Örneğin Yunanistan'da toplam vergi yükü yüzde 38.7'dir. O halde **Türkiye'deki yükü yeterli görmek, yanlış bir temelden hareket etmek demektir.** Vergi yükünün adaletsiz dağıldığı ise doğrudur. Ancak bu adaletsizliğin odağında bulunan ücretlileri koruyan özel önlemlere yer verilmemiş olduğunu şimdilik not etmekle yetinelim.

- Türk Vergi sistemindeki vergi oranlarının yüksek olduğu tespiti de, tapu harçları gibi bir iki istisna dışında, geçerli değildir. Sistemdeki vergi oranları birçok gelişmiş dünya ülkesinde benzeri görülen düzeylerdedir. Hatta gelişmiş ülkeler coğrafyasında daha yüksek oranlara rağmen daha yüksek ve daha adil dağılan bir vergi yüküne sahip olan azımsanmayacak sayıda ülke örneği bulunmaktadır. Sistem içinde olan gelir ve kurumlar vergisi mükelleflerinin yükünün tıpkı ücretliler için olduğu gibi yüksek olduğuna dayanan Maliye Bakanlığı gerekçesi, sağlam dayanaklara sahip değildir. Dolayısıyla, Türkiye'de vergi mükelleflerinin sistem dışına çıkma veya sisteme dahil olmama eğilimlerinin nedeni, yüksek oranlardan ziyade maliye politikalarında ve vergi yönetiminde yıllardır yapılan yanlışlarla açıklansa daha doğru olacaktır.

- **Vergi oranlarını düşürerek vergi gelirlerini arttırmak beklentisi ise aşırı iyimserdir. Bunu başarmış ülke örnekleri bulunmamaktadır.** ABD'de Reagan döneminde 1980'den itibaren denenen bu yönde bir uygulama, ABD tarihinin en yüksek bütçe açıklarıyla sonuçlanmıştır. Thatcher'ın İngiltere'si 1979 sonrasında benzer bir uygulama içinde olmuş, ancak bütçe açıkları vermemek için indirdiği dolaysız vergiler yerine dolaylılara yüklenmiştir. Bunun sonucunda, 1980'li yıllar boyunca İngiltere'de toplam vergi yükü, gelir vergisindeki indirimlere rağmen, 1979-80 düzeyinin üzerine çıkmıştır (İngiltere'de 1979-1981'de yüzde 34.8 olan toplam vergi yükü 1984-1990 arasında yüzde 37.3'tür. Thatcher, özelleştirmeler sonucunda vergi yükünün düşürüleceği yolundaki sözünü de gerçekleştirememiştir).

- Düşük vergi yüküne rağmen İngiltere ve ABD'yi taklit etmeye yeltenen Türkiye'de ise, Özal'ın cüretkar ama her zamanki gibi hesapsız/plansız veya aşırı sermaye yanlısı vergi yükü hafifletmeleri sonucunda 1984 ve 1985 yıllarında son 40 yılın en düşük vergi yükleri elde edilmiştir. **Bunun ise, etkileri bugüne taşan iki çok ciddi olumsuz sonucu olmuştur: İç borçlanmanın denetimsiz bir biçimde tırmanması ile ücretlilere hem dolaysız (ÇTTH ve KEY gibi) hem de dolaylı yükler getiren fon sisteminin mali sistemi altüst etmesi.** Dolaylı vergilerin bugün vergi gelirleri içinde yüzde 60'ı aşan bir ağırlığa ulaşması da 1984'ün kötü bir mirasıdır.

Bu nedenlerle, gündemdeki tasarının, Türkiye'de vergi yükü esasen düşük olan gelir ve kurumlar vergisi mükelleflerini de kapsayacak oran ve yük indirimlerine gitmesinin sonuçta büyük vergi kayıplarına yol açmasından kaygı duyulmalıdır. Buradaki **temel kaygı noktası, azalan dolaysız vergiler yerine bir yandan dolaylı vergilerin yani tüketim vergilerinin daha da arttırılmak zorunda kalınması, diğer yandan borç batağının iyice içinden çıkılmaz noktalara sürüklenmesidir.** Bu durumda tüketim vergileri en çok sabit gelirli kesimlere yük bindirecektir. Kamu borçları ise, eninde sonunda vergi ve enflasyon aracılığıyla ücret gelirlerine ödetilecektir. Sonuçta olumsuzluklar sadece vergi adaletsizliği yönünden değil, kamu finansmanı krizi yönünden de büyüyebilecektir.

2. BİR VERGİ REFORMUNUN ÖNCELİKLERİ

Türkiye koşullarındaki bir ülkede, ne kadar kapsamlı olursa olsun bir vergi düzenlemesinin reform adını taşıyabilmesi için vergi politikasının fiskal, sosyal ve ekonomik yönlerinin tümünde köklü değişikliklere yol açabilmesi gerekir. Buna göre düzenlemelerin, orta dönemde,

– bütçe açıklarını kapamaya yani istikrara yönelik vergi gelirleri artışı sağlaması, hatta bunu aşarak Türkiye'de devletin büyümesi gereken sosyal hizmetlerini ve altyapı yatırımlarını karşılayabilecek bir **fiskal amaca** sahip olması;

– toplam vergi yükü artışını **vergi adaletinde** düzelme sağlayarak gerçekleştirmesi; dolayısıyla, sıfır veya düşük vergi yüklerine sahip kesimlere bu amaç doğrultusunda daha fazla vergi zorlaması yapmayı öngörmesi ve sonuçta gelir dağılımındaki bozulmalara vergilemeden gelen olumsuzlukları frenlemesi;

– sermaye birikimini olumsuz etkilememeye çalışan, ancak uzun vadeli bir stratejik planlama doğrultusunda gelir ve harcama politikasıyla sektör tercihlerine göre kaynak dağılımına müdahale etmeyi gözardı etmeyen, bu arada reel ücretlerin yükselmesine izin verirken istihdam vergilerinin yükünü düşüren **ekonomik amaçlar** setini benimsemesi

gerekir.

Gelişmiş kapitalist ülkelerde vergilemenin fiskal, sosyal ve ekonomik veçhelerine yönelik düzenlemeler, Türkiye'de olması gereken düzenlemelerden önemli farklılıklar taşımaktadır. Bir kere vergilemenin fiskal yönü, özellikle AB ülkelerinin pek çoğunda vergi yükünün hafifletilebilmesi olarak anlaşılmaktadır. Dolayısıyla, burada farklı fiskal ve mali yapıların yolaçtığı zıt amaçlar söz konusu olmaktadır.

Öte yandan, gelişmiş ülkeler grubunda vergi yükünün dağılımı Türkiye'dekine kıyasla daha adildir. Bunun önemli bir nedeni, işgücünün yüzde 90'ları aşabilen bir bölümünün ücretlilerden oluşması ve bu kesimin milli gelir payının yüzde 50-60'ları aşıyor olmasından ileri gelmektedir. Böylece, vergi yükünün önemli bir bölümünün ücretlilerce taşınıyor olması bu gibi ülkelerde Türkiye'deki kadar adaletsiz bir görüntü kazanmamaktadır. Dolayısıyla, vergi adaleti yönündeki sosyal amaç Türkiye'de olması gerektiği kadar köklü önlemler gerektirmeyebilmektedir. Kaldı ki, vergilerle toplanan gelirlerin sosyal hizmete ve fiziki yatırımlara dönüşme oranının yüksekliği de, harcamalar yönüyle gelir dağılımı üzerine yapılabilecek olumsuzlukları sınırlamaktadır. Türkiye bu güvenlik sübaplarına sahip olmadığı gibi, mekanizmalar tam tersine çalışmaktadır. Bütün bunlara rağmen gelişmiş ülke mükellefinin vergi adaletine Türkiye'deki mükelleflerden daha fazla duyarlı olmasının nedeni, gelişmiş ülkelerdeki vergi yükünün yüksekliği, vergi tabanının ve yurttaş bilincine sahip kamuoyunun genişliğidir.

Nihayet gelişmiş ülkeler vergilemenin ekonomik yönüne de gelişmekte olan ülkelerden daha duyarlı olmakla birlikte, hassas düzenlemeler sürekli olarak yapılageldiği ve uzun vadeli programlara uyum mekanizmaları da yapıları sarsmadan tedricen devreye sokulabildiği için sistemin büyük düzenlemelere olan gereksinimi sınırlı kalmaktadır. Türk vergi (ve kamu maliyesi) sistemi ise, 1980'lerde Özal Hükümetleri döneminde maruz kaldığı büyük tahribatları henüz onarabilmiş değildir. Bu nedenle Türkiye'de bu açıdan da farklı doz ve nitelikte düzenlemelere gereksinim duyulmaktadır.

* * *

Türkiye koşullarında her üç amaca da hizmet edebilecek temel müdahale konusu ise, emek gelirlerine yönelik dolaysız vergilemenin hafifletilmesi olacaktır. Bazı nedenler özellikle hatırlatılabilir.

Bir kere, fiskal ve idari açıdan, emek üzerine aşırı bir vergi baskısı uygulanmasına dayalı olan mevcut sistem yeterli gelir artışı sağlayamamaktadır. Türk vergi sistemi çok erken dönemden itibaren emekçi kesimler üzerinde bir vergi baskısı kuracak şekilde tasarlanmıştır. Henüz 1930'ların koşullarında Kazanç Vergisi ile buna bağlı olarak salınan İktisadi Buhran Vergisi, Muvazene Vergisi ve Hava Kuvvetlerine Yardım Vergisi'nin toplam tahsilatının yüzde 80'i aşan bir bölümü cılız işçi/memur kesimi üzerine bindirilmişti. 1950'den sonraki Gelir Vergisi uygulaması bu yapıyı özünde fazla değiştirmedi. Eşitsiz olduğu kadar kamu finansmanı gereksinimlerini karşılamakta yetersiz kalan bu yapı vergi idaresinin ve siyasal karar alıcıların teknik ve siyasal oportünite anlamında kolaycılığı tercih etmeleri nedeniyle bugüne kadar sürdürülmüştür. Emek gelirlerinden kolayca dolaysız vergi geliri sağlanmasının sınırlanması durumunda vergi idaresinin daha etkin çalışma konusunda daha gayretli olacağına kuşku yoktur.

Kaldı ki, mevcut tasarının ücretliler dahil tüm gelir kategorileri için gelir vergisi indirimleri öngördüğü dikkate alınırsa, indirimleri daha ziyade ücretlilerle sınırlayan bir yaklaşım daha az gelir kaybına yol açacağı için fiskal açıdan tercih konusu olmalıydı. Zira, böylece başka yollarla telafi edilmesi gereken vergi kaybı hacmi küçülecektir. Buna karşılık, daha düşük vergi oranlarının gelir vergisi tabanını yayabileceği konusunda tasarıya hakim olan iddia ise bugün için bir varsayımdan öte değer taşımamaktadır.

İkinci olarak, sosyal açıdan, ücretliler üzerindeki gelir vergisi baskısının azaltılmasının vergi adaletinde olumlu bir adım olacağı, ayrıca bir kanıt sunmayı gerektirmeyecek kadar açıktır. Aşağıda ücretlilerin ağır vergi yükü üzerine yapılacak olan anımsatmalar bunu daha iyi gösterecektir.

Üçüncüsü, ekonomik açıdan, emek üzerindeki vergi baskısının azaltılmasının sadece emek açısından değil sermaye ve ekonomik sistem açısından da çok sayıda yararı olacaktır. Kısaca değinilirse, şu saptamalar yapılabilir:

a) Brüt ücret- net ücret açıklığının daralması istihdamı arttıracak, kayıt dışı istihdam yönündeki basınçları azaltacaktır; bunun dolaylı bir sonucu ise, gelir vergisi ve SSK primi tahsilat artışı olacaktır (bu hem emek hem de sermayenin genel çıkarları açısından hem de siyasal yönetim bakımından kazançtır);

b) Reel ücret gerilemesinde dip noktalara vuran Türkiye'de geçici olarak bir uluslararası rekabet gücü kazanımı ve yeni ihracat olanakları sağlanabilecektir: istihdam vergileri azalışı ihracat üzerinde bir devalüasyon etkisi yapabilecektir;

c) Reel net ücret düzeyi üzerindeki basıncın vergi hafiflemeleri nedeniyle azalmasının uzun erimli bir sonucu ise, daha nitelikli ve verimli ama aynı zamanda daha yüksek ücretli bir işgücü istihdamı önündeki engellerin azalması, buna koşut olarak rekabet gücünün kalıcı olarak artması olacaktır; Türkiye'de sermayenin bugünkü düşük ücret ve düşük kamu finasmanı maliyetine dayalı birikim modelinde hem iç hem de dış nedenlerle tıkanmaların başladığı düşünülürse, bu yöndeki düzenlemelerin sermayeye birikim modelini yenileme konusunda yeni fırsatlar sunacağı düşünülmelidir.

Sonuç olarak, Türkiye'de bir vergi düzenlemesinin reform adını taşımaya hak kazanabilmesi için öncelikle emek üzerindeki vergi baskısının azalmasına yol açabilme yeteneğine sahip olması gerekir.

3. ÜCRETLİLER ÜZERİNDEKİ GELİR VERGİSİ BASKISI

Yukarıdaki değerlendirmeler ışığında öncelikle Türkiye'deki vergi yapısı içinde ücretlilerin konumunun daha ayrıntılı olarak ortaya çıkarılmasının gerekli olduğu anlaşılır. Bu konunun ayrıntılandırılmasıyla tasarıdaki boşluğun daha açık olarak gözönüne serilmesi de mümkün olacaktır. Öncelikle şu saptamalar yapılabilir:

– Türkiye'de gelir vergisi mükellefi sayısı 8 milyon 700 bin iken, bunun 6 milyonu yani yüzde 70'i ücretlilerden oluşmaktadır. Oysa ücretlilerin faal nüfus içindeki payı yüzde 40 düzeyindedir.

– Vergi idaresi henüz ticari ve serbest kazanç sahiplerinin önemli bir bölümünü vergi mükellefi yapamamıştır. Bu kapsama giren faal nüfus sayısı 6.5 milyon olarak gözükürken, gerçek ve götürü usulde vergilenenlerin toplamı 1996 yılında ancak 2 milyon 648 bin 811 kişidir. Bir başka deyişle, **mükellef olması gerekenlerin yarıdan fazlası henüz kavranamamıştır!** Kavranmış gözükenlerin de 1 milyona yakını götürü statüsünde bulunmakta; 1 milyonu aşan bir bölümü de gene bir götürülük sayılan hayat standardı üzerinden vergilendirilmektedir.

– 1996 yılı rakamlarına bakıldığında, asgari ücrete tabi bir çalışanın vergisi götürü usulde olanın yüzde 60 üzerindedir. **Ücretlilerin ortalama vergisi ise serbest çalışan beyana tabi mükelleflerin ödediğinin iki katını aşmaktadır. Bu adaletsizlikler nasıl düzeltilecektir? Tasarıda buna ilişkin çözüm yoktur.**

– Ücretliler gelir vergisinin yarısından fazlasını ödemelerine rağmen 4 milyonu aşkın sayıda kayıt dışı çalışan da bulunmaktadır. **Hükümetin ve işverenin sendikal örgütlenmenin önünü açmasına bağlı olarak kayıtdışı kesimin önemli bir bölümü kayıt altına alınabilecektir.** Böylece hem devletin vergi gelirleri artabilecek, hem de SSK'nın ve bütçenin mali dengeleri düzeltilebilecektir. Bu konunun çözümüne yönelik kapsamlı önlemler ve yeni anlayışlar gereklidir. **Tasarıda bu konuya ilişkin çözüm önlemleri bulunmamaktadır.**

– Türkiye'de bordrodan yapılan kesintiler tüm OECD ve Avrupa ülkeleri arasında en yüksek oranda olanıdır. Türkiye'de brüt ücretten yapılan kesinti oranı yüzde 34'ü bulurken, AB ülkelerinde ortalama yüzde 16 civarında kalmaktadır. Brüt ücret ile net ücret farkı Türkiye'de aşırı ölçüde açılmıştır. Bunlar çok büyük eşitsizliklerdir. **Buna rağmen bordro mahkumlarını korumaya yönelik özel vergi hafiflemeleri öngörülmemiştir.**

– Özel olarak ücretliler için devreye sokulması gereken gelir vergisi hafifletmelerinin niçin çok gerekli ve ertelenemez bir önemde olduğunu gösterebilmek için bir karşılaştırma olanağını da aşağıdaki tablonun verileri sunmaktadır. Tablo 20, ücretliler üzerindeki Gelir Vergisi baskısını kâr-faiz-rant gibi sermaye gelirlerine kıyasla vermektedir. 1988-1996 dönemini kapsayan bu tablonun (A) sütununda işgücü ödemelerinin milli gelir (MG) içindeki payı yıllar itibariyle gösterilirken, (B) sütununda ücretlilerin gelir vergisi ödemelerinin toplam gelir vergisi içindeki payı verilmektedir. İzleyen sütunda ise, (B)'deki paylar (A)'daki paylara oranlanarak bir katsayı elde edilmektedir. Bu katsayıyı, ücretlilerin gelir vergisi payının milli gelir payının kaç katı olduğunu göstermektedir.

Görüldüğü gibi, ücret ödemelerinin milli gelir içindeki payının görece yükseldiği 1991-93 dönemi dışında, ücretliler milli gelir paylarının iki katından fazla bir gelir vergisi payı üzerlerinde taşımaktadırlar. İdeal durum bunun 1 çıkması olurdu. Yani ne kadar gelir payı varsa o kadar vergi payına sahip olunması en eşitlikçi durumdur. Bunun altında ve üstündeki durumlar eşitlikten uzaklaşmayı simgeler. Görüldüğü gibi, ücretliler genellikle gelir paylarının 2 katını aşan bir gelir vergisi baskısı altında tutulmaktadır. Buna karşılık, sermaye gelirleri için vergi baskısı hep 1'in altında çıkmaktadır. İki kesim arasında ortalama 2.5 katlık bir vergi baskısı farkı bulunmaktadır. Bu durum aşırı eşitsiz bir yük dağılımına işaret etmektedir ve bunun düzeltilmesi gerekmektedir.

Ücretli kesimin aslında vergi vermediğini, asıl yükümlünün işveren olduğunu düşünenler için ise şunu eklemek yeterli olacaktır: Ücretliler de, tıpkı Fransa gibi bazı ülkelerde olduğu gibi, vergilerini yılsonunda verecekleri beyannameler aracılığıyla, üstelik izleyen yılda üç taksitte ödesinler, bu arada gider indiriminden de yararlansınlar. Bu durumda ücretliler işverenle artık net ücret değil brüt ücret pazarlığı yapacaklardır, çünkü bunun içinden vergi ödemelerini de yapacaklarını hesaba katacaklardır. Bu koşullarda bazı çevrelerin hâla "ücretlinin vergisini de biz ödüyoruz" diyebilmesi mümkün olabilir miydi?

*Tablo 20 - Ücretliler Üzerindeki Gelir Vergisi Baskısı
(1988 - 1996)*

	Ücret gelirleri			Sermaye gelirleri		
	İşgücü Ödemeleri/ MG (A)*	Ücret.GV/ Toplam GV (B)*	GV Baskısı (B/A)	Kâr-faiz-kira/MG (C)*	Sermaye GV/Toplam GV (D)*	GV Baskısı (D/C)
1988	21.5	45.2	2.10	63.2	54.8	0.87
1989	24.0	50.8	2.12	60.8	49.2	0.80
1990	27.2	55.0	2.02	58.3	45.0	0.77
1991	31.9	56.3	1.76	53.3	43.7	0.82
1992	31.7	55.5	1.75	53.5	44.5	0.83
1993	30.9	54.7	1.77	54.2	45.3	0.84
1994	25.5	50.9	2.00	59.0	49.1	0.83
1995	22.2	52.3	2.36	61.4	47.7	0.78
1996	24.2	51.4	2.12	60.7	48.6	0.80

Kaynak: DİE ve Maliye Bakanlığı verilerine dayanılarak tarafımızca düzenlenmiştir.
*Yüzde değerler.

BİR HESAPLAMA:

- Kâr-faiz-rant geliri sahipleri 1996'da 708 trilyon TL Gelir Vergisi ödedi.

- Ücretliler kadar vergi ödeselerdi (2.12 / 0.80 =) bu miktar 2.73 katına çıkardı. 708 x 2.73 = 1.933 trilyon TL. (1 katrilyon 933 trilyon) vergi ödemiş olurlardı.

- Demek ki sermaye gelirleri ücret gelirleri ölçüsünde bir Gelir Vergisi baskısı altında kalmış olsaydı (1993-708=) 1.225 trilyon TL. (1 katrilyon 225 trilyon) daha fazla Gelir Vergisi ödemiş olurdu. Oysa 1996 yılı bütçe açığı da tam bu kadar yani 1 katrilyon 233 trilyon TL'dir.

- Kurumlar Vergisi, KDV ve diğer vergilerdeki kaçaklar bu hesabın dışındadır. Sadece Gelir Vergisinde ücretlilerle eşitliğin sağlanması bile bütçe açığın kapatmaya yetmektedir. Diğer vergilerde de vergi gayretinin yükseltilmesi durumunda, bütçenin fazla vermesi veya daha fazla sosyal hizmet üretmesi mümkün olabilirdi.

4. ÜCRETLİLER LEHİNE YAPILMASI GEREKENLER

Tasarının vergilemede ücretliler aleyhine oluşan eşitsizliği daraltacak bir uygulama içine girmesi beklenir ve umulurdu. Vergi adaleti, yüksek vergi yükü olan ücretlilerin yüklerinin azaltılması, hiç vergi vermeyen veya düşük oranda vergi verenlerin yüklerinin yükseltilmesiyle sağlanabilirdi. Üstelik bu yönde bir uygulamanın, daha önce belirtildiği gibi, uzun erimde sermaye birikiminin önünde yeni ufuklar açması da mümkün ve gerekliydi.

Oysa tasarıda böyle bir çabaya rastlanmamaktadır. Gelir vergisi tarifesi yeniden düzenlenirken 1999 yılı esas tarifesinde (tablo 2) en üst gelir diliminin vergi oranı yüzde 55'ten yüzde 40'a 15 puan düşürülürken daha alt gelir gruplarında 10'ar puan düşürülmektedir. Maliye Bakanlığı, yüksek gelir grupları için öngörülen bu ek indirimi tasarının genel gerekçesinde "girişimcilik ruhunu köstekleyen vergi yapısından, girişimciliği teşvik eden düşük oranlı yapıya geçilmektedir" şeklinde açıklamaktadır. 1986 yılında da gelir vergisinin en üst marjinal oranında 5 puanlık bir ek indirime gidildiğini, ancak bunun "girişimcilik ruhunu" fazla teşvik etmediğinden olacak ki yıllar sonra yeniden eski orana dönüldüğünü burada anımsatalım. Kaldı ki, özel olarak ücretlileri ilgilendirecek şekilde yapılacak indirimlerin girişimciyi de aynı oranda olumlu etkileyeceği gözardı edilmektedir.

Yapılması gereken, tasarıdaki anlayışın tam tersinin benimsenmesiydi. Ücretliler için ayrı/özel bir gelir vergisi tarifesi düzenlenerek esas tarifeden daha düşük vergilendirilmesi, buna karşılık diğer gelir kategorileri için tasarıda olduğundan daha az

indirim öngörülmesi, hem mevcut ekonomik ve mali yapıya daha uygun, hem de girişimci sermayenin de işine gelen bir vergi politikası olurdu.

TASARIDAKİ TARİFE ANLAYIŞI

Maliye Bakanlığı'nın tasarıda yer alan tarife düzenlemesinin daha önceki taslaklarından farklılaştığı görülmektedir. 1981'den itibaren bütün tarifelerde dilimler bir önceki dilimin iki katı genişlikte olacak biçimde düzenlenmişken ve Bakanlığın ilk taslaklarında ve hatta tasarının 1998 geçiş tarifesinde de bu yapı korunmuşken, 1999 için öngörülen esas tarifeyle bu mühendis uygulamasından ayrılınmaktadır. Yürürlükteki tarifeye kıyasla tasarının hem 1998 hem 1999 tarifelerinde ortaya çıkan bir başka farklılık da, dilim sayısının 7'den 6'ya düşürülmesi olmaktadır. Bunun nedeni alt ve üst oranlar arasındaki açıklığın daraltılmasına bağlı olarak oran sayısının azaltılmış bulunmasıdır. En önemli farklılık ise, en üst oranın 15 puan düşürülmesiyle tarifenin üstten bastırılması olmaktadır.

Tablo 21 - Gelir Vergisi Tarifesi

Yürürlükteki Tarife		Taslaktaki 1998 Geçiş Tarifesi		Taslaktaki 1999 Esas Tarifesi	
Dilim (Bin TL)	Oran (%)	Dilim (Bin TL)	Oran (%)	Dilim (Bin TL)	Oran (%)
0-750	25	0-1000	20	0-2000	15
750-1500	30	1000-2000	25	2000-5000	20
1500-3000	35	2000-4000	30	5000-10000	25
3000-6000	40	4000-8000	35	10000-25000	30
6000-12000	45	8000-16000	40	25000-50000	35
12000-24000	50	16000 ve fazlası	45	50000 ve fazlası	40
24000 ve fazlası	55				

Ücretliler için getirilecek gelir vergisi özel tarifesinin bu kesimin gelirlerini standart tarife oranlarının 10'ar puan altında vergilendirmesi en uygun seçeneği oluştururdu. Ücretliler dışında kalanları ise yüzde 20 ile yüzde 45 aralığında (yani 1998 geçiş tarifesi oranlarında) tutacak bir esas tarifenin benimsenmesi yeterli olurdu; böylece gereksiz vergi kayıpları da önlenebilirdi. Buna göre, ücretlilerin yüzde 10 ile yüzde 35 oranları arasında değişen bir tarife yapısı içinde vergilendirilmesi seçilmiş olacaktı.

Bakanlığın önerdiği tarifeyle eşit ölçüde vergi kaybı doğursa dahi, ücretlileri koruyan özel bir vergi tarifesinin sadece sosyal değil yukarıda değinildiği gibi, ekonomik etkisi de daha olumlu olurdu. Oysa, esasen vergi ödeme alışkanlığı olmayan kesimler için "caydırıcı" olmayan bir tarife oluşturmak için verilen çaba, oldukça kısır sonuçlar vadetmektedir.

Ücretliler lehine yapılması gereken bir diğer düzeltme, gelir vergisinde ücretliler için öngörülen **özel indirim mekanizmasının asgari ücret düzeyine endekslenmesidir.** Böylece asgari ücret düzeyinin vergi dışı bırakılması sağlanmış olacaktır. Mevcut Gelir Vergisi Kanunu Bakanlar Kurulu'na bu konuda yetki verdiği için esasında yeni bir yasal düzenleme gerekli olmadan da asgari ücret düzeyine kadar ücret gelirlerinin vergi dışında tutulması mümkündür. Nitekim işçi kesimi, bu arada özellikle TÜRK-İŞ, vergi taslağı üzerine yapılan ilk toplantılardan itibaren bu konuyu sürekli dile getirmiş ancak bu uygulamaya hemen geçmenin doğuracağı fiskal ve idari sorunları hafifletebilmek amacıyla **1998'den başlamak üzere özel indirimin asgari ücretin yarısına endekslenmesini,** daha sonra bu sınırın tedricen yükseltilmesini önermiştir. Bu tür bir endekslemenin taslağa geçirilerek yasalaştırılması çok yerinde olurdu. Ancak Maliye Bakanlığı bu konuda hiçbir somut adım atmamıştır. Özel indirimin, Bakanlar Kurulu kararıyla 1998 başından itibaren yüzde 200 oranında arttırılması ise beklenildiği gibi anlamlı bir gelir artışı sağlamamış, hatta sigorta prim tavanının yükselmesinin etkisi dahi telafi edilemediği için asgari ücretin netinde küçük bir gerileme ortaya çıkmıştır.

Ücretlilere yönelik olarak yapılabilecek bir diğer iyileştirici düzenleme, ücretlilerin belirli giderleri için topladığı fiş ve fatura gibi belgelere karşı yapılan gelir vergisi iadesinin yıllık değil -önceki uygulamaya dönülerek- aylık olmasının sağlanması olabilirdi ve olmalıydı. Yıllık temelli vergi iadelerinin belge düzenini geliştirici özelliğinin kalmaması iki nedene bağlı olmuştur: Birincisi, aylık dönemlerle bütçe yapmaya alışmış ve zorlanmış emekçiler için yıllık dönemlerin çekiciliğini kaybetmesidir. İkinci nedeni ise, vergi iadesine konu olan gider kalemlerinin kapsamının büyük ölçüde daraltılması oluşturmuştur. Bu nedenlerle, sadece iade döneminin daraltılması değil, iadeye tabi gider kalemlerinin kapsamının da genişletilmesi gereklidir.

Mevcut uygulamada, birden çok işverenden ücret geliri elde edenlerin, toplam gelir düzeyine (ihtiyari beyan sınırının üzerine çıkıp çıkmadığına) bakılmaksızın beyanname vermek zorunda olmaları da düzeltilmesi gereken bir diğer husus olarak ortada durmaktadır. Uygulamada pek işlemeyen, esasen artan oranlı tarifeye en fazla tabi bulunan ücret gelirleri açısından fazla anlamlı da olmayan bu düzenlemenin kaldırılması yerinde olurdu. Ücret gelirlerinin diğer gelirlerle birleştirilmesi uygulamasına son verilmesi, daha da doğru olurdu.

Ücretli kesim sadece gelir vergisi yönünden ağır bir yük altında değildir. Türkiye'de vergi gelirleri içinde **tüketim vergilerinin ağırlığı yüzde 60'ı geçmiştir.** Bu çok adaletsiz bir durumdur; çünkü regresif özellikler taşıyan (yani gelir düzeyi düştükçe fiili yükü artan) bu vergilerin ağırlığını en çok sabit gelirliler çekmektedir. Bu nedenle başta KDV ve Akaryakıt Tüketim Vergisi olmak üzere bu vergilerde düşük gelir düzeylerinin sahip olduğu tüketim kalıplarına uygun indirimler yapılmalıdır. Birçok özel tüketim vergisinin yerine geçmesi düşünülen ÖTV yasası da bu anlayışla hazırlanmalıdır. KDV oranlarında indirim -ki bunun için Bakanlar Kurulu'na devredilmiş yetkilerin kullanılması yeterli olmakla birlikte, sosyal amaçlı bu indirimlerin yasa hükmü haline getirilmesi daha bağlayıcı olacaktır- özellikle düşük gelirlilerin en fazla tükettiği temel mallarda yapılmakla sınırlı kalmamalı, geliştirilmesi gereken kültürel tüketim alanlarını (kağıt, kitap, vb.) ve eğitim, sağlık harcamalarını da kapsamalıdır.

İstisnalar arasında uçurum da olmamalıdır. Faiz gelirlerinin beyan edilmesi için 1997 yılı için 4 milyar 630 milyona varan büyük istisnalar uygulanırken, 1997 yılı **yıllık** kira geliri 41 milyon 400 bin lirayı aşanlar beyanname verecekler ve bu sınırın üstüne geçen kira gelirleri için gelir vergisinin artan oranlı tarifesine tabi olacaklardır. Bunu adil olarak kabul etmek mümkün değildir. Vergi tasarısının vergi dışı kalan kira geliri sınırını yıllık 120 milyon (yani aylık 10 milyon) TL'ye çıkarmayı önermesi, buna karşılık Komisyon'da bu sınırın 1998 için 240 milyon liraya yükseltilmesi dahi yeterli bir istisna sınırını temsil etmemektedir. Bu sınır, düşük gelir sahiplerini koruyacak şekilde anlamlı bir düzeye yükseltilmelidir. Ayrıca unutulmamalıdır ki, konut rantlarının yüksek olduğu mevkilerde veya kentlerde, kira gelirleri üzerinden alınan gelir vergisi kolaylıkla kiracıya yansıtılabilmekte, böylece mülk sahibi olmayan emekçi kesimler bu verginin de fiili ödeyicisi durumuna geçmektedirler.

Tasarıda emlak vergisi oranlarının düşürülmesi yönünde düzenleme de yapılmaktadır. İlk bakışta düşük gelirli kesimler (bu arada ücretliler) açısından olumlu görülebilecek olan bu düzenlemenin, matrah değerinin genel beyan dönemi sonrasında her yıl yeniden değerleme (yani yaklaşık olarak enflasyon) oranında yükseltilmesi hükmünü taşıması nedeniyle yeni adaletsizliklere kapı aralanacaktır. Matrahı rayiç değer yaklaştırma yöntemlerinin bu en kolay yolu aynı zamanda en adil yolu değildir; zira, taşınmaz değerleri genel fiyat seviyesinin altında artan düşük vasıflı veya elverişsiz konumlu konut sahiplerini cezalandırıcı olurken, enflasyonun üzerinde değeri artan taşınmaz sahiplerini kayırıcı olacaktır. En büyük avantajı seçkin ve yüksek rant yörelerindeki emlak sahipleri görürken, yöntemin cezalandıracağı kesimler içinde ücretlilerin önemli bir katmanı oluşturmaya aday oluşu dikkatten uzak tutulmamalıdır. Ayrıca, emlak değerlerine ilişkin emsal değerlerin tespitinde yerel yönetimlerin salt fiskal amaçlı bir yaklaşım benimsemeleri, hatta bazen seçmenlerinin semtlere dağılışına göre ayırımcı uygulamalar içine girmeleri nedeniyle de yeni adaletsizlikler üretilebilmektedir. Bu nedenlerle, sözkonusu yöntemin emlak vergisindeki varolan eşitsizlikleri genişletici etkiler taşımasına karşı önlemler geliştirilmesi gerekmektedir.

Geliştirilebilecek çözümler ikilidir. Birincisi, beyan edilen matrahların rayiç değerlere yaklaştırılması için yeni yöntemler arasına çapraz denetim düzeneklerinin alınması, özellikle de yeni arzedilen ruhsatlı konutlarda zorunlu yangın sigortası getirilerek emsal değerler oluşturulmasının daha sağlıklı referans noktalarına kavuşturulması sağlanabilirdi. İkincisi, gerek emlak vergisinde, gerekse olumlu bir düzenleme olarak oranlarının önemli ölçüde düşürülmesi öngörülen tapu haçlarında değere göre artan oranlı bir tarife benimsenebilirdi. Bu tarifenin emlak vergisinde binde 1 ile binde 10 arasında, tapu harçlarında ise alıcı ve satıcı içen ayrı ayrı olmak üzere binde 5 ile binde 20 arasında değişmesi öngörülebilirdi. Bu iki vergiye, 1983'ten itabaren sistemimizde olmayan taşınmaz değer artışı vergisinin eklenmesi tasarlanabilir, böylece kentsel rantların özellikle de spekülatif rant kaynaklarının daha etkin vergilendirilmesi sağlanabilirdi.

Ekonomik ve Sosyal Konsey'in hükümet-dışı üyelerine Maliye Bakanlığı'nın yaptığı 1 Aralık 1997 tarihli sunuşta, işçi kesimine yönelik özel önlemlerin yer almamasını telafi edebilmek için yukarıda belirtilen özel indirim veya özel gider indiriminden birinin seçilmesi TÜRK-İŞ Başkanlığına Maliye Bakanı tarafından sözlü olarak önerilmiştir. Ücretlilerin gelir vergisi aylık olarak kaynakta kesilmeye devam ederken (ancak kesintilerin tarifeden daha düşük oranlarda yapılması sağlanabilir miydi noktası karanlıkta kalmıştır), yıllık beyanname vermeleri sağlanarak bazı giderlerini matrahtan düşme ve vergi iadesi alma uygulaması olarak tanımlanabilecek "özel gider indirimi" mekanizması şimdiki vergi iadesi uygulamasının teknik olarak daha ileri bir versiyonu olarak kabul edilebilirdi. Ancak bu önerinin hangi kapsamda (hangi giderleri kapsayacak şekilde, vs.) uygulanacağı açıklanmadığı, buna karşılık bu yolun seçilmesinin gelir idaresini milyonlarca beyanname ile başa çıkamaz bir durumda bırakacağı özellikle belirtildiği için, işçi kesimi özel indirimin anlamlı bir düzeye endekslenmesi formülüne daha sıcak bakmıştır. Ancak Bakanlık her iki önerisinin de arkasını getirmemiş, yukarıda açıklandığı gibi TÜRK-İŞ'in ücretlilerin özel indiriminin asgari ücretin yarısı düzeyine endekslenmesini tartışma konusu dahi yapmak istememiştir.

Buna karşılık gerek taslaktan tasarıya geçiş sürecinde, gerekse tasarının Bütçe ve Plan Komisyonu'ndaki müzakereleri sırasında, esasen sermaye yanlısı bir kimlikte hazırlanmış olan tasarı sermayeye yeni yeni ödünler verilerek Meclis Genel Kuruluna sunulabilecek aşamaya getirilebilmiştir. Bu aşamanın da, Meclis'teki mevcut sınıfsal güç dengesi çerçevesinde, sermaye yönlü yeni ödünlere kaynaklık etmesi şaşırtıcı olmayacaktır.

5. SERMAYE YÖNLÜ DÜZENLEMELER

Bu yazının yazıldığı Nisan sonu itibariyle TBMM Genel Kurulunda görüşülmeyi bekleyen ve Türkiye'nin gündemini neredeyse 6 aydır işgal eden vergi tasarısı acaba yasalaşabilecek mi? Kesin olmamakla birlikte yasalaşması güçlü olasılık olarak duruyor. Kuşkusuz her durumda bu düzenlemeler konusunda uzun süre yazılıp çizilmeye devam edilecek.

Tasarının Komisyon aşamasında uğradığı değişiklikler ilginç özellikler taşıyor. Emek lehine özel düzenleme yapılmasından kaçınılan tasarıda sermaye lehine çok sayıda düzenleme getirilmiş olmasına karşın bunlar gerek Meclis'e sunulma öncesindeki temaslarda gerekse Komisyon aşamasında genişletilmeye devam edilmiş bulunuyor.

Bunun önemli bir örneği, kurumlar vergisi oranının düşürülmesi (ESK toplantılarına Bakanlık önerisi olarak gelen yüzde 32 oranı burada işveren temsilcilerinin teklifiyle yüzde 30 olarak düzeltilmiştir); karın sermayeye eklenmesinin kar dağıtımı olarak kabul edilmeyeceğinin benimsenmesi yoluyla kurumlar vergisi dışında dağıtılan kar üzerinden kesilen yüzde 20 oranındaki gelir vergisi stopajının kaldırılması; üç aylık bilançolarla ödenecek geçici verginin yüzde 30 yerine yüzde 25'e indirilmesidir.

Tasarıyla yatırım indirimine getirilen düzenlemeler de Komisyon'da önemli değişikliklere uğratılmıştır. İlk biçimiyle seçmeci olmak ve büyük yatırımları özendirmek adına, tekelci yapının güçlendirilmesine yol açan, buna karşılık teşvikler ticari ve zirai faaliyetlerle sınırlandırıldığı için fikri projelere yönelik yatırımları kapsam dışında tutan değişiklik önerisi kalkınmada öncelikli yörelerde (KÖY) yatırım yapmayı özendirmeyi de amaçlıyordu. Yatırım indirimi genel oranını yüzde 30'la sınırlarken KÖY'lerde ve 100 milyon doları aşan yatırımlarda bunu yüzde 100 olarak benimseyen tasarının oranları, Komisyon aşamasında, genelde yüzde 40'a çıkarılırken 50 milyonu aşanlarda yüzde 100'e ve 250 milyonu aşanlarda yüzde 200'e çıkarılmış ve ar-ge, teknopark vb. teknolojik ve çevresel yatırımları kapsama almıştır. Görüldüğü gibi, maddenin büyük sermayeyi gözeten yanı daha da vurgulanmış olarak Komisyon'dan geçmiştir. Bu maddenin KÖY yönlü teşvik ağırlığı azalmakta birlikte korunmuştur; bundan, istenmeyen bir biçimde, görece kalkınmış illerin eşrafının KÖY kapsamına alınmak için politik baskılarını yoğunlaştırması gibi istenmeyen bir sonuç da elde edilebilir. Bu durumda 80 ilin 50'si KÖY kapsamına alınmışken bu sayının daha da büyümesi gündeme gelebilir. Daha da önemlisi, "öz kaynakla karşılanan yatırım harcamaları" ifadesine yer verilmediği için, yatırım teşviklerinin yanlış kullanımının özendirilmesine bir çözüm getirilmemiş olmaktadır. Bu durumda, uygulamanın da gösterdiği gibi, öz kaynak kullanımını caydıran veya öz kaynakları lüks tüketime ayırırken yatırımı sadece dış kaynaklarla finanse eden bir yönelişe prim verilmiş olmaktadır.

Komisyon'da vergi tasarısının menkul sermaye iratlarının vergilendirilmesinde uygulanan indirim oranını yükselten bir formülün kabul edilmesi de benimsenmiştir. Mevcut durumda menkul sermaye gelirlerini reel baza yaklaştırmak için yeniden değerleme katsayısının iç borçlanma faizine bölünmesiyle elde edilen oran brüt gelirlere tatbik edilerek beyan sınırı bulunuyordu. Tasarıyla sadece devlet tahvili faizinin değil, devlet tahvili ve hazine bonosu ihalelerinde oluşan ortalama bileşik faizin esas alınmasının kabul edilmesi sonucunda yeniden değerleme oranı daha düşük bir orana bölüneceği için indirim oranının daha yüksek olması sağlanmış bulunmaktadır. Örneğin, 1997 yılı gelirleri için indirim oranı yüzde 67.6 olarak alınmış ve buna göre nominal gelirler için beyan sınırı 4 milyar 629 milyon TL olarak tespit edilmişken, tasarının oranı uygulanmış olsaydı 7.5 milyar liranın altında brüt gelir gelir elde edenler beyanname vermek zorunda olmayacaktı.

Bu arada Komisyon'da, bankacılık kesiminin tepkileri üzerine, bilançolar düzenlenirken devlet tahvili ve hazine bonolarının alış bedeli yerine borsa rayici üzerinden dikkate alınması düzenlemesinden "kamu iç borçlanmasında vade uzatmaya imkan sağlamak" gerekçesiyle geri adım atıldı. Düzenlemenin yeni biçimine göre, 1998 yılı uygulaması bakımından vadesine bakılmaksızın devlet iç borçlanma senetleri alış bedelleri üzerinden dikkate alınacak. Kamu kağıtlarından 1998 yılında elde edilecek faiz gelirleri 1999 yılında beyan edilerek vergilendirilecek. 1999 yılında 1 yıldan uzun vadeli, izleyen yıllarda ise 2 yıldan uzun vadeli devlet tahvilleri alış bedelleri üzerinden değerlendirilecek. Bu düzenlemeler sonucunda mali sistem 1 ve 2 yıllık geçici vergi muafiyetlerinden yararlandırılmış olacak. Bunun, düzenlemenin ilk biçimine kıyasla, bankacılık sistemine ontrilyonlarca lira avantaj sağlaması sözkonusu olacak.

Daha tali başka değişikliklere de yer verilen Komisyon görüşmeleri Genel Kurul aşamasında da fazla bir değişikliğe uğramamıştır. Genel Kurul'da yapılan asıl "katkılar" tasarı aşamasında da öngörülmüş bulunan geçici maddelerde ve yürürlük hükümlerinde olmuştur.

Mali Sistem ve Rantiye Tepkileri

Tasarının öngördüğü düzenlemeler ile mevcut sistem içinde bu yıl uygulamaya giren düzenlemelerin birbirine karıştırıldığı da görülmüştür. Yıllar öncesinden düzenlemesi yapılmış ancak çeşitli ertelemelerden sonra uygulamasına bu yıl geçilen faiz ve repo gelirlerinin vergilendirilmesi olgusunun tasarıdan ve mevcut hükümetten kaynaklandığı yanılgısı oldukça yaygın bir taraftar bulmuştur. Gerçi bu hükümetin ve özellikle Maliye Bakanının faiz/repo gelirlerinin standart gelir vergisi tarifesi içinde vergilendirilmesini daha fazla ertelememek için gösterdikleri kararlılığı dikkate almak gerekiyor; ancak, bu konuyla ilgili kararın DYP-CHP koalisyon hükümeti döneminden geldiği de unutulmamalı..

Gerçekte I. Özal Hükümeti dönemine kadar çeşitli kaynaklardan elde edilen gelirlerin toplanarak vergilendirilmesi esastı. Özal döneminde, kamu maliyesi sisteminde birçok şey için olduğu gibi burada da bir altüst oluş yaşandı. Birçok gelir türü kendi kaynağında (kendi şedülünde) ve genellikle tek bir oranla vergilenmeye başlandı. Uygulanan oranlar gelir vergisinin başlangıç oranının genellikle altında kaldığı gibi, hem farklı seviyelerde tespit edildi, hem yaygın olarak sıfır oranına tabi olan yani istisna kapsamına alınan birçok gelir türü yaratıldı, hem de gelir vergisi stopajları (kesintileri) geçici olmaktan ziyade nihai vergileme yerine geçirildi. Böylece, gelir vergisinin artan oranlı tarifesi giderek daralan bir kitleyi ilgilendirmeye başladı. Bunların içinde en geniş kitleyi ise ücretliler oluşturdu.

İşte şimdi atılan yumuşak adımlar (bu adımlar tasarıda da vardır) sedüler sistemden üniter sisteme doğru kısmi bir yönelişe işaret etmektedir. Yani farklı kaynaklardan sağlanan gelirler birleştirilerek beyan edilecek, böylece gelir vergisinin artan oranlı tarifesi biraz daha fazla uygulama alanı bulabilecektir. Daha önce stopajla ödenen vergiler yeni bulunacak vergi tutarından indirilebileceği için çifte vergilendirme de ortaya çıkmayacaktır. Böylece, vergi sistemi ödeme gücünü biraz daha iyi kavrayacak biçimde işletilebilecektir. Bu geçiş, sadece bir Anayasa hükmüne uyumu sağlamayacak, kamu maliyesinin evrensel anlamda halen en geçerli ilkelerine de kısmi bir yaklaşım sağlayabilecektir.

Ancak burada da çok ürkütücü olmamak için bu uygulamaya geçiş oldukça yüksek gelir eşiklerinden sonra zorunlu kılınmıştır. Üstelik, bir başka koruyucu mekanizma olarak da, faiz türü gelirlerin sadece enflasyondan arındırılmış reel bölümüne artan oranlı tarifenin uygulanması söz konusu olmaktadır. Bunun sonucu olarak, 4 milyar 629 milyon TL ile 14 milyar TL arasında kalan brüt faiz gelirleri için beyanname vermek zorunlu olurken ek vergi mükellefiyeti doğmamaktadır. Tam tersine, bu aralık içinde kalanlar için, eğer mahsuptan yararlanıyorlarsa, bir vergi alacağı ortaya çıkmaktadır. Buna karşılık, 14 milyarı aşanlar için, giderek artan muktarlarda vergi borcu doğacaktır. Ancak bunu da abartmamak gerekir. 100 milyar TL'lik bir faiz geliri düzeyinde dahi ödenecek ek verginin matraha oranı yüzde 5'in altında kalacaktır.

4 milyar 629 milyon TL sınırının hesabı, 1.5 milyar TL net (ve kısmen "reel") faiz gelirinin beyan edilmesi mükellefiyeti ile ilişkilidir. Enflasyondan arındırmak için yeniden değerleme katsayısının devlet tahvillerinin ortalama faizine bölünmesiyle elde edilen katsayı kullanılmaktadır. Bu katsayı 1997 yılı için yüzde 67.6 olarak açıklandığına göre, 1.5 milyar TL düzeyindeki "reel" net faiz düzeyini veren nominal brüt faiz miktarı 4 milyar 629 milyon TL olmaktadır.

Vergi alacağının ortaya çıkması da bu hesapla ilişkilidir. Mevduat ve kamu kağıtlarından (DİBS) elde edilen nominal faiz gelirleri için ödenen gelir vergisi kesintisi yüzde 12 oranında olduğundan, "reel" faiz gelirlerinin standart gelir vergisi tarifesine tabi olması durumunda bir vergi alacağı ortaya çıkmaktadır. Bu alacak tutarı beyanname verme eşiğinde 224 milyon TL dolayındadır (Fon kesintilerini de dikkate alarak brüt faize ulaşılarak gelir vergisi stopajı hesaplandığında 4 milyar 629 milyon TL için 636 milyon TL'lik bir kesinti bulunurken, 1.5 milyar TL'nin şimdiki tarifeden gelir vergisi tutarı 412.5 milyon TL olmaktadır). Giderek azalan bu alacak miktarı, 14 milyar civarında başabaş noktasına gelmektedir.

Ancak repo gelirleri için durum biraz farklıdır. Repodan elde edilen faiz gelirleri 1997 yılı içinde gelir vergisi stopajına tabi olmadığı için, bu yıl bu tür gelirlerini beyan edecekler için mahsup edebilecekleri ödenmiş bir vergi kesintisi bulunmamaktadır. Bu nedenle bunlar 4 milyar 629 milyon TL'lik eşikten itibaren hem beyanname hem de vergi vereceklerdir.

Şimdi burada özellikle çok büyük rantiyeler ile fonlarını repoda değerlendiren kişi ve şirketler açısından vergi borcunun doğacağı görülmektedir. Bu cephe içinde güçlü kesimlerin olduğunu farkedebilmek için 500 büyük firmanın karlarının yüzde 55'inin faiz geliri gibi faaliyet dışı alanlardan geldiğini dikkate almak yeterli olabilir.

Uygulamanın doğurduğu tepkilerin bazı haklı yönleri (teknik altyapı yetersizliği ve mükelleflerin bu tür bir geçişe hazırlıklı olmamaları) olabilir. Bu tepkilerin hafifletilmesi için menkul değer gelirleri üzerinden yapılan stopaj oranının gelir vergisi tarifesinin başlangıç oranına yükseltilmesi ve bu sayede beyan verme sınırının biraz daha yukarı çekilmesi düşünülebilirdi. Bu tür bir uygulama gelir idaresini hem daha az yük altına sokar hem de gelir girişini arttırırdı. Ek önlemler alınarak bu uygulamanın kamu borçlanma faizlerine fazla bir etkisinin olması engellenebilirdi.

Tasarıda sermaye yanlısı olmak yanında ek sorunlar yaratmaya da aday görülebilecek maddeler de bulunuyor.

Gelir Vergisi Yasası'na eklenmesi düşünülen tasarının geçici 48'inci maddesiyle, **başlangıç zamanı ve kapsam sınırlaması olmayan bir servet affı (vergilendirilmemiş servete ilişkin vergi affı) getirilmektedir.** Madde, bu şekliyle "mükelleflerin kayıtlarında yer almayan - nakit para, mevduat sertifikası, döviz ve benzeri kıymetlerini 28 Şubat 1998 tarihinde bankalarda bloke ettirmeleri şartıyla" yapılması muhtemel tarhiyattan kurtulmuş olacaklardır. Bu madde, eğer yasalaşırsa, beyanda bulunanlar açısından geçmişe yönelik vergi incelemelerini esas itibariyle önleyecektir. Süren bir ihtilaf yoksa ya da özel bir ihbar alınmayacaksa geçmişte edinilmiş servet unsurları aklanmış olacaktır. Bunun bir anlamı da, kara para ve kara servet unsurlarının aklanması olacaktır. Beyaz sayfa açma adına, mali milad yaratma adına yasadışı ve vergi dışı servet yığmalar affedilmiş ve yeni af beklentileri yaratılmış olacaktır. Dürüst mükellefler böylece bir kez daha dürüst olduklarına pişman edilmeyecekler midir? Kaldı ki, mali milad gibi bir iddianın olabilmesi için, vergi idaresinin o tarihten sonra vergi dışına kaçışı en aza indirebilmesi gerekir. Oysa böyle bir hazırlık yoktur ve bu kadar kısa sürede olabilmesi de olanaksızdır. Dolayısıyla, açılacak yeni bir beyaz sayfa, geleceği denetim altına alabilme bakımından da vaatkar gözükmemektedir.

Bazı çevreler, tasarının bu maddesini bir servet beyanı özelliği de taşıması yönünden eleştirmektedir. Bize kalırsa, elleştirilmesi gereken, 15 yıl önce vergi sistemimiz dışına çıkarılan **servet bildiriminin** sürekli bir düzenek olarak sistem içine yeniden alınmasının öngörülmeyişidir. Daha büyük bir talihsizlik ise, böyle bir öngörünün Maliye Bakanlığı'nın ilk taslağında yer almış bulunması, buna yönelik eleştiriler üzerine ise ilgili bakanın "pardon, bu hüküm taslağa yanlışlıkla girmiş, böyle bir niyetimiz hiçbir zaman olmadı" açıklamasını yapmak zorunda kalması olmuştur.[*]

Gelir Vergisi Yasası'na eklenmek istenen geçici 47'nci madde de envanter affını gündeme getirmektedir. Madde, bu biçimiyle sadece geçmişe dönük değil ileriye dönük vergi kaçırma olanaklarını da

---

[*] Mali milad tarihi olarak 28 Şubat'ın veya bankalarda 1 günlük blokaj uygulamasının da taslağa **yanlışlıkla** girdiği açıklanabilmişti. Başka konularda da geri adımlar atılırken aynı gerekçeye (eğer böyle bir gerekçe olabilirse!) sığınılabilmiştir.

yaratmaktadır. Bütün mesele, vergi dairesine bildirilecek envanter listesinin şişirilmesinden ibarettir. Bu konuda TOBB'a verilecek yetkinin envanter şişirmelerini önlemesi de genelde olanaksızdır. Maliye'nin buradan tek avantajı, tasarının 60'ıncı maddesine göre demirbaşlar için yüzde 10 oranında, diğer emtia için tabi olduğu oranlarda bir Katma Değer Vergisi alabilmek ve ileriye dönük olarak kayıtdışı emtia ve demirbaşı kayıt altına alabilmektir. Ancak **elde edilen kısa vadeli küçük bir yarar için, vergileme ilkeleri bir tarafa bırakılarak af uygulamaları zincirine yeni bir halka eklenmektedir.** Şimdiki Maliye Bakanı bunun son olduğunu söyleyebilir. Peki ama kendi döneminden sonrası için (ki bu dönemler ne yazık ki uzun olmamaktadır) nasıl bir garantimiz olabilir? Vergi idaresi açısından burada riskli bir girişim söz konusudur.

Tasarının 40'ıncı maddesiyle yatırım fonları ve ortaklıklarında şahsi hesabı olanlara tanınan (buna karşılık şirketlerin yönettiği yatırım fonları ve ortaklıklarına tanınmayan) indirim olanağı ve tasarının 42'nci maddesiyle "bir yıldan fazla elde tutulan hisse senetlerinin elden çıkarılmasını" vergi dışı bırakan hükümler yeni sorunlar yaratmaya aday görünmektedir. Bu düzenleme, en azından, istenen kurumsallaşmanın tersine olduğu gibi bazı haksızlıklara da kapı aralayıcı niteliktedir.

Tasarının 41'inci maddesiyle tanımlanan "diğer kazanç ve iratlar" ifadesiyle **her türlü gelirin, bu arada rüşvetin dahi vergi kapsamına alındığı ileri sürülmektedir.** Aslında bu kapsama alışın yeni olduğu söylenemez ancak burada yeni olan getirilen sınırdır. Çünkü "bu madde hükmüne göre vergilendirme yapabilmek için bir takvim yılı içinde elde edilen diğer kazanç ve iratlar kapsamındaki gelirin, asgari ücretin **yıllık brüt tutarının üç katını aşması şarttır**". Buna göre, **rüşvet ancak yılda 1 milyar 275 milyon TL sınırını aşarsa gelir vergisi konusu olabilecektir!** Diğer kazanç ve iratlar için (ki bunların bazıları da belirli bir süreklilik taşımaktadır) aylık **asgari ücretin 36 katına ulaşan bir istisna sınırı getirilmesi**

aşırıdır. Unutulmamalıdır ki asgari ücretli, yarım asgari ücret için dahi vergisini vermektedir.

Aynı maddenin son fıkrası hükmüne göre zaman aşımı da ortadan kalkmaktadır. Ceza hukukumuzda dahi zaman aşımı kavramı yer alırken, burada yer verilmemesi bir aşırılık örneği olarak gösterilebilir (Tasarının 9'uncu maddesi de benzer bir zaman aşımı sorunu doğurmaktadır). Ancak buradaki niyet, bir kerelik stok ve servet bildirimi uygulamalarıyla bir yandan kayıt dışı kalmışları beyana zorlamak ve bundan böyle vergi kapsamına almak, diğer yandan ise bu beyana yanaşmayanların geçmişe dönük kayıtlarını hiçbir zaman aşımı kolaylığı göstermeden mezara kadar inceleme hakkını elinde bulundurmak olarak özetlenebilir. Yaklaşım mantıklı görülebilir, ancak Maliye Bakanlığı'nın mevcut kadroları ve bilgi işlem ağıyla yeterli bir caydırıcılık etkisi yaratamadığı bir ortamda bunun ne kadar işlevsel olacağı tartışmalıdır. Geniş yetki almak çözüm için yeterli olsaydı, Türkiye'nin bugüne kadar temel bir vergi sorunu kalır mıydı?

Hazırlıkların ilk aşamasında (birinci taslak), Maliye memurunun dur ikazına uymayanlara 3 aya kadar hapis cezası verilmesi gibi garip cezalar da öngörülmekteydi. Buna yönelik itirazların dikkate alınarak tasarıdan çıkarılması olumlu olmakla birlikte, idareye aşırı yetki tanımaya yönelik bir eğilim varlığını korumaktadır. Özellikle Vergi Usul Kanunu (VUK)'da yapılan düzenlemelerde bu açıdan daha dikkatli olunması ve idarenin işlemlerinin yargı aşamasıyla tamamlandıktan sonra sonuç doğurucu olması doğru olacaktır. Aksi taktirde, kötü kullanıma açık yetki örnekleri ortaya çıkarılabilir.

6. SONUÇ YERİNE: VERGİNİN HİZMETE DÖNÜŞMESİ SAĞLANMALIDIR

Verginin hizmete dönüşmesi sağlanmalıdır, çünkü bu yapılmadıkça Türkiye'de kamu maliyesinin bugün içine sürüklendiği yapıda vergi gayretinin arttırılması beklenemez. Hala gerekliyse bazı örnekler tekrarlanabilir:

1998 bütçesinde 8.9 katrilyon TL vergi geliri öngörülmüşken, borçların faiz ödemeleri 5.9 katrilyon liradır. Başka deyişle, vergi gelirlerinin yüzde 66.3'ü hiçbir hizmete harcanmadan rantiyeye aktarılacaktır. Bu, dünyanın hiçbir yerinde görülmemiş bir dengesizliktir.

1996 yılı bütçesinde de vergi gelirlerinin yüzde 66.6'sı yani tam üçte ikisi faizcilere aktarılmaktaydı. Başka bir yazıda yaptığımız bir karşılaştırmaya göre (*Ekonomide Durum*'un bu sayısında yer alan Konukman-Oyan makalesine bakınız) bütçenin en önemli vergilerinden 10'unun tüm gelirleri 1996 yılı itibariyle faiz ödemelerine gitmekteydi. 1998 bütçesi bize farklı bir beklenti sunmamaktadır. Hatta, 1998 sonu itibariyle faiz ödemelerinin 6 katrilyonu aşma riski de bulunduğu için daha kötü bir tablo da ortaya çıkabilecektir.

Eğer bu gidiş düzeltilmezse, birkaç yıl sonra tüm vergiler faiz ödemelerine ayrılmaya başlanacaktır. Devlet böyle bir durumda hizmet vaadiyle vergi toplayabilme meşruiyetini sürdüremez. **Vergi alması gereken kesimlerden borç alan ve onlara faiz aktaran zihniyet, bugün bütçeyi tükenme noktasına sürüklemiştir. Kamu maliyesi resmen değilse de fiilen özelleştirilmiş bulunmaktadır.** Hükümete düşen görev, sadece vergi düzenlemeleri yapmak değildir. Hele vergi gelirlerini daha da azaltabilecek risklere girmek de değildir. **Daha fazla vergi toplanacağını öngören iyimser tahminlere inansak bile, vergileri hizmete dönüştüremedikten sonra daha fazla vergi toplamanın anlamı nedir?**

Demek ki yapılması gereken sadece bir vergi reformu değil, faiz harcamalarını köklü olarak daraltan ve böylece kamu harcamaları bileşimini değiştirmeye olanak veren bir kamu maliyesi reformudur. Bu bağlamda:

Birincisi, devlet, faiz yükünü mutlaka ve en kısa zamanda üzerinden atmalıdır. Bunun yolu kamu malvarlığının satışı yani özelleştirme değildir ve olamaz. Eğer sermaye kaynaklı tepkiler bütçenin faiz transferlerince tutsak alınmış yapısına yönelmiyorsa, o zaman burada oluşan saadet zincirinin emek kesimince farkına varılması, sermayenin kendi değerlenme sorunlarını bütçe üzerinden aşmasına son verilmesi talebinin yükseltilmesinde artık daha fazla gecikilmemesi gerekir.

İkincisi, bütçe harcamalarının bileşimi yeniden sosyal hizmet ve fiziki altyapı üretimini anlamlı düzeylere çıkaracak biçimde değiştirilmelidir. Faizlere yer açmak için bütçenin bütün sosyal harcamalarını, eğitim ve sağlık harcamalarını sınırlayan anlayışa son verilmelidir. Çünkü bu anlayış, hem gelir dağılımını daha fazla bozmakta hem de geleceğe yönelik sağlıklı nesiller ve eğitimli bir işgücü yetişmesinin de önünü kapamaktadır. 1992 yılı bütçesinde eğitim, sağlık, kültür ve sosyal hizmet gibi sosyal harcamalara ayrılan ödenekler bütçenin yüzde 26'sını oluştururken, 1998 bütçesi başlangıç ödeneğinin sadece yüzde 14 olması, beşeri sermaye erimesinin yakın dönemli bir örneğidir. Henüz 1992'de özellikle DSİ, Karayolları ve Köy Hizmetleri gibi yatırımcı kuruluşların temsil ettiği ekonomik hizmetler (alt yapı yatırımları) bütçenin yüzde 17'sini temsil edebiliyorken, 1998 bütçe teklifinde bu oranın sadece yüzde 6'da kalması fiziki sermaye erimesinin çarpıcı bir örneğidir. Bu erimelerin tek nedeni ise kamu iç borç faizlerine yer açmak kaygısıdır! Nitekim, borç faizlerinin bütçedeki payı 1992'de yüzde 18 iken, 1998'de henüz başlangıçta yüzde 40'tır! **Sosyal devlet ve yatırımcı devlet adına ne varsa faizci devlet adına eritilmektedir.** Bugün, sekiz yıllık eğitim için toplanan vergilere rağmen bütçenin eğitim hizmeti üretimi daralıyorsa, eğitim için toplanan vergilerin bir bölümünün dahi faiz ödemelerine ayrılması söz konusu olabiliyorsa, ilk tepki "böyle bir devlet anlayışı olamaz" noktasından yükseltilmelidir.

Sonsöz olarak, 12 vergi yasasında birçok yeni düzenleme yapan tasarının, vergi sistemimizde köklü bir reform anlamını taşımadığının altı çizilmelidir.

Tasarının, düzenleme yaptığı yasa maddeleri arasında gerekli ilişki ve tutarlılıkları bütün ayrıntıları gözeterek kurabildiği konusunda dahi derin kuşkular bulunmaktadır. Bu nedenle oluşan boşluklar gelecekte çok sayıda ihlal ve ihtilafa kaynaklık edebilecek gibi gözükmektedir.

Çalışan kesim bu tasarıda bekledikleri bulamamıştır. Buna karşılık tasarı daha çok sermayeye yeni avantajlar sağlar niteliktedir. Tasarının, yasalaşma sürecinin son önemli aşamasında, TBMM Genel Kurulunda sermayeye dönük olarak daha tavizci bir temele oturtulması ve eşitsizliklerin büyütülmesi riski de bulunmaktadır.

Sonucun sonucu, Türkiye'de izlenen **düşük ücret - düşük regülasyon maliyeti** modelinin sınırlarına varılmıştır. Ancak yeni yasa tasarısı bu **sürdürülemez** modelin uzantısında olmaktan başka bir iddiaya sahip değildir. Dolayısıyla, büyük sermaye, uzun dönemde zararını göreceği bencilliklerinin tutsağı olmak yanılgısını sürdürdüğü gibi, siyaset edenler de sermayenin uzun erimli çıkarlarını koruyabilecek ölçüde dahi sermayeden bağımsız hareket edememişlerdir. Sistem ve sınıf perspektifi olmayan merkez sol politikacılar da bu sığlığı reform olarak kabul edebilmektedirler.

7. VERGİ YASASI ÇIKTIKTAN SONRASI

a. Bazı Değinmeler

Vergi yasasının 29 Ekim 1998 tarihli Resmi Gazete'de yayınlanması yeni bir uygulama dönemini başlatmış bulunuyor. 12 vergi yasasında düzenleme yapan bu çok kapsamlı tadilat yasasının uzunca bir süre kamuoyunun gündeminde kalacağı anlaşılıyor. Düzenlemelerin mali/iktisadi etkileri üzerinde durulması özellikle önem taşıyor. Buna esasen tasarı aşamasında girişmiştik.

Vergi hukukçularının veya vergi teknisyenlerinin tasarının maddelerini tek tek ele alıp incelemeleri veya uygulamada doğan güçlüklere/belirsizliklere/mükellef sorularına açıklama getirmeleri kuşkusuz pratik yararı tartışılmaz bir eylemdir. Ancak yasanın vergi hukuku açısından dahi anlamlı bir değerlendirmesinin yapılabilmesi için bütünsel bir temelde ele alınması ve bunun geçmiş uygulama(lar) ile karşılaştırmalı bir bakışla kaleme alınması gerektiği söylenebilir.

Kuşkusuz bu bütünsel bakış kaygısı, konuya ayrı ayrı vergi kanunları açısından veya birçok vergi kanununu kesen belirli hedef setlerinden yaklaşılmasına engel oluşturmaz. Amacımız sadece, yeni düzenleme yasasının maddeleri arasına girip kaybolmanın, bazen bütünü değerlendirmekten alıkoyucu etkileri olabileceğine dikkatleri çekmekle sınırlı. Yoksa, bazen tek bir maddenin etkilerinin tartışılması gündemi haklı olarak haftalarca işgal edebilecek önemde olabilir. Tıpkı düzenleme yasasının 54'üncü maddesiyle 193 sayılı Gelir Vergisi Kanununa eklenen 47 ve 48'inci geçici maddeler için ilan edilen mali miladlar konusunda olduğu gibi. (Kamuoyunda servet ve envanter affı olarak da anılan bu maddelerle ilgili değerlendirmelerimiz büyük ölçüde geçerliliğini korumuştur).

Düzenleme yasasının bütününe ilişkin olarak tasarı safhasından itibaren yaptığımız genel değerlendirmelere şimdilik üç yeni değerlendirmeyi daha eklememiz gerekecek. Bunlardan **birincisi**, şimdi herkesin az çok üzerinde durduğu yürürlük maddeleriyle ilgili. Yasa, tasarı safhasında öngörülmedik ölçüde farklı yürürlüğe giriş tarihlerini içerecek şekilde oluşturuldu. Bunun bir nedeni yasalaşma sürecinin uzaması ve yılın ikinci yarısına kalmasından kaynaklandı. Diğer bir nedeni, Maliye'nin gelir kayıplarını asgariye indirme ve böylece IMF'ye verilen "Ekonomik Politikalar Bildirgesi" doğrultusunda enflasyonla mücadele programına uyum sağlama kaygısına bağlandı. Bunun, mükellefler ve özellikle ücretliler açısından bazı olumsuzları göze alındı. Diğer bir nedeni, uygulamanın hazırlıkları için Maliye açısından zaman kazanma, mükellefler açısından ise yeterli öğrenme süresi tanıma amacıyla ilişkilendirildi. Yeni bir takvim yılından başlamanın çeşitli teknik ve mali-psikolojik nedenleri, bu arada tepkilerin yumuşatılması amaçları da dikkate alındı. Sonuçta, etkileri oldukça geniş bir zaman diliminde ortaya çıkabilecek bir düzenlemeler seti oluşturulmuş oldu.

İkinci bir genelleme, yasanın geçici maddelerinin taşıdığı önem üzerine yapılabilir. Çok az vergi düzenlemesinde geçici maddelerin bu kadar çok sayıda ve bu kadar kritik önemde olduğu görülür. 4369 sayılı yasanın geçici maddeleri özellikle gelir vergisinin uygulaması bakımından çok önemli yeni dönüm noktaları yaratmış bulunuyor. 30 Eylül'e bağlanan "mali milad" sendromu bunlardan yalnızca bir tanesi.

Üçüncü olarak, 4369 sayılı kanunla getirilen indirimlerin, geçmişe yönelik beyaz sayfa oluşturma çabalarının ve mali teşviklerin tam olarak hedefini bulup bulmayacağına ilişkin soru işaretlerinin oldukça çok sayıda olmasıdır. Bir başka deyişle, şu veya bu şekilde vergi yükü hafiflemelerinden yararlanacak olanların gerçekten hedeflenen kitle olup olmayacağı konusundaki belirsizliktir.

Bu sonuncu duruma örnek olarak gelir vergisi tarifesindeki 1998'e ilişkin geçici ve 1999 ve sonrasına ilişkin kalıcı oran indirimleri ve dilim genişletmelerinin gerçek yararlanıcılarının kimler olacağı konusundaki sorunun kesin bir yanıtının olmamasıdır. Bilindiği gibi 1998 geçiş tarifesi sadece ücretlilere uygulanacaktır. 1999 tarifesi ise 1999 yılı içinde ücretlilere ve stopajla alınan diğer gelirler için geçerli olacakken, beyanname veren mükellefler açısından yeni oranların gündeme girmesi 2000 yılında beyan edilecek 1999 yılı gelirleri için geçerli olabilecektir.

Peki ama, yürürlük özellikleri bir yana, 1988 ve 1999'da yürürlüğe giren bu tarife yumuşamalarından bütün ücretli kesimler istisnasız yararlanabilecekler midir acaba? Yoksa, özel sektörün büyük bölümü açısından tarife indirimlerinin esas yararlanıcısı işveren kesimi mi olacaktır? Bir başka deyişle, özel işveren " yıl içindeki tarife artışlarını şimdiye kadar ben sineye çekip üzerinde anlaştığımız net ücreti çalışana veriyordu isem, şimdi vergi hafiflemelerini niçin ücretlere yansıtayım?" Kaldı ki, bazı işverenler, önümüzdeki dönem ücret artışlarının bir bölümünü de bu fasıldan karşılamaya hazırlanmaktadır. Bu, hesaba katılmış bir sonuç mudur, yoksa çalışanların büyük bölümü için olduğu gibi Maliye açısından da sürpriz etkisi olan beklenmeyen bir sonuç mu olacaktır?

Maliye'nin bütçeden ücret/maaş alanların 1999 yılı maaş artışları hesabına vergi hafiflemelerini de kattığı görüldüğüne göre, Hükümetin de bu çarpık muhakemeye ortak olduğu anlaşılmaktadır. Oysa, devlet iç borçlanma senetleri üzerindeki gelir vergisi stopajını sıfırlamış olmanın yarattığı avantajın devlet iç borçlanma faizlerine yansımaması karşısında Hazinenin, mevcut koşullarda, yapabileceği bir şey var mı? Eğer orada piyasa kuralları geçerli diyorsanız, o zaman, tutarlı olmak için, emek piyasasında da serbest pazarlık düzenini yani kamu emekçileri için toplu sözleşme hakkı içeren bir sendikalaşmayı savunmanız gerekmez mi?

Öte yandan, telif ücretlerinin gelir vergisinin genel tarifesine tabi olmama avantajı da yeni yasayla yürürlükten kaldırılmış durumdadır. Eğer telif ücreti olarak elde edilen kazancın bir yıl içindeki toplam miktarı, gelir vergisi tarifesinin ilk iki dilimi toplamını aşıyorsa, bu durumda tüm telif ücretleri diğer ücret ve kazanç türleriyle birleştirilerek beyan edilecek ve artan oranlı tarifeye tabi olacaktır. Bunun yaratıcı etkinlikler üzerinde ciddi sorun yaratacağı acaba dikkate alınmış mıdır? Bunun yerine, telif ücretlerinin tek bir orandan (tercihen yüzde 15 oranından) vergilendirilmesi hem telif ücreti alan ve ödeyenlerin hem de maliyenin yükünü azaltmaz mıydı?

Son bir durum da şu: 1998 yılında birden fazla ücret geliri elde edenler, 1999 yılında beyanname verdiklerinde, 1998 yılının ikinci yarısından itibaren kendilerine de uygulanan indirimli tarifeden yararlanma hakkını kaybetmiş olacaklar ve 1998'in ilk yarısında geçerli olan tarifeden vergilenecekler. Dolayısıyla artan oranlı tarifenin üst basamaklarına çıkmak yanında bir de buradan kayba uğrayacaklar. Birden çok ücret geliri sağlayan ve bunu beyan eden çalışkan ve sorumlu mükellefler acaba neden cezalandırılmak istenir?

b. Vergi Yasası mı Önemli, Vergi Sistemi mi?

Vergi tasarısının yasalaşmasının üzerinden henüz 5 hafta geçmiş iken, Eylül ayı başında sistemin egemenlerinin Uzak-Doğu Asya ve Rusya'dan yayılan mali krizi fırsat bilerek rövanş hesapları içine girmeye başlamaları bilinen bir doğruyu bir kez daha göstermiştir: Vergiye ilişkin düzenlemeler, toplumdaki sınıfların reel güç ilişkilerini en iyi yansıtan aynalardır!

Eylül başında mali sisteme yönelik olarak alınan ve birçoğu eskiye dönüş niteliğinde olan "yeni" düzenlemeler mali sistemin dayatmaları üzerine gündeme gelebilmiş ve piyasalar "bunun devamı gelecek" algılaması içine girmiştir. Borsa aracılığıyla ve borsanın en önemli yerli oyuncuları olan bankalar aracılığıyla yaratılan mali kriz havası bir şantaja dönüştürülmüş, Maliye Bakanı'nın kellesi istenmiş, sonuçta Başbakanın hiç de zor olmayan bir biçimde ikna edilmesiyle "mutlu sona" ulaşılmıştır.

Merkez Bankası'nın birkaç milyar dövizden olmak pahasına başa çıkmakta zorlanmadığı bu yaratılmış panik havası sonuçta mali sisteme vergi yasası öncesindeki durumdan daha da avantajlı bir ortam yaratılmasıyla sonuçlanmıştır. Bir başka deyişle, "önlem" adı altında alınan ödün kararları sonucunda, vergi yasası öncesi duruma dönülmemiş, çok daha eski ve aşıldığı sanılan noktalara geri dönülmüştür. Gene bir başka açıdan, mali sermaye sadece son vergi yasasının getirdiği bazı hükümleri geriletmekle kalmamış, ondan daha da önemli olarak, yasa öncesindeki birkaç yıl içinde uygulamaya sokulmuş düzenlemelere karşı da bir rövanş anlayışıyla hareket etmiştir.

Bu kararlara göre:

"1 Ocak 1999'dan önce ihraç edilen kamu kağıtları alış bedelleriyle değerlendirilecektir." Başbakan Yılmaz, bu düzenlemenin ellerinde kamu kağıtları tutanların haklarının korunması anlamına geldiğini söylemiştir. Ancak bu düzenlemenin asıl sonucu, en fazla kamu kağıdını elinde tutan bankacılık kesiminin, bu kağıtların piyasa değeri üzerinden vergi ödemekten kurtulmuş olmasıdır.

""1 Ekim 1998'den itibaren kamu kağıtlarının üzerindeki stopaj kaldırılacaktır". Böylece vergi yasasından çok önce uygulamaya geçmiş bir durumun gerisine düşülmektedir. 1993 yılında kararlaştırılmış, ilk uygulamasına Refahyol döneminde 1 Ocak 1997'den itibaren %6 faizle (öngörülenin yarısı düzeyinde) başlanmış, 1 Ocak 1998'den itibaren ise %12 oranıyla uygulamaya devam edilmiş olan bu düzenleme böylece yeniden Özal dönemi anlayışına geri götürülmüştür. ANAP, Özal anlayışından kopamadığını bir kez daha kanıtlamıştır.

"1 Ocak 1999'dan itibaren mevduat faizlerindeki % 12'lik stopaj düşürülerek, repo gelirlerinden alınan % 6 stopaj oranıyla eşitlenecektir". Bu düzenleme de, vergi yasası öncesi durumun daha gerisine bir dönüşü ifade etmektedir.

"Uzun vadeli kamu kağıtlarının özendirilmesi için vergi ayrıcalığı getirilecektir". Kamu kesiminin uzun vadeli borçlanabilmesi adına mali sektöre böylece yeni bir mali avantaj daha getirilmiş olmaktadır.

Bu kararlar, bankalar arası işlemlerden alınan faizlerin önce yarıya düşürülmesi ardından sıfıra indirilmesi yönünde alınan kararın ardından gelmiştir.

Bu kararların alınmasında mali sistemin ve büyük medyanın yarattığı basıncın rolü düşünüldüğünde, Türkiye'de sistemin egemenlerinin bugün için öne çıkmış vurucu güçlerinin kimler olduğu daha iyi anlaşılmaktadır.

Herşey Borsaya mı Endeksli?

Eylül ortasında İMKB'nin çöküş sinyalleri vermesi üzerine Türkiye'de lobiler yeniden iş başına geçti. Bir türlü derinliğe kavuşamayan İMKB yapay solunum peşinde koşmaktan bıkmadığını yeniden sergiledi. Geçtiğimiz yıllarda yabancı fonların devreye sokulması borsaya geçici bir ferahlama ve uzunca bir yükseliş trendi sağlamıştı.

Bunun bedelini ise kimse tartışmıyordu bile. Uluslararası piyasalarda paranın getirisi yıllık yüzde 5-6 düzeylerinde kalır, bilemediniz yüzde 10'a yaklaşırken, Türkiye'de borsanın ve kamu borçlanmasının yüzde 30-40 düzeylerinde reel verim sağlaması, bir sorun olarak görülmüyordu. Türkiye'nin dış piyasalardan en kötü olasılıkla yüzde 10 maliyetlerle uzun vadeli fon sağlaması mümkünken, spekülatif sermayeye (bunun içinde yerli sıcak paranın olduğu da unutulmadan) bunun üç-dört katı bedel ödenmesinin hangi akla hizmet olduğu sorusu mali piyasalarımızın umurunda bile değildi. Bu değirmenin suyunun nereden geldiğini merak eden dahi bulunmuyordu. Merak etmiş olsalar, bu suyun uzak olmayan bir vadede kuruyacağının hesabını yapabilirlerdi.

Uzakdoğu Asya krizi, süreci hızlandırdı. En profesyonel olanlar en önce piyasayı terketmeye başladılar. Gerçekleştirdikleri kârı yeterli gördüler. Bunların başında yabancı yatırımcılar (veya döviz cinsinden borçlanarak borsada oynayanlar) bulunuyordu. Nasıl olsa TCMB piyasayı dövize doyurarak TL'nin aşırı değer kabını önlüyordu. Böylece, hiç zarar etmeden TL'den dövize geçmeyi de başardılar. Merkez Bankası'nın binbir maliyetle biriktirdiği (net) rezervlerinin bir haftada yarısının eritilmesi pahasına...

Şimdi biz bize kaldık. Borsamızı yönlendiren mali kurumlar şimdi (1998 Eylül ayı ikinci yarısı itibariyle) devletten yeni katkılar istiyor. Başta yeni vergi yasasının her türlü kazancı, bu arada kısa vadeli hisse senedi alım satımlarından elde edilecek kazancı vergilendirmeye yönelik hükmünün iptalini istiyor. Başka vergisel avantajlar yanında, devletin kamusal fonları borsaya alıcı olarak sokmasını da talep ediyor.

Bunları büyük bir mağduriyet ve haklılık temeline oturtmayı da büyük medyanın desteğiyle oldukça başarıyor. Bakınız 17 Eylül 1998 tarihli ANKA Ekonomi Bülteni'ne borsacı Mustafa Yılmaz nasıl bir açıklama yapıyor: "Hisse senedi kazançlarına getirilen vergi, DSP'nin Borsayı öldürerek özelleştirmeyi engelleme politikasının bir parçasıdır" (görüyor musunuz şu DSP'nin art niyetlerini!). Devamla, "Ancak bu verginin yakında kaldırılacağının açıklanması sürpriz olmayacak; bu vergiyi ya koyanlar kaldıracak, ya da bundan sonraki hükümetler kaldıracak, ama sonuçta bu vergi mutlaka kalkacak ve uygulanamayacak".

Şu ifadelerdeki kesinliğe şaşırabilir, Türkiye'yi kimin yönettiği konusunda tereddüde düşebilirsiniz. Ancak hemen bir gün sonra bu defa Başbakan Mesut Yılmaz'ın 21 Eylül 1998 Pazartesi günü borsacılarla karşı karşıya gelerek yeni önlemleri konuşacaklarını söylemesi, Mustafa Yılmaz'ın kendinden emin ifadesinin pek de dayanıksız olmadığını gözünüzün içine sokuverir.

21 Eylül toplantısı vesilesiyle yeni bir ödünler listesi hazırlandı. İşte hızlı bir envanter:

- Bireysel yatırımcıların ve A tipi yatırım fonlarının vergiden muaf olması için (1 yıl yerine) 3 ay elde tutulması yeterli olacak. Ancak bunun için yasada düzenleme gerekiyor. Bütçe yasasıyla düzenleme yapılacağı sözünün verilmesi bütçe kanunu açısından bir yetki aşımı anlamına geliyor ve kolayca iptal ettirilmesi mümkün görünüyor.

- Ayrıca A tipi fonlarda muafiyet için gerekli en az yüzde 51 oranında hisse senedi bulundurma zorunluluğu, %25'e indiriliyor.

- Banka ve Sigorta Muameleleri Vergisi aracı kurumlar için de yüzde 1'e indiriliyor.

- Yabancı kurumsal yatırımcıların Türkiye'deki portföy işletmeciliğinden doğan kazançları üzerinden kurumlar vergisi muafiyeti devam ederken, gelir vergisi stopaj oranı da yüzde sıfıra indirilecek.

- Halka açık şirketlerin temettülerinden gelir vergisi stopajı yapılmayacak (Yasa değişikliği gerektiriyor).

- Sigorta şirketleri, hayat branşına ait teminatların yüzde 15'ini hisse senedine yatırabilecekler (Buna bir engel zaten yoktu).

Borsanın bunlarla yetinip yetinmeyeceğini önümüzdeki günlerde göreceğiz.

Öte yandan, borsa dahil olmak üzere mali piyasalara üst üste tanınan mali ödünlerin benzerlerini kendi sektörleri için talep eden reel sektör temsilcilerinin sayısı artmış, "mağduriyet ve haklılık" zemini üzerinde sesleri daha gür çıkmaya başlanmıştır. Onlara verilecek ne ödün var acaba? Talep ettikleri gibi üç aylık bilanço açıklamalarına son verip peşin vergiyi tümden kaldıracak veya erteleyecek, enflasyon muhasebesini getirecek misiniz? Peki ya esas mağdurlar olan ücretliler için ne yapacaksınız? Gelir vergisi tarife indirimlerini ücret/maaş artışına ilave etmek dışında?

Maliye Bakanı, "biz vergi yasasını deldirtmedik" diye kendine pay çıkarmaya çalışabilir; bu arada gerçekten Bakanın direncinin daha büyük ödünleri (şimdilik) engellemiş olduğu düşünülebilir. Ama ortadaki mesele son vergi yasasını delme tartışmasının ötesine geçmiş durumdadır; sözkonusu olan, son vergi yasasından önceki durumun da gerisine düşülmesidir. 1 Ekim 1998'den itibaren kamu kağıtlarının üzerindeki stopajın kaldırılacak olması, mevduat faizlerindeki yüzde 12'lik gelir vergisi stopajının 1 Ocak 1999'dan itibaren yüzde 6'ya düşürülecek olması, Banka ve Sigorta Muameleleri Vergisi'nin oranının yüzde 5'ten yüzde 1'e indirilmesi, halka açık şirketlerin temettülerinden gelir vergisi stopajının alınmamasının düşünülmesi, vb., yeni düzenlemeler getiren 4369 sayılı Kanunun öncesinde uygulamada bulunan mevzuatın gerisine düşülmesi anlamındadır.

Maliye Bakanlığı'nın hazırlayıp yasalaştırdığı 4369 sayılı Yasa, aslında zaten vergi oranlarında ciddi indirimler gündeme getirmekteydi. Bu indirimlerin karşılığında ise, yeni kazanç türlerinin ve yeni mükelleflerin kapsama alınabilmesi, bir başka deyişle vergi tabanının genişletilmesi amaçlanmaktaydı. Şimdiki ödünler ise, tabanı daraltmaya doğru götürmektedir ve bunun nerede duracağı şimdilik bilinmemektedir. Bu durumda, son vergi yasasının ücretliler dışındaki kesimler için getirdiği oran indirimleri tamamen gereksiz bir konuma düşmektedir. İndirimlerden geri dönmek ise mümkün değildir; çünkü sermaye bunları kazanılmış hak olarak kabul etmektedir.

Türkiye'nin 1999'da sadece vergi oranlarının değil, vergi gelirlerinin de önemli ölçüde (reel anlamda) azalması riski gün geçtikçe büyümektedir. Taslak safhasından başlayarak yeni vergi tasarısını eleştirirken dikkati çekmek istediğimiz konu da buydu. Vergi yasaları, toplumdaki sosyal tarafların reel üç ilişkilerini en iyi yansıtan çerçevelerdir demiştik. Oysa vergi yasası çıkarmak isteyen iktidarın kendi seçmen tabanını dahi arkasına alabildiği kuşkulu olmuştur.

c. *Emek Aleyhindeki Süreçte Devrim Niteliğinde Bir İstisna : Kayıtdışılıkla Mücadelede Sendikal Denetim ve Türk-İş'in Katkısı*

22 Temmuz 1998 Çarşamba geceyarısı kabul edilen Vergi Yasa Tasarısı kayıtdışılıkla mücadele bakımından yeni bir dönüm noktası, sendikal mücadele açısından ise bir devrim anlamına geliyor. 87'inci (daha sonra 86'ıncı oldu) maddenin 5'inci geçici maddesi ile getirilen hükümler bu konuda yeni bir çığır açmaya adaydır. Önerilerin oluşmasında Maliye Bakanlığı ilk hazırlığı yapmış, bu önerilerin kalıcı bir etkinliğe kavuşturulması ise TÜRK-İŞ'in kararlı çabalarıyla gerçekleşebilmiştir. Kuşkusuz Maliye Bakanı Sayın Temizel'in yapıcı tutumu da gözardı edilmemelidir.

Bu kadar önemli olan yenilik nedir? Tam metnini ilişikteki çerçeve içi yazıda sunduğumuz ve henüz kamuoyunun yeterince farkında olmadığı bu hükmün oluşum süreci 16 Haziran tarihli Ekonomik ve Sosyal Konsey (ESK) toplantısında başlatılmıştır. Yukarda da değinildiği gibi, bu toplantıda Sayın Temizel kayıtdışı ekonomiyi kayıt altına almayı gönüllü yoldan teşvik etmek için bazı mali özendiricileri harekete geçirmeyi önermişti. Buna göre, vergi tasarısının yasalaşmasından sonraki belirli bir süre içinde başvurulmak kaydıyla sigortasız ve kayıtsız çalışan işçilere ve özellikle onların işverenlerine yönelik olmak üzere, işçinin gelir vergisi stopajının 12 ay süreyle ertelenmesi, işverenin sigorta priminin yarısının 12 ay süreyle Hazinece karşılanması, Zorunlu Tasarruf adıyla işçi ve işverenden alınan kesintilerin kaldırılması öngörülüyordu. Daha sonraki görüşmelerde Maliye Bakanlığı'nca, işçi sayısına bağlı olarak işverene getirilen yükümlülüklerin (100 kadın işçi sınırından sonra kreş açma, 500 işçiden sonra spor tesisi kurma gibi) de belirli bir süre askıya alınması yoluyla yeni bir özendirici yaratılması düşüncesi öne sürülmüştü.

16 Haziran tarihli ESK toplantısından başlayarak TÜRK-İŞ'in bu konudaki görüşü, söz konusu özendiricilerin ancak ve ancak sendikalı olma koşuluna bağlı olarak getirilmesiydi. Çünkü kayıtdışı istihdamı sadece bir geçiş döneminde sağlanacak mali teşviklerle kalıcı bir denetim altına almak olanaksızdı. Çünkü ancak sendikalaşma, kayıt dışı istihdamın geri dönülmez bir biçimde denetim altına alınmasının kesin bir aracını oluşturuyordu. Kayıtlı istihdamı ağırlıklı olan sermaye çevrelerinin de bu düşünceye karşı çıkmaması beklenirdi. Ancak TİSK ve TÜSİAD'dan bu konuda net bir destek alınamamıştır. Buna karşılık bu düşünceye TOBB Başkanı Sayın Fuat Miras'ın baştan itibaren destek çıkması burada takdirle anılmaya değer.

İşte 5'inci geçici maddeyi bu denli önemsememizin nedeni burada. Madde yeni biçimiyle sözünü ettiğimiz özendiricileri **sendikalı olma** koşuluna bağlamıştır. Bir başka deyişle, bu mali özendiricilerden ancak sendika üyesi olanlar yararlanabilecektir. Bu, **Türk çalışma yaşamı açısından bir devrim** anlamına gelmektedir. Yasa ile mali milad getirileceği tartışılırken, **endüstri ilişkilerinin yeni bir milad noktasını** oluşturmak gibi daha kalıcı ve önemli bir dönüm noktası yaratılmış durumdadır. Üstelik bu sonuç, yasa koyucunun başlangıçta öngörmediği, ancak süreç içinde belirli koşulların ve ilişkilerin hızlandırdığı bir durum olarak ortaya çıkmıştır.

Peki, verilen teşvikler sendika üyesi olmaya bağlandığı için acaba kayıtdışı ekonominin kayıt altına alınması için yeterli olacak mıdır? Bu yöndeki bazı kaygıların aşılması için özendiriciler ciddi bir kapsam genişletmesine uğratılmış bulunmaktadır. Başlangıçta öngörülen teşviklerin kapsamı genelde genişletilmiştir. Başlangıç teklifi ile nihai metin arasındaki değişiklikler aşağıda özetlenmektedir. Yasada belirlenen esaslara uyanlar için,

- gelir vergisi stopajı için öngörülen erteleme damga vergisini de kapsama alacak şekilde genişletilmiştir;

- gelir ve damga vergisi için ertelemenin uygulamada kalacağı süre 12 aydan 36 aya çıkarılmıştır;

- gelir ve damga vergisi için erteleme izleyen yılın aynı dönemi olarak öngörülmüşken, izleyen **ikinci yılın** aynı dönemi olarak genişletilmiştir (buna göre, örneğin Eylül 1998'in gelir vergisi stopajı Eylül 2000 yılında ödenecektir!);

- "kanunun yayımını izleyen ikinci ayın sonuna kadar" tanınan başvuru süresi hakkı, Meclis görüşmelerinde son anda **"beşinci ayın sonuna kadar"** ibaresiyle değiştirilerek çok önemli bir tapsam genişletmesine tabi tutulmuştur; yasanın yayımının Ağustos başına kalması durumunda bu hak fiilen altı aya uzamış olacak ve Ocak 1999 sonuna kadar başvuru yapma hakkı doğmuş olacaktır;

- zorunlu tasarrufun bu kapsamdaki işyerleri için alınmamasının ÇTTH'ın tasfiyesini geciktirmek gibi olumsuz bir etkisi görülebilecek olmakla birlikte, istisnanın 3 yılla sınırlandırılması sağlanmış ve ÇTTH'ın kısa zamanda tasfiyesi için söz alınmıştır;

- işçi sayısına bağlı olarak işverene getirilen yükümlülüklerin (kuşkusuz işyerindeki işçilerin üye oldukları sendikaların mutabakatı sağlanarak) üç yıl süreyle uygulanmaması için yol açılmıştır.

Görüldüğü gibi, büyük ölçüde genişletilmiş bir özendiriciler demeti yaratılmıştır. Burada şimdi bütün sosyal taraflara büyük sorumluluk düşmektedir. Bu fırsatın kaçırılmaması gerekmektedir.

Gelir vergisi tarifesinin Temmuz 1998'de ve Ocak 1999'da düşürülecek olması da kayıtlı ekonomi yönünde çok önemli bir teşvik edici etken olarak çalışacaktır. Zorunlu tasarrufun tasfiyesinin de bu yıl içinde tamamlanabilmesi durumunda bu özendiriciler seti daha da zenginleştiriliş olacaktır. Bu durumda kayıtdışıcılar açısından kayıtdışında kalmayı mazur gösterecek hiçbir görünür bahane ortada kalmayacağı için devletçe daha sert yasal önlemlerin devreye sokulması ve denetimlerin yoğunlaştırılması da eşanlı olarak gündeme getirilmelidir.

Başvuru süresinin Aralık 1998 sonu veya Ocak 1999 sonuna kadar uzamış olmasının esasen kayıtlı işçi çalıştıran işverenlerin de iştahını fazlaca kabartması ve bazı tevsi yatırımlarını bu kapsama sokmaya zorlamak için gayret sarfetmeleri mümkün ise de, sürenin uzaması, sendikaların önlerine çıkan yeni potansiyeli değerlendirmeleri için de eşsiz bir olanak sunmaktadır.

O halde şimdi **sendikaların önündeki acil görev örgütlenmedir. Hem de hiç vakit kaybetmeden.**

---

626 Sıra Sayılı Yasa Tasarısının 86. Maddesinin 5'inci Geçici Maddesi

"Geçici Madde 5- a) Gelir ve kurumlar vergisi mükelleflerinin, 213 sayılı Vergi Usul Kanunun 156'ncı maddesinde tanımı yapılan ve 1/1/1998 tarihi itibariyle faaliyette bulunan işyerlerinde, 1/6/1998 tarihinden önce ilgili idareye vermiş oldukları son 4 aylık sigorta prim bordrolarında bildirdikleri işçi sayısına ilave olarak bu Kanunun yayımını izleyen beşinci ayın sonuna kadar işe aldıkları ve fiilen çalıştırdıkları işçilerden sendika üyesi olanların ücretlerinden, bu suretle işe başlanılan aydan itibaren 36 ay süreyle kesilen ve beyan edilerek tahakkuk ettirilen gelir ve damga vergileri, beyanname verme süresini izleyen ikinci yılın aynı döneminde ödenir.

b) (a) fıkrasındaki esaslar dahilinde işe alınan işçiler için, işe başlanılan aydan itibaren 12 ay süreyle, 506 sayılı Sosyal Sigortalar Kanununun 72 ve 73'üncü maddeleri uyarınca prime esas kazançları üzerinden tahakkuk ettirilecek primlerin işveren hissesinin yarısı Hazinece karşılanır.

Ödeme usul ve esasları, Çalışma ve Sosyal Güvenlik Bakanlığı, Maliye Bakanlığı ve Hazine Müsteşarlığının bağlı bulunduğu Devlet Bakanlığınca müştereken belirlenir.

c) (a) fıkrasındaki esaslar dahilinde işe alınan işçiler için, 9/3/1988 tarihli ve 3417 sayılı Kanun hükümleri 3 yıl süreyle uygulanmaz.

d) Diğer kanunlarda işçi sayısına bağlı olarak işverene getirilen yükümlülüklerin (a) fıkrasındaki esaslar dahilinde işe alınan işçiler nedeniyle doğması halinde, bu yükümlülükler (12/4/1991 tarih ve 3713 sayılı Kanunun ek 1'inci maddesi ve 25/8/1971 tarih ve 1475 sayılı Kanunun değişik 25'inci maddesinin (A) fıkrası uyarınca getirilen yükümlülükler hariç) 3 yıl süreyle uygulanmaz."

GEREKÇE: Kayıt dışı çalışan işçilerin kayıt altına alınmaları amaçlanmaktadır. Böylece bu işçiler de sosyal güvenlik haklarına sahip olabilecekler ayrıca Sosyal Sigortalar Kurumu önemli ölçüde prim tahsilatı sağlayabilecektir. Bu çerçevede, işverenleri kayıt dışı işçi istihdam etmeye sevk eden faktörlerin geçiş dönemi içerisinde ortadan kaldırılması ve bordroya kayıtlı işçi çalıştırmanın teşvik edilmesi öngörülmektedir.

Gelir Vergisi Genel Tebliği
Seri No: 213

Bazı vergi kanunlarında değişiklik yapılması hakkında 4369 sayılı Kanun 29 Temmuz 1998 gün ve 23417 sayılı mükerrer sayılı Resmi Gazete'de yayınlanmıştır.

Kanunun 5 inci maddesi ile getirilen düzenlemenin uygulanmasına ilişkin olarak aşağıdaki açıklamaların yapılması gerekli görülmüştür.

1. Çalışanlardan Kesilen Vergilerin Ertelenmesi

Geçici 5 inci maddenin (a) fıkrası, gelir ve kurumlar vergisi mükelleflerinin 1.6.1998 tarihinden önce vermiş oldukları son 4 aylık sigorta prim bordrolarında bildirilen işçi sayısına ilave olarak işe aldıkları işçilerin ücretlerinden 36 ay süre ile kesilen gelir ve damga vergilerinin ödenmesinin 2 yıl süre ile ertelenmesini hükme bağlamıştır.

1.1. Vergi Ertelemesi Kapsamındaki İşyerleri

Vergi ertelemesi, gelir ve kurumlar vergisi mükelleflerinin 1.1.1998 tarihi itibariyle faaliyette bulunan işyerlerinde fiilen çalışan işçilerin ücretlerinden kesilen vergiler hakkında uygulanacaktır. **1.1.1998 tarihinden sonra faaliyete geçen işyerleri uygulamanın kapsamına girmemektedir.**

213 sayılı Vergi Usul Kanununun 156 ncı maddesinde işyerinin tanımı; "Ticari, sınai, zirai ve meslekî faaliyette işyeri; mağaza, yazıhane, idarehane, muayenehane, imalathane, şube, depo, otel, kahvehane, eğlence ve spor yerleri, tarla, bağ, bahçe, çiftlik, hayvancılık tesisleri, dalyan ve voli mahalleri, madenler, taş ocakları, inşaat şantiyeleri, vapur büfeleri gibi ticari, sınai veya meslekî bir faaliyetin

icrasına tahsis edilen veya bu faaliyetlerde kullanılan yerdir." şeklinde yapılmıştır. Vergi ertelemesi uygulamasında bu işyeri tanımı esas alınacaktır.

İşyerleri ile ilgili olarak Vergi Usul Kanununun 153 ve 159 uncu maddelerinde yer alan bildirim zorunluluğunu yerine getirmeyen mükellefler, bu işyerlerinin 1.1.1998 tarihi itibariyle faaliyette bulunduğunu, kamu kurumları ile kamu kurumu niteliğindeki meslekî teşekküllere ait kayıtlarla tevsik etmeleri durumunda, bu işyerlerinde çalışan işçiler için de yukarıdaki esaslar çerçevesinde ertelemeden yararlanabileceklerdir.

1.2. Vergi Ertelemesi Kapsamındaki Ücretler

Mükelleflerin, erteleme kapsamındaki işyerlerinde, 1.6.1998 tarihinden önce vermiş oldukları son sigorta prim bordrolarında bildirdikleri işçi sayısına ilave olarak, 31.12.1998 tarihine kadar işe aldıkları ve bu işyerlerinde fiilen çalıştırdıkları işçilerin ücretleri erteleme kapsamına girmektedir. Ancak, ertelemenin yapıldığı dönemlerde sözkonusu işçilerin 2822 sayılı Kanunun 12 nci maddesinde tanımlanan toplu iş sözleşmesi yapma ehliyetini haiz (kurulu bulunduğu işkolunda çalışan işçilerin en az yüzde onunun -tarım ve ormancılık, avcılık ve balıkçılık işkolu hariç- üyesi bulunduğu) sendika üyesi olmaları gerekmektedir. Sendika üyesi olunmayan dönemler için vergi ertelemesi yapılması sözkonusu değildir.

Erteleme uygulamasında, işverenlerin 1.6.1998 tarihinden önce Sosyal Sigortalar Kurumu'na vermiş oldukları son dört aylık sigorta prim bordrolarında bildirdikleri toplam işçi sayısı esas alınacaktır. Buna göre, sözkonusu bordronun kapsadığı dönemi izleyen Mayıs 1998 ayından itibaren bu sayıya ilave olarak işe alınan işçilere, Kanunun yayımı tarihi olan 29 Temmuz 1998 tarihinden sonraki dönemlere ilişkin olarak ödenen ücretler ertelemeden yararlanacaktır.

Mükellefin birden fazla işyerinde faaliyette bulunması halinde, 1.6.1998 tarihinden önce her bir işyerinde çalışan işçilere ilişkin olarak verilmiş bulunan sigorta prim bordrolarında bildirilen işçi sayısının toplamı esas alınacak, bu sayıya ilave olarak 31.12.1998 tarihine kadar işe alınan işçilerin ücretleri erteleme kapsamında değerlendirilecektir.

Bir işyerinde kayıtlı işçilerin tamamının veya bir kısmının aynı işverenin diğer işyerinde istihdam edilmesi durumunda, bu işçilerin ücretleri ile ilgili olarak erteleme yapılmayacaktır. Dolayısıyla bu ve buna benzer muvazaalı işlemler Kanun kapsamında değerlendirilmeyecektir.

1.3. Vergi Ertelemesi Uygulaması

Mükellefler, ilgili döneme ilişkin olarak verecekleri muhtasar beyannamelerde, çalıştırdıkları işçilerin tamamını beyan ederek bunlara ilişkin vergilerin tahakkuk ettirilmesini sağlayacaklardır. Geçici 5 inci maddenin (a) fıkrası hükmü uyarınca vergi ertelemesinden yararlanacak olan mükellefler, bu Tebliğin ekinde yer alan bildirimi doldurarak muhtasar beyannameye ekleyeceklerdir. Bu bildirimde sadece vergi ertelemesinden yararlanacak olan işçilerle ilgili bilgiler gösterilecek, erteleme kapsamında olmayan işçilerle ilgili bilgilere yer verilmeyecektir.

Bu şekilde tahakkuk ettirilen vergiler, beyanname verme süresini izleyen ikinci yılın aynı döneminde ödenecektir.

ÖRNEK: İstanbul ilinde konfeksiyonculuk faaliyetinde bulunan kurumlar vergisi mükellefi (X) Limited Şirketi, 1.1.1996 tarihinde faaliyete geçirdiği atölyesinde çalışan işçiler için 1.6.1998 tarihinden önce Sosyal Sigortalar Kurumu'na vermiş olduğu son 4 aylık sigorta prim bordrosunda 50 işçi bildirmiştir. Sözkonusu mükellef, bildirdiği 50 işçiye ilave olarak Ağustos 1998 ayında 30 işçi daha istihdam ederek ücret bordrosuna kaydetmiş, kesilen gelir ve damga vergilerini de ilgili dönem muhtasar beyannamesinde beyan ederek tahakkuk ettirmiştir. İlave 30 işçinin yirmisi Tebliğin 1.2 bölümünde açıklandığı şekilde sendika üyesi olmuştur.

Örnekteki kurumun, ilave olarak işe aldığı 30 işçiden sendika üyesi olan yirmisi sendika üyeliğini devam ettirdiği sürece, Ağustos 1998 ayından başlamak üzere, bunların ücretlerinden 36 ay süre ile kesilen ve beyan edilerek tahakkuk ettirilen gelir ve damga vergileri 2 yıl süre ile ertelenecektir. Buna göre, ertelenen Ağustos 1998 dönemi gelir ve damga vergileri 1-20 Eylül 2000 tarihleri arasında ödenecektir.

Sendika üyesi olmayan 10 işçinin ücretlerinden kesilen vergilerin ertelenmesi ise sözkonusu değildir.

2. Tasarruf Kesintilerinin Uygulanmaması

3417 sayılı Çalışanların Tasarrufa Teşvik Edilmesi ve Bu Tasarrufların Değerlendirilmesine Dair Kanunun 2 nci maddesinde sayılanların aylık veya ücretlerinden, bu Kanunda belirtilen nispette tasarruf kesintisi yapılmakta, ayrıca bu tasarruflara işverenler de belli nispette katkıda bulunmaktadır.

Geçici 5 nci maddenin (c) fıkrası uyarınca, vergi ertelemesinden yararlanacak Tebliğin 1 inci bölümünde açıklanan şekilde kayda alınan işçilerin ücretlerinden 3 yıl süre ile 3417 sayılı Kanun uyarınca yapılması gereken tasarruf kesintisi ve işveren katkısının uygulanmaması öngörülmüştür.

Buna göre, **vergi ertelemesi kapsamına dahil işçilerin ücretlerinden**, 1 inci bölümde açıklanan esaslar çerçevesinde, 3 yıl süre ile tasarruf kesintisi yapılmayacak, ayrıca aynı süre ile tasarruflara yapılan işveren katkısı uygulanmayacaktır.

3. Diğer Hükümlerin Uygulanması

Geçici 5 inci maddenin (b) ve (d) fıkralarının uygulanmasında, ilgili kurumların düzenlemelerine göre hareket edileceği tabiidir.

Tebliğ olunur.

IV. BÖLÜM
ÖZELLEŞTİRME, SAĞLIK, SOSYAL GÜVENLİK: NEREYE?

- **SÖYLEMİN ÇÖKÜŞÜNE RAĞMEN ÖZELLEŞTİRME**
  1. İki Farklı Çerçeve: Kuramsalcılar ve Uygulamacılar
  2. Özelleştirme, Mülkiyet Dağılımı ve Gelir Bölüşümü
  3. Özelleştirmenin Gerçek Arka Planı
  4. Türkiye'de KİT Sistemine İlişkin Gelişmeler

Ek 2 : Türkiye'nin 500 Büyük Sanayi Kuruluşuna İlişkin Tablo ve Grafikler

- **SAĞLIK VE SOSYAL GÜVENLİK: HEDEFTEKİ ALANLAR**

  A. Sağlık
  1. Uluslararası Bir Karşılaştırma
  2. Sağlıkta Özelleştirme

  B. Sosyal Güvenlik
  1. Uluslararası Karşılaştırma:GÜ, GOÜ ve Türkiye
  2. Türkiye'nin ve SSK'nın Sorunlarının Büyümesi

SÖYLEMİN ÇÖKÜŞÜNE RAĞMEN ÖZELLEŞTİRME

Dünyada 1980'lerin başlarından, Türkiye'de 1980'lerin ortalarından itibaren söylem ve uygulama düzeylerinde yoğun olarak gündeme gelen *özelleştirme*, kavram çarpıtmalarının da tercihli alanı olmuştur.

Dar anlamda kamu iktisadi girişimlerinin mülkiyet ve/veya işletmesinin, *geniş anlamda* tüm alanlardaki kamu mülk ve hizmetlerinin kısmen veya tamamen, bir kerede veya tedricen özele devri anlamına gelen özelleştirme, kuşkusuz neo-liberal düzenleme rejimine denk düşen bir uygulamadır. Yeni sermaye birikim modelinin önemli uygulama araçlarından biri, hatta başlıcası olmak bakımından, özelleştirme adeta sistem dönüştürücü bir misyonla yüklenmiş gibidir. Bu nedenle, taşıyıcısı olduğu ideolojik öz her zaman çok güçlü olmuştur.

1. İKİ FARKLI ÇERÇEVE: KURAMSALCILAR VE UYGULAMACILAR

Özelleştirmenin sunuluşu tek bir çerçeve içinde olmamıştır. Neo-liberal dönüşüme *"kuramsal" çerçeve* hazırlamak isteyenler açısından, özelleştirmenin ekonomik sistemi *etkinlik ve verimlilik artışı* bakımından rasyonalize edici etkisi baş roldedir. Kamu işletmeciliği etkinsizdir ve öyle kalmaya mahkumdur; ekonominin dinamize edilmesi piyasanın tüm müdahalelerden arındırılmasıyla, özel girişimciliğin dinamizminin harekete geçirilmesiyle doruğa çıkacaktır. Ekonomik rasyonaliteden yola çıkıyor gözüken bu yaklaşım açısından KİT sisteminin mali açık veya fazla vermesi önemli değildir. Kuşkusuz açık veriyor olması durumunda devlet bütçesi üzerindeki yükü de gündeme getirilecek ve bütçenin küçültülmesi için ek bir gerekçe oluşturulacaktır. Her durumda, bu yaklaşım sadece doğrudan kamu işletmeciliğinin tasfiyesini değil, kamu harcamalarının ve devletin regülasyon (düzenleme) faaliyetlerinin de köklü bir biçimde daraltılmasını açıkca savunmaktadır. Gerçi devletin küçültülmesi görüşü tüm yaklaşımların bileşkesini oluşturmaktadır. "Kuramsal" yaklaşımcılar bunun kuramsal çerçevesini oluşturmaya ve daha az vülger bir görüntü vermeye biraz daha özen göstermektedir.

Ekonomide etkin kaynak tahsisinin ancak piyasa güçleri aracılığıyla sağlanabileceğini ileri sürenlerin bir diğer iddiası da, kamu tekellerinin kırılması aracılığıyla sistemin daha fazla rekabete açılacağı olmuştur. Ancak bu görüş, kamu tekellerinin yerini hızla özel tekellerin almasını, blok satışlar yoluyla bazen bunun anında gerçekleşmesini ve nihayet sistemin doğal süreçlerinin orta/uzun erimde ister istemez bu noktaya götüreceğini tartışma dışı bırakmayı tercih etmiştir.

Kuramsal yaklaşıma bağlanabilecek bir başka görüş, özelleştirme olgusunun ekonominin dışa açılmasını, dünya ekonomisiyle bütünleşmesini destekleyeceğidir. Bunun, özellikle, tekelci yapısıyla dış rekabeti engelleyen KİT modelinin tasfiyesine koşut olarak yabancı sermaye girişinin artması, doğrudan doğruya KİT'lere talip yabancı sermayenin ülkeye çekilmesi, üretimde ve istihdamda esnekliğin sağlanması, KİT'lerde hakim olan sendikal örgütlenmenin geriletilmesi temelinde gerçekleşmesi beklenmektedir. Bu beklentilerin niteliğine bakıldığında, KİT'lerin nasıl bağımsız bir ulusal ekonominin temel payandaları olduğu tersinden okunarak daha iyi anlaşılmaktadır.

Aslında kuramsal bakış açısı için de sermayenin/sınai mülkiyetin tabana yayılması ve paydaşlar kapitalizminin yükselmesi beklentisi, başlangıç evresi dışında bir anlam taşımamaktadır. Zira, bu görüş açısından sistemin kendi nesnel kurallarının işleyişinin iradi zorlama veya önlemlerle kesintiye uğratılması doğru değildir; ancak başlangıçta hem özelleştirmenin toplumsal tabanının oluşturulması, hem kapsamlı bir özelleştirme programının talep yönünden kısıtlarla karşılaşmamasının sağlanması, hem de sonuçta sermayenin merkezileşmesi ve yoğunlaşmasına hizmet eden ve edecek bir düzeneğin güçlendirilmesi bakımlarından "sermayenin tabana yayılması" denilen vitrin süsünün ön planda tutulması gereklidir.

Özelleştirme uygulayıcıları açısından ekonomik rasyonalite dışındaki gerekçeler veya amaçlar seti de bol miktarda kullanılmıştır. Uluslararası finans kuruluşlarının teknisyenlerinden, gelişmiş ve gelişmekte olan ülke hükümetlerine ve siyasetçilerine, özelleştirme ve ekonomi bürokrasisinden neo-liberal sistem övgücülüğü yapan akademisyenlere kadar uzanan bir etki alanında, mali ve ideolojik gerekçeler daha yoğun olarak kullanılmıştır. Örneğin özelleştirmeden elde edilen gelirlerin bütçe açıklarının kapatılması için kullanılması, özelleştirme olgusuna ekonomik rasyonellik muhtevası kazandırmak isteyen kuramsal yaklaşımcılarca "en kötü özelleştirme uygulaması" olarak küçümsenirken, uygulayıcılar bundan çok fazla rahatsız olmuyor gözükmektedir. Gerçekten, uygulamada özelleştirmenin bütçe açıklarının kapatılması için bir mali araç olarak kullanılması oldukça yaygındır. Gelişmekte olan ülkelerde (GOÜ) daha fazla karşılaşılan bu uygulama, büyük ölçüde IMF'nin onay veya dayatması altında gerçekleştirilmektedir. Bütçe veya daha geniş bir kavram olan kamu açıklarının yüklü iç ve dış borç faiz ödemeleri nedeniyle meydana geliyor olması durumunda, özelleştirme gelirlerinin borç faizlerine aktarılması gibi bir sonuç ortaya çıkabilmektedir. Bu durumda, kamu malvarlığının eritilmesi tamamen bir iç ve dış gelir transferi adına yapılıyor olmaktadır. Özelleştirme gelirlerinin iç ve dış borç anapara servislerine tahsisi durumunda borç yükünün azaltılması gibi bir sonuç elde ediliyor olmakla birlikte, özelleştirme gelirlerinin faiz ödemelerine tahsisi durumunda borç stokunda bir azalma dahi ortaya çıkmayabilmektedir. Son tahlilde her iki durumda da, dolaysız veya dolaylı olarak KİT hisselerinin borçlarla takası sözkonusu olmaktadır. Bu takasın dolaysız bir biçimde gerçekleştiği örnekler arasında Latin Amerika ülkeleri bulunmaktadır. Türkiye de, özelleştirme gelirlerinin borç faizleri nedeniyle açık veren bütçeye aktarılması nedeniyle bu "KİT mülkiyeti borç yükü takası olgusunun" içine dolaylı ve kısmi bir biçimde girmektedir.

Uygulayıcı konumda olanlar acil gereksinimlere çözüm bulmayı öne çıkaran pragmatist bir yaklaşımı benimsemişlerdir. Bu nedenle bir yandan uygulamanın sistem açısından meşruluğunu ve toplumsal desteğini sağlamak açısından daha gözü kara ve vülger çarpıtmalara başvurulurken, diğer yandan günlük mali sorunlara palyatif çözümler üretilmek istenmiştir. Özelleştirme ideolojisini benimsemiş gelişmekte olan ülke siyasetçisi ve bürokratının, ülke çıkarı/ulusal çıkar kavramlarını çok kolayca arka plana atabildiği bir ortamda gerçekleştirilen özelleştirmelerin, günü kurtarma baskısı altında, hızlı, denetimsiz, haraç mezat bir satışa dönüşmesi riski çok yüksektir. Bu koşullarda, KİT'lerin ekonomiye ve kamu maliyesine yük olduğu argümanı abartılı ve yanıltıcı bir biçimde desteklenmekte, KİT'lerin ikame maliyetlerinin çok altında fiyatlarla satışına zemin hazırlanmaktadır.

KİT'lerin satışının kamu maliyesi dengelerine etkisi kısa vadeli bir perspektiften görüldüğü için, orta ve uzun vadede karlı KİT'lerin elden çıkarılmasının sistemin bütünsel dengeleri üzerinde yaratacağı olumsuzluk kasıtlı olarak gizlenmeye çalışılmaktadır.

Öte yandan, mali dengeleri olumsuz etkileyen ancak kamuoyuna genellikle açıklanmayan bir başka olgu, KİT'lerin satışa hazırlanması için yapılan harcamalar ve üstlenilen yüklerdir. KİT'lerin kredi borçlarının, işçilerin kıdem tazminatlarının Hazine tarafından üstlenildiği çok sayıda uygulamanın öteki yüzünde de özelleştirilen kuruluşların aktiflerinde yeralan nakit ve nakit benzeri varlıkların özelleştirme öncesinde Hazine'ye aktarılmaması bulunmaktadır. Böylece, özelleştirmeden beklenen mali "avantajlar" kısa dönemli hesaplar açısından dahi sorunlu kalmaktadır.

KİT'lerin sahip olduğu taşınmazların eksiksiz bir envanterinin dahi yapılmadığı/yapılmak istenmediği, envantere alınanların değer tespitinin ise rayiç değerlere kıyasla çok yetersiz kaldığı dikkate alınırsa, özelleştirmenin çoğu zaman kamudan özele (bazen firma bazında seçiciliği de içeren oldukça kişiselleştirilmiş düzlemde bir özele) büyük bir gelir transferi düzeneğini çalıştırdığı ortaya çıkmaktadır. Bu gerçekte bir toplumsal mülkiyet erimesidir.

Kamu maliyesini toplum adına yönetmeye talip olan merkez sol siyasal heyetlerin dahi bu akıma kapılması, siyasal samimiyet ve toplumsal denetim açılarından demokratik mekanizmaların çalışmamasının örneklerini oluşturmaktadır.

2. ÖZELLEŞTİRME, MÜLKİYET DAĞILIMI VE GELİR BÖLÜŞÜMÜ

Özelleştirme bir kamu gelirleri politikası çerçevesinde başlatılıp sürdürüldüğüne göre bunun bölüşüm etkilerinin burada dikkate alınması gerekir. Özelleştirmenin mülkiyet (servet) ve dolayısıyla gelir dağılımını düzeltecek bir mekanizma olduğu yolundaki açık ve örtük söylem, konunun özellikle bu açıdan tartışılmasını gerekli kılmaktadır.

Özelleştirme olgusunun tüketici bir analizi bu çalışmanın kapsamı içinde yer almadığı için bu ayırımdaki tahlil belirli satır başlarıyla hızlı bir özet çerçevesinde yapılacaktır. Bu bağlamda özellikle "mülkiyetin tabana yaygınlaştırılması" hedefinin köksüzlüğü üzerinde durulacaktır, çünkü mülkiyet dağılımını iyileştirerek gelir dağılımı üzerinde olumlu düzeltmeler yapılabileceği söylemi, inandırıcılığını esas olarak kaybetmiş bulunsa da, sürdürülmeye devam edilmektedir.

Özelleştirme hareketinin çokça öne çıkarılan amaç ve gerekçelerinden biri, KİT ve iştiraklerindeki kamusal mülkiyetin geniş kitlelere pay senedi satışı/devredilmesi yoluyla tabana yayılmasıdır. Ancak bu yaklaşımın tersten ima ettiği ise, blok satışlar yoluyla servet dağılımındaki mevcut eşitsizliklerin büyütülmüş olacağı değil midir? Türkiye uygulamasını bu gözle değerlendirmekte yarar olacaktır.

Bu uygulamayla aynı zamanda sermaye piyasasının geliştirilmesinin amaçlandığı da açıkça ifade edilmektedir.

Bu amaçlar birçok yönden tartışmalı niteliktedir:

(i) KİT'lerin temsil ettiği kamusal/toplumsal mülkiyetin toplumun geniş kesimlerine (hiç olmazsa vergi mükelleflerine) anlamlı ölçülerde paylaştırılma olanağı bulunmamaktadır. Gelir dağılımındaki mevcut eşitsizlikler bunu daha da hayali ve spekülatif bir hedef durumuna getirmektedir.

(ii) Kapitalist sistemin uzun dönemli hareketi sermayenin merkezileşmesi ve yoğunlaşması temelinde çalışmaktadır. Özelleştirme bu eğilimi tersine çevirecek bir güce ve kalıcı etkisi olan araçlara sahip değildir. Nitekim pay senetlerinin satışının belirli sürelerle yasaklanması veya maddi ödüllendirmelerle caydırılmasının kalıcı sonuçları olmadığı gelişmiş kapitalist ülke deneyimlerinden ortaya çıkmaktadır.

(iii) Sermaye piyasalarının merkezinde bulunan borsaların işlevi sermayeyi veya sınai mülkiyeti küçük pay sahiplerine dağıtmak değildir. Tam tersine, borsaların asli işlevi küçük ve orta boyuttaki tasarrufların merkezileştirilmesi ve büyük sermayenin hizmetine sunulmasıdır. Bu yönüyle sermaye piyasası diğer mali piyasaların, özellikle para piyasasının benzeri işlevlerini tamamlayıcı bir rol taşımaktadır.

(iv) Borsalar, aynı zamanda, tekelci sermaye birikiminin bir sonucu olan sermayenin değer yitirmesi sürecini küçük tasarruf sahipleri üzerine yıkarak bu süreci büyük sermaye lehine selektif kılmanın aracılığını da yaparlar. İstikrar dönemlerinde bunun yolu, küçük temettü politikalarıyla şirketlerin yönetiminde sözsahibi olamayan küçük tasarruf sahiplerinin sermayelerinin erozyona uğratılmasıdır. Enflasyonist bir süreç, düşük ya da yüksek hızlı olsun, bu amacın bir parasal illüzyonla daha kolay gerçekleştirilmesini sağlar. Borsanın ve ekonominin kriz dönemlerinde ise, çok sayıda pay sahibinin genel bir yıkıma uğratılmasıyla sermaye birikimi süreci yeni bir yapılanma içine girer ve bazı büyük sermayedarların da battığı veya darbe yediği bir ortamda sermayenin yoğunlaşması hareketi yeni bir ivme kazanır.

(v) Menkul değer borsalarının rolü, fonları merkezileştirmek ve değer yitimi süreçlerini selektif kılmakla sınırlı değildir. Kapitalist ekonominin kalbi olan borsalar, aynı zamanda sermaye grupları arası yoğun çekişme ve birbirini yutma mücadelelerinin arenasıdır. Şirket gruplaşmaları, hisse senedi ve şirket avcılığı gibi borsalara özgü operasyonların en önemli nedenini şirketlerin aktiflerinin borsa değerinin düşük değerlenmesi oluşturur. Birçok durumda şirketlerin borsa değeri onların aktiflerinin ikame değerinin çok altında bulunur, bu da onları çok cazip bir av haline getirir. Bu durumun ortaya çıkmasında enflasyon önemli bir etken olarak çalışmaktadır. Borsa değeri düşük şirketlerin kendi alanlarında büyük bir pazar payına sahip olmaları durumunda cazibeleri daha da büyümektedir. İşte Batı'da KİT'lerin özelleştirilmesi bu iki nedenle büyük bir ilgi görmektedir. (Bu arada özel şirketlerin borsada yutulmaya karşı geliştirdikleri çok çeşitli savunma mekanizmalarından bir tanesi de "oy hakkı olmayan hisse senetleri" ihracı olmaktadır).

(vi) Borsaların geliştirilmesi yönünde çaba göstermek, egemen ekonomik sistemin kendi rasyoneliyle son derece uyumludur. Sistem içi çözüm öneren bir siyasal hareket olan sosyal-demokrasi açısından ise, sanki çok hissedarlı sistemler daha eşitlikçi, daha sosyal demokrat bir öze sahiplermiş gibi bir görüntü verilmesi kendi "farklılığını" vurgulamak açısından öne çıkarılabilmekte ve bu nedenle menkul değer borsalarının geliştirilmesi yönünde net tavır alışlar sözkonusu olmaktadır. Bununla birlikte borsaların gelişmesi ve derinleşmesinin mutlaka bir özelleştirme hareketiyle irtibatlandırılması yanıltıcıdır.

Gelişmiş kapitalist ekonomilerde borsaların doğuşu ve gelişmesi sermaye birikimi hareketinin içsel dinamikleri sonucudur. Buna karşılık, bu ekonomilerde yerleşmiş bir sermaye piyasası üzerine gelen özelleştirmenin sermaye piyasasının gelişmesine katkıda bulunacağı açıktır.

Gene de bunun tek etkili aracının özelleştirme olabileceği doğru değildir. Örneğin 1981-1985 döneminde yoğun kamulaştırmaların yapıldığı Fransa örneğinde, kamulaştırma sırasında ve izleyen dönemdeki büyük çaplı finansman gereksinimi sermaye piyasasına yeni tür pay senetlerinin çıkarılmasıyla karşılanmıştır. Bir anlamda oy hakkı olmayan hisse senedi portföyünü oluşturan bu senetler, 1978-1984 döneminde toplumdaki sermaye paydaşlarının sayısının 1.7 milyondan 3.3 milyon kişiye çıkmasına hizmet etmiştir. Demek ki, özelleştirmenin tam zıddı bir hareket olan kamulaştırma dahi, istenirse, sermaye piyasasının genişleme ve derinleşme aracı olabilmektedir.

(vii) Az gelişmiş ülkelerde yapay zorlama ve özendirmelerle sermaye borsalarının oluşturulması deneyimlerinin pek çoğunun başarısızlıkla sonuçlanması, sistemin kendiliğinden dinamiklerinin belirleyiciliğini ortaya koymaktadır. Bu ülkelerde sermaye şirketlerinin aile şirketi kimliğinden kurtulamamaları ve büyük ölçekli şirketlerin sınırlı oluşu borsaların gelişmesine yapısal bir engel oluşturmaktadır. Özelleştirme uygulamasının bu ülkelerin borsalarının gelişimine katkısı ancak marjinaldir. Esasen bu ülkeler açısından özelleştirmenin en önemli potansiyel talibi yabancı sermaye olmakta, o da blok satışa daha fazla rağbet etmektedir. Küçük borsalar üzerinde yabancı sermayenin hakimiyet kurması da görece kolay olmaktadır. Spekülatif mali sermayenin hareketleri, özellikle de uluslararası portföy yatırımları, derinliği olmayan ve işlem hacminin çapı çok yetersiz kalan gelişmekte olan borsalar üzerinde yabancı yatırımcı egemenliğinin kolayca kurulmasına yol açmaktadır. Nitekim İMKB'da yabancı yatırımcıların payının kısa sürede yüzde 55'e çıkmış bulunması bu gelişmenin somut örneklerinden biridir.

Az gelişmiş ülkeler açısından özelleştirmenin, toplumu altın gibi geleneksel ve statik yatırım araçlarından sermaye piyasasına çekmenin bir aracı olabileceği üzerinde durulmakla birlikte, farklı bir kültür yapısını gerektiren bu mekanizmanın çalıştırılması olağanüstü güçtür veya çok uzun vadeleri gerektirir. Türkiye örneği bu konuda beslenen umutların boşa çıktığını da kanıtlamaktadır. Faiz çekingenliği olan geleneksel kesimlere altın dışında, "faizsiz bankacılık" ve "gelir ortaklığı senetleri" gibi seçenekler de sunulduğu için "borsada oynamak" daha çok bir fantazi düzeyinde kalmaktadır. Altın borsasının kurulması ise, altını bir tasarruf aracı olmak yanında bir toplumsal statü aracı olarak da kullanan kitleler için anlam ifade etmemiştir.

(viii) Gelişmiş ülkeler açısından kapsamlı bir özelleştirmede sermaye piyasasının merkezi bir rol oynamasına öncelik verilmesi, finansal açıdan zorunlu olmaktadır. Dünyanın en gelişmiş borsaları dahi hızlı ve kapsamlı bir kamu aktifleri satışını masetme kapasitesine sahip olmadığı için, "mülkiyetin tabana yayılması" sloganıyla geniş kitlelerin talebinin borsaya yönlendirilmesi kaçınılmazdır. Dolayısıyla, "halka açılma"nın gerçek nedeni "sosyal" amaçlı olmaktan çok finansaldır.

(ix) KİT hisselerinin küçük paylar halinde halka sunulması *politik/ideolojik* nedenlerle de gerekli olmaktadır. Bunun iki yönü bulunmaktadır. *Birincisi*, "mülkiyeti halka yaymak" söylemi, hareketin lehinde bir kamuoyu yaratmanın kaçınılmaz şartı olmaktadır. Özelleştirmenin kamuoyunun gözünde meşrulaştırılmasının önemi Türkiye örneğinde de gözlemlenmiştir. Sembolik Teletaş örneğinden sonraki girişimlerin (USAŞ, Çimento Fabrikaları) yabancı sermayeye toplu satış biçimlerini alması kamuoyunun tepkisine neden olmuş, bunun üzerine 1990 yılından sonra KİT hisselerinin küçük paylar halinde satışına geçilmiştir. Tepkilerin, özelleştirmenin kendisine değil ama yöntemine karşı yöneltilmiş olması, hareketin ideolojik düzlemde "kazanılmış" olduğunu göstermekle birlikte, özelleştirmeyi halka satışla sündüremeyeceğinin farkında olan siyasal yönetimin de bir süre kıskaç içine alınması anlamına gelmiştir. Bununla birlikte,

1991 sonunda koalisyon ortağı olarak iktidara gelen sosyal demokratların muhalefetteki konumlarını terkederek hem özelleştirmeye hem de bunun blok satışlarla yürütülen biçimine yeniden yeşil ışık yakmaları, özelleştirmeye karşı olan cepheyi zayıflatmıştır. 1996'dan itibaren muhalefetin diğer iki formasyonunun da iktidar deneyimi geçirmeleri sonucunda, sermayenin siyasal partileri özelleştirmeye kazanma yönündeki ehlileştirme süreci esas olarak tamamlanmıştır.

KİT mülkiyetinin geniş kitlelere de belirli ölçülerde devredilmek istenmesinin *ikinci* politik yönü, hareketin tersine döndürülemez bir süreç haline getirilmek istenmesi niyetleriyle ilgilidir. Bu kaygılar, İngiltere'deki özelleştirme uygulamasını önemli ölçüde etkilemiştir. Türkiye'de de benzer politik kaygılar, USAŞ ve Çimento Fabrikalarından başlayarak özelleştirilme yönteminin hukuken tartışmalı duruma gelmesine yol açan gelişmeler sonucunda büyümüştür.

3. ÖZELLEŞTİRMENİN GERÇEK ARKA PLANI

Özelleştirme savunucuları, kuramsal yaklaşımda bulunmak isteyenler dahil, özelleştirmenin gerçek arka planını tartışma düzlemine getirmek istememişler veya bu tür bir tartışmayı yapabilecek derinliğe sahip olamamışlardır. Bunun öncelikli nedeni, maksatlı bir bilinç çarpıtması yaratılması amacıdır. İkincisi, egemen ideoloji ve onun kavramları dışında düşünme alışkanlığının giderek yitirilmesidir. Birikim tarzının yeni gereklerini dikkate almayan bir tartışmanın bu eksikli niteliği, özellikle gelişmekte olan ülkeler için daha fazla geçerli olmuştur.

Özelleştirmeye sermayenin genellikle açıkça dile getirilmeyen talepleri açısından bakıldığında bazı noktaların öne çıktığı görülmektedir.

Bunlardan *birincisi*, özelleştirme yoluyla sermayeye yeni değerlenme alanlarının açılmasıdır. Yoğun sabit sermaye gerektiren ve kârlılığa geçiş süresi uzun olan bazı alanların kamu girişimciliğine bırakıldığı dönemlerin artık geçtiği, aşırı sermaye birikimiyle tanımlanan sistemin yeni aşamasında özel sermayeye daha fazla yer açılmak gerektiği gibi gerekçelerden yola çıkan bu yaklaşım, doğrudan doğruya sermaye birikim rejiminin tıkanmalarına, özellikle ortalama kâr hadlerinin azalışına bağlı olarak ortaya çıkmaktadır. Gerçi eski birikim rejiminde de KİT sistemi özel sermaye birikiminin karşısında değil tamamlayıcısı olmuştur ama, sermaye aşağıda sayılan ek nedenlerle birlikte daha fazlasını ister duruma gelmiştir. Kaldı ki, özelleştirilmesi istenen sadece KİT sistemi olmayıp, kamusal hizmet alanında görülen sağlık ve eğitimden başlayıp pazarlanabilir altyapı ve hatta güvenlik gibi birçok hizmet türünü içine alan geniş bir saha olmaktadır.

İkinci ve oldukça görünür düzlemde kalan neden, özelleştirmenin sağladığı rantlardan doğrudan yararlanmanın iştah kabartıcı cazibesidir. Özelleştirmenin sadece Türkiye gibi toplumsal ve idari/yargısal denetimi yetersiz ülkelerde bir rant aktarımına dönüştüğü izlenimi doğru değildir. Özelleştirme dünyanın her yanında bu tür bir işlev görmüştür ve görmektedir. Kapitalist sistem, adı üstünde bir sermaye rejimidir ve, özelleştirme olsun olmasın, sermayedarlara anonim yada kişiselleştirilmiş bazda kapitalist devlet tarafından rant aktarımı sistemin doğası gereğidir. Özelleştirme hareketi bu aktarımı çok daha büyük boyutlar ve çok daha sıkıştırılmış zaman dilimlerde ve belki de çok daha açık biçimler altında yapmak bakımından farklı ve yeni özellikler taşıyabilir. Gelişmekte olan ülkelerde, bu arada özellikle Türkiye'de, özelleştirmenin bu niteliği çok daha pervasız biçimler alabilmektedir. Bu yeni gelir ve servet transferi düzeneği, gelir ve servet/mülkiyet dağılımını altüst edici özellikler taşıdığı ölçüde yeni bir sermaye yapılanmasına da kaynaklık eder. İşte özelleştirmeden beklenen sistemi dönüştürücü niteliğin bir yönü de buradadır. Kamusal malvarlığının özele devri sadece toplumsal mülkiyetin taşıyıcısı olan devletten özele bir gelir/mülkiyet transferine yol açmaz, özel sermayedarlar arasında da mülkiyet farklılaşmasını hızlandırır, egemenlik mücadelesini bir üst platforma taşır. Bu nedenle de, Türkiye örneğinde görüldüğü gibi, sistemin egemenleri kendi konumlarını korumak adına dahi özelleştirme pastasından pay kapma yarışına girerler. Sözkonusu yarış, bir vurguna dönüşme eğilimlerini içinde barındıran bir oluşumun dışında kalmama mücadelesidir. Tekelci medya da bunun dışında kalamaz.

Üçüncüsü, sermayenin kamu girişimciliğinin rekabetinden, piyasaları düzenleyici rolünden, tekelci fiyatlamayı ve birikimi sınırlamasından, daha yüksek değerlenme oranlarına (ortalama kâr hadlerine) geçişe ayakbağı olmasından duyduğu rahatsızlıkları özelleştirme yoluyla köklü ve geri dönüşsüz bir biçimde "halletme" olanağı sunulmuş olmaktadır. Böyle bir fırsatın bugünkü kıran kırana iç ve dış tekelci rekabet ortamında tesadüfi değil yaratılmış olduğunu düşünmek için bütün koşullar hazırdır.

Dördüncüsü, esnek üretim ve esnek istihdam yönünde geliştirilmek istenen birikim tarzı açısından kamu işletmeciliğinin, sunduğu yerleşmiş işgüvenliği olanakları, yüksek sendikalaşma düzeyleri ve "katı" ücret rejimleri nedeniyle kötü emsal olarak kabul edilmeleri ve kamuoyu gözünde verimsizlikleri "kanıtlanarak" sahneden çekilmelerinin taşıdığı sistemsel önemdir. Özellikle reel ücretlerin geriletilmesi veya düşük düzeylerde tutulması gibi kaba bir esneklik modeline angaje olmuş gelişmekte olan ülkelerde bu neden daha etkili olmaktadır.

Beşincisi, kamu açıklarının yol açabileceği bir vergi zorlamasının hedefi olmaktan kurtulmak da sermayenin öncelikli kaygıları arasında yer almakta ve özelleştirme bu tür bir zorlamadan sürekli ama en azından orta dönem itibariyle kurtulmanın güvencesi sayılmaktadır. Kamu açıklarının gerçekte en büyük yaratıcısı sermayenin kendisidir. Kamu finansmanının yüküne katılmaya direnirken aynı zamanda kamu harcamalarından (bu arada giderek büyüyen faiz transferlerinden) en fazla yararlanmaktan da vazgeçmek istemeyen sermaye, kamu açıklarının yaratılmasında en büyük pay sahibi durumundadır. Kendi birikim sorunlarını kamunun üzerine yıkarak kârlılığını sürdürmek isteyen sermaye, bu nedenle kamu maliyesinin iç borçlanma sarmalına düşmesine iki yönden de katkıda bulunmaktadır. Bunun vergi yükü artışından veya borçların reel düzeyinin geriletilmesinden başka çözümü yoktur. Bu sonuçları istemeyen sermaye, kamu malvarlığının devrini veya geleneksel kamu hizmet alanlarının "yararlandıkça öde" mantığıyla elden çıkarılmasını ve buradan sağlanacak gelirlerin Hazineye aktarılmasını kısa/orta vadeli çıkarları açısından uygun görmektedir. Böylece bir kere daha ekonomik/mali istikrarsızlığın yükü emekçi kitlelerin üzerine yıkılmaktadır çünkü bu koşullarda kamunun hizmet üretimi olağanüstü sınırlanmakta ve sosyal devlet hızla geriletilmektedir. Böylece devlet, giderek güvenlik ve adalet gibi düzeni koruyucu ve zorlayıcı kamu hizmetleri ile sermayenin değerlenmesi için gerekli olan dışsallık üretici bazı fiziki altyapıya veya araştırma geliştirme hizmetleri alanına doğru sıkıştırılmaktadır. Bu tür bir devletin toplum gözünde meşruiyetini giderek yitirmesi ve almaşık iktidar odaklarının (cemaatler, tarikatlar, işyeri örgütlenmeleri, mesleki loncalar, yerel/etnik oluşumlar) sahneyi doldurması ise, katlanılması gereken bedel olacaktır. Bunun sermayenin uzun erimli çıkarlarıyla dahi ne derece örtüştüğü tartışmalıdır. Ancak sermayenin anlık sınıf refleksleri, uzun dönemli çıkarlarını görmesine veya bu konuda birleşik davranmasına olanak vermemektedir.

Bir diğer gerekçe ise, iç borçlanma nedeniyle mali piyasalara fazlaca başvuran ve faiz hadlerini yükselten devletin yol açtığı özel sermayeyi mali piyasalardan dışlama etkisinin (crowding-out), özelleştirme sayesinde ortadan kaldırılması olarak ileri sürülebilir. Ancak, devletin yüksek reel iç borçlanma faizleriyle aynı zamanda özel sermayenin fonlarının verimli değerlenmesinin aracılığını yaptığını düşünürsek bunun gerçek bir gerekçe olarak sayılması zordur. Finans kuruluşlarına da sahip olabilen sermayenin tekelci kesimleri ile küçük/orta boyutlu kesimleri arasında burada da birinciler lehine işleyen bir düzenek sözkonusu olup, sermaye içi güç mücadelesinin de bir parçasıdır.

Altıncı ve son olarak, devletin ekonomik ve kamusal hizmet düzlemlerinde geriletilmesinin sermayenin ideolojik kavgasının önemli bir bölümünü oluşturduğu gerçeğidir. Özelleştirmenin yüzeysel ve sahte gerekçeleri ile gerçek arka planının buluştuğu bu tek nokta, aslında sermayenin sisteme mutlak anlamda egemen olma mücadelesinin vazgeçilmez bir ögesidir.

Sosyal demokrat hareketin dünya çapında neo-liberal ideolojiye kayıtsız şartsız angaje olması yönünde sağlanan "başarılar" şimdilik sermayenin "devletin küçültülmesi" programının da bir parçasını oluşturan "özelleştirme" kültünün zaferini müjdelemektedir. Ancak konjonktürün değişmesi, küreselleşmenin refahtan çok yıkım getirdiğinin anlaşılması çok uzak gibi durmamaktadır. Bu nedenle, sosyal devletin eritilmesi yönündeki adımları, özellikle de kitlesel düzeylerde ortaya çıkmış gibi gözüken zihinsel teslimiyetleri geri dönülmez kayıplar olarak değerlendirmemek ve mücadeleyi terketmemek gerekmektedir.

4. TÜRKİYE'DE KİT SİSTEMİNE İLİŞKİN GELİŞMELER

"Ekonomik etkinlik" ve "sermayenin halka yayılması" gibi gerekçelerin arkasına sığınmakta Batılı uygulamalardan geri kalmayan Türkiye'deki özelleştirme hareketi 12 yıllık bir "icraat" dönemini geride bırakmıştır. Bu uygulamanın bazı özelliklerine değinmeden KİT sistemindeki gelişmelere son yıllar itibariyle hızlı bir bakış yararlı olabilir.

a. Katma Değer Oluşumu ve Verimlilikte Ekonominin Yenilmez Savaşçıları: KİT'ler

* 1991-1995 döneminde KİT'lerin yarattığı katma değerin büyüme hızı, 1991 yılı dışında, GSYİH'nın büyümesinin çok üzerine çıkmıştır. 1994 yılında ekonomi ve sektörler gerilerken KİT'lerin yüksek pozitif büyüme -içinde olmaları ve kamu maliyesine katkılarının bu nedenle de artışı kaydadeğer bir performanstır.

Tablo 22 - GSYİH Sektörel Büyüme Hızları
(1987 Yılı Fiyatlarıyla)

(Yüzde)

Sektörler	1991 TR	1991 KİT	1992 TR	1992 KİT	1993 TR	1993 KİT	1994 TR	1994 KİT	1995 TR	1995 KİT
1- Tarım	-0.2	13.5	3.9	-7.2	-1.0	17.9	-0.6	-2.2	1.4	42.2
2- Sanayi	3.3	-19.8	6.8	19.2	8.7	36.6	-3.9	6.4	10.2	38.2
- Madencilik	3.5	-21.8	0.5	-24.2	-6.0	83.1	6.9	6.8	-6.4	-19.6
- İmalat	3.1	-0.6	6.8	9.3	9.9	13.6	-5.6	6.7	11.7	58.3
- Enerji	5.3	-65.2	11.8	170.5	8.7	64.5	3.4	12.1	9.5	47.7
3- Hizmetler	0.3	7.4	7.3	22.5	7.2	-2.8	-4.0	-0.5	5.6	-10.8
- Ticaret	-0.7	16.0	10.0	13.9	6.9	-54.2	-8.4	37.1	11.6	-59.0
- Ulaş.-Haberleş.	0.5	-11.4	8.0	19.5	11.5	6.7	-1.4	6.7	4.5	-5.5
- Diğer Hizmetler	1.4	-5.1	3.6	35.2	4.2	32.6	-0.7	-21.7	-0.3	16.7
Sektörler Toplamı	**1.0**	**-5.3**	**6.3**	**20.5**	**6.1**	**10.8**	**-3.4**	**7.2**	**6.2**	**12.8**
4- Devlet Hizmetleri	2.4	-	3.4	-	1.8	-	0.8	-	2.5	-
Toplam GSYİH (Faktör fiyatlarıyla)	**1.1**	**-6.9**	**6.4**	**19.6**	**5.9**	**10.3**	**-3.2**	**9.4**	**6.0**	**13.8**
5- Dolaylı vergiler-sübvansiyonlar	-1.1	19.6	1.8	-10.3	32.7	25.3	-26.4	127.7	21.7	-40.9
6- Dış alemden net faktör geliri	-47.3	-	72.5	6.9	17.8	-16.2	-62.0	-13.9	176.7	-1.2
Toplam GSMH (Alıcı fiyatlarıyla)	**0.3**	**-5.4**	**6.4**	**12.9**	**8.1**	**14.6**	**-6.1**	**30.6**	**8.0**	**-9.8**

Kaynak: BYDK 1995 KİT Genel Raporu,␣5. 60.
(TR: Türkiye)

22. tabloya sektörler itibariyle bakıldığında, KİT'lerin katma değerinin en fazla imalat sanayiinde büyüdüğü, buna karşılık en fazla ticaret sektöründe küçüldüğü görülmektedir. Bütün olumsuzluklara ve özellikle yatırımlarının engellenmesine rağmen KİT'lerin imalat sanayinde büyümesi çok önemli bir direnç göstergesidir. Ticaret sektöründe küçülmeleri ise, KİT'lerin karlı alanlardan çekilmelerine yönelen ve başta özelleştirmeyle simgelenen politikaların uzantısındadır.

* Öte yandan 500 büyük firma içinde yer alan KİT'lerin sayısı son 10 yılda yarı yarıya azalmakla birlikte, bunların 500 firmanın toplam brüt katma değeri içindeki paylarının aynı önem derecesini koruduğu görülmektedir. Bölüm sonundaki tablolardan izleneceği üzere, 1991-94 arasında 500 firmanın değeri içinde ortalama yüzde 45 ağırlığa sahip olan KİT'lerin bu payı 1995'te yüzde 40'a gerilemesine rağmen 1996-97'de yeniden yüzde 44 ortalamasına oturmuş bulunmaktadır. Bu veriler, bütün çökertme çabalarına karşın KİT'lerin ekonominin öncü dev kuruluşları olmasının önlenemediği göstermektedir.

* KİT'lerin üretim artışları personel sayısındaki azalmaya rağmen gerçekleşebilmiştir. Bunun bir anlamı, KİT'lerde emek faktörü verimliliğinin hızlı bir artış eğiliminde olduğudur. Nitekim gene 500 büyük firma açısından bakılırsa, bölüm sonundaki tablo ve grafiklerin de gösterdiği gibi, çalışan başına brüt katma değer oluşumu, yani bir başka anlatımla emek verimliliği göstergesi, dönem boyunca kamu ve özel sektörün büyük firmalarında başabaş gelişmektedir. Daha da ilginci, 1994'ten sonra bir kırılmanın ortaya çıkması ve KİT'lerde emek verimliliğinin özel sektördekine ciddi bir fark atmaya başlamasıdır. İstanbul Sanayi Odası'nın, yani doğrudan doğruya büyük sermaye çevrelerinin verilerinin de saptadığı bu gelişmeye rağmen hala KİT'lerde emek kullanımının verimsiz olduğu efsanesinin canlı tutulmaya çalışılması acaba ideolojik bir tahriften başka bir anlam taşıyabilir mi?

* Aşağıdaki Yüksek Denetleme Kurulu verilerinden görüldüğü gibi, 1990'ların ilk yarısı içinde KİT'lerin istihdam ettiği çeşitli statülerdeki personel sayısında 114 bin kişilik bir azalış göze çarpmaktadır. Azalışların giderek yoğunlaştığı ve 1994-1995 yıllarında sırasıyla 48 bin ve 41 bin kişilik azalışların ortaya çıktığı görülmektedir. Bu eğilim, KİT istihdamının toplam istihdam içindeki payının 1991'de yüzde 3.7'den 1995'te yüzde 3'e düşürmüş bulunmaktadır (BYDK: 43). Bu oranlar, AB ülkeleri ortalamalarının altında bulunmaktadır.

Öte yandan, bölüm sonunda sunulan İSO'nun 500 büyük firmaya ilişkin 1997 verilerinden de görülebileceği gibi, 1982-92 döneminde 500 büyük içindeki kamu işletmelerindeki istihdam toplamın yüzde 55'i dolayında bulunurken, 1996-97 itibariyle bu oran yüzde 37'e düşmüş bulunmaktadır. Bu veriler, Türkiye'de KİT sektörüne ilişkin abartılı istihdam rakamlarının doğru olmadığını bir kez daha ortaya koymaktadır.

Türkiye'de KİT istihdamındaki azalışların iki temel nedeni bulunmaktadır: a) Emekli edilen personel yerine yeni eleman alınmaması ve giderek emeklilik yaşına gelenlerin sayısının artışı; b) özelleştirmenin son yıllarda hızlanma eğilimi içine girmesi. Yıl sonları itibariyle KİT'lerin personel sayısının gelişimi (bin kişi olarak) aşağıda verilmektedir (BYDK:67)

1991	1992	1993	1994	1995
690	683	665	617	576

* Katma değer ve personel sayısındaki ters orantılı değişimler sadece verimlilik artışını değil, aynı zamanda KİT üretim maliyetleri içinde personel giderlerinin azalışının da ipuçlarını vermektedir. Nitekim, sabit fiyatlarla (1987 fiyatlarıyla) hesaplandığında (bakınız izleyen tablo), 1993'e kadar üretim maliyetlerinde artışın personel giderleri artışına paralel bir gelişme içinde olduğu, ancak 1994'ten itibaren aradaki ilişkinin koptuğu görülmektedir. Personel giderleri endeksi, 5 Nisan Kararlarının uygulamaya sokulduğu 1994 yılıyla birlikte tepetaklak aşağıya gidip 1995'te 70'e gerilerken, personel dışı maliyetlerindeki (özellikle finansman maliyetlerindeki) göreli artış nedeniyle toplam üretim maliyetleri bu eğilimi izlememektedir.

Böylece, personel giderlerinin üretim maliyeti içindeki payı 1/2 düzeyinden 1/3 düzeyine kadar geriletilmiştir. Bunda, kuşkusuz, personel sayısındaki azalış kadar reel ücretlerin 1994'ten itibaren hızla bastırılmasının rolü bulunmaktadır. Kişi başına aylık ortalama giderlerin reel olarak hızlı bir azalış eğilimine girmesi de bunu göstermektedir.

Tablo 23 - Üretim Maliyetleri ile Personel Giderleri İlişkisi (1987 yılı fiyatlarıyla)

	1991	1992	1993	1994	1995
- Üretim maliyeti endeksi	100.0	106.8	119.9	106.2	101.8
- Personel giderleri endeksi	10.0	109.4	119.4	89.8	70.2
- Personel giderleri/üretim maliyeti (%)	48.4	49.6	52.6	40.9	33.4
- Kişi başına aylık ortalama giderler	100.0	107.2	113.2	94.5	79.5

Not: Mali KİT'ler hariç tutulmuştur.
Kaynak: BYDK, 1995 KİT Genel Raporu, s.72 ve 73

* Bölüm sonundaki tabloların gösterdiği üzere, KİT'lerde azalan sadece personel sayısı olmayıp, bütün gelişmeler de olumlu değildir. KİT'lerin yerini dolduramadıkları nitelikleri personel kayıpları bir yana, 500 büyük firma itibariyle bakıldığında, sabit varlıkların dağılımında kamunun payının 500 firma içinde 1985-1989 ortalaması olarak yüzde 70 dolayından, tedrici bir gerilemeyle 1996'da yüzde 50'nin altına ve nihayet 1997'de yüzde 44'e düştüğü görülmektedir.

Özelleştirmeler dışında ve ondan daha kuvvetli olarak bu gelişmeyi etkileyen husus, KİT'lerin sabit varlıklarını yenileme/geliştirme taleplerinin engelleniyor olmasıdır. KİT sabit varlıklarının ciddi bir erozyonuna işaret eden bu kasıtlı politika, eğer durdurulmazsa, KİT'lerin yavaş ölümüne neden olacak kadar vahim sonuçlar ortaya çıkarabilecektir.

Bununla birlikte, bütün bu olumsuz gidişata rağmen, **işletme başına sabit varlıklar** ölçütü bakımından KİT'lerin 500 büyük firma içindeki büyük özel firmalara hala 7-8 kat fark atabiliyor olmaları dikkate değer (Bkz. Ek 2'deki Tablolar).

* Benzer bir olumsuzluk, sabit varlıklar erozyonu yanında KİT'lerin net aktifler bakımından da 500 büyük firmanın içindeki başat konumlarını kaybetmiş bulunmaları, yüzde 60 dolaylarındaki paylarının 1997'de yüzde 35'e kadar gerilemiş bulunmasıdır (Ek 2'deki tablo ve grafikler).

Ancak işletme başına net aktif karşılaştırmasına gidildiğinde, kamu işletmelerinin hala özel işletmelere 6 kata yakın bir fark atacak cesamette olduğu gözlemlenmektedir.

b. *KİT'ler Bütçeye Yük mü, Yoksa Vazgeçilmez Cansimidi mi?*

Hazine'den ve TC Merkez Bankası'ndan aldıkları transferlerin ve dolaysız kredilerin 1984 sonrasında bıçak gibi kesilmesi sonucunda KİT'lerin dış proje kredilerine ve özellikle iç mali piyasalarda yatırım ve işletme kredilerine yüksek maliyetleri de göze alarak başvurmak zorunda bırakılmaları, Özal iktidarlarının KİT'leri tasfiye etme politikalarının bir parçası olmuştu. Nitekim, 1979-1982 döneminde TCMB'nın kredilerinin ortalama yüzde 36'sı, 1983'te yüzde 25'i KİT'lere dolaysız kredi olarak tahsis edilirken, 1984 ve 1985'te bu oran sırasıyla yüzde 4.1 ve 3.2 düzeyine düşürüldü. Esasen bu önemsiz krediler de tarımsal destekleme kuruluşu olan TMO'ne Hazine

Kefaletini Haiz bonolar karşılığında açılan kredilerden ibaretti. (Bkz. Oyan-Aydın, İstikrar Programından Fon Ekonomisine, Teori yn., 1987 Ankara, s.49).

KİT'leri müflis ve kamu açıklarının ana sorumlusu olarak göstermeye ayarlanan (bu arada mali sermayeye de yüklü karlar sağlayan) bu kasıtlı **gözden düşürme politikalarının** en kötü sonuçları 1990-93 döneminde elde edildikten sonra, KİT'lerin mali açıdan toparlanma sürecine girmesi kayda değer bir başarı olmuştur. Bu şaşırtıcı başarının elde edilebilmesi için, 1991-95 koalisyonu döneminde bazı iyi niyetli bakan ve KİT yöneticilerinin kısa süreli icraatlarının dahi yeterli olabilmesi burada özellikle not edilmelidir.

* KİT-Bütçe ilişkilerinin bir özetini, bütçeden KİT'lere yapılan transferlerin bütçe büyüklüğüne oranı göstermektedir. Daha önce değinilen bu ilişkiye göre, özetle, 1975-1983 döneminde KİT'lere cari ve sermaye transferleri yıllık ortalama olarak bütçenin sekizde birini temsil eden yüzde 12.5 dolayında olmuştur. Bu oran, 1984-93 döneminde yüzde 4.5 dolayına geriletilmiş ve 1996'dan itibaren yüzde 1-1.5 sınırına çekilmiştir (Bkz. yukarda 2. bölüm).

Bütçenin yüklü faiz ödemelerine yer açmak için KİT'ler üzerinden yapılan bu "tasarrufların" ne ölçüde ekonomik rasyonaliteye uygun olduğu tartışmalıdır, ama devlet üzerinden sermaye biriktiren çevreler açısından yararı tartışmasızdır.

Öte yandan, KİT'lere Hazine'den tek yönlü bir yardım ilişkisi var olduğu izlenimini yaratmak, iktidarların başvurduğu büyük bir çarpıtma olmaktadır. Son yıllarda KİT'lere yapılan sübvansiyonu zaman zaman aşan tutarlarda KİT'lerden Hazine'ye dönem karı ödemeleri yapılabilmektedir. Örneğin 1995 yılında KİT'lere Hazinece aktarılan sübvansiyon niteliğindeki kaynaklar 16.3 trilyon TL olmuşken, aynı yıl KİT dönem karından Hazine'ye ödenmesi gereken tutar Başbakanlık Yüksek Denetleme Kurulu verilerine göre 19.6 trilyon TL olarak hesaplanmıştır (BYDK, 1995 KİT Genel Raporu: 53-55).

* KİT'lerin bütçeye olan katkılarının görünmeyen bir boyutu da vergi yükümlüsü ve sorumlusu (aracısı) olarak yaptıkları ödemelerdir. KİT'lerin GSYİH içindeki payları 1995'te yüzde 10.9 düzeyinde kalırken bütçe toplam vergi gelirlerinin üçte birinden fazlasını sağlıyor olmalarının gösterdiği gibi, KİT'ler vergi ödevlerini fazlasıyla yerine getirmektedirler.

KİT'lerin kurumlar vergisinin de yaklaşık üçte birini ödüyor olmaları da (1995'teki oran yüzde 32.9'dur) aynı yönde verilebilecek bir başka örnektir.

KİT'lerin vergi aracısı olarak ödediği vergiler de katıldığında bütçe vergi gelirlerine kıyasla yüzde 41 oranında bir vergi payına ulaşmaları (bkz. aşağıdaki tablo 24, son satır), KİT'lerin kamu finansmanına katkılarının ne derece vazgeçilmez bir önem taşıdığını göstermektedir. Türkiye'nin iki büyük holdinginin, ödedikleri veya

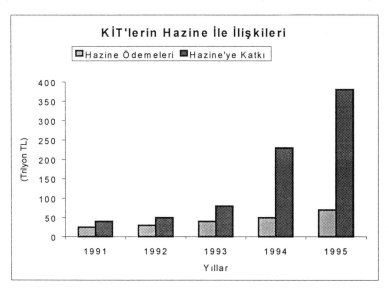

aracılık ettikleri vergiler toplam vergi gelirlerinin yüzde 5-6 dolayına çıktığı için yaptıkları medyatik şovlar dikkate alındığında KİT'lerin bu açıdan ezici üstünlüğü daha iyi anlaşılmaktadır.

Tablo 24 - KİT'lerin Ödediği Dolaylı-Dolaysız Vergilerin Bütçeye Katkısı

Yıllar	Konsolide Bütçe Vergi Hasılatı (1)	KİT'lerin Vergi Yükümlüsü Olarak Ödediği Tutar (mr.TL)* (2)	(1/2)
1991	78.643	26.058	33
1992	141.602	44.447	31
1993	264.273	70.250	27
1994	587.760	207.519	35
1995	1.084.351	368.845	34
1995	1.084.351	(441.753)**	(41)

* Kurumlar Vergisi, Gelir Vergisi stopajı, KDV, Akaryakıt Tüketim Vergisi, Dış ticarette ödenen vergiler, fon kesintileri, diğer yükümlülükler.
** Vergi aracısı olarak ödenen vergiler dahil.
Kaynak: 1998 ve 1997 Bütçe Gerekçeleri ve BYDK 1995 KİT Genel Raporu (s. 55 ve 207).

Sistem içinde KİT'lerin varlığının dolaylı bir katkısı da, belgeli alım-satımların yaygınlaşmasına yaptıkları destektir. Bu katkının boyutları, tarım sektörü sözkonusu olduğunda, Tarım Satış Kooperatifleri ile birlikte KİT'leri çok daha rakipsiz bir konuma yükseltmektedir. Tablo 24'te 1992-1995 döneminde KİT'lerin vergi sistemine katkıları verilmektedir. Özel sektörün ortalama vergi yükünün düşük düzeyi dikkate alındığında, KİT'lerin özelleştirilmesinin, özellikle dolaysız vergilerde önemli vergi kayıplarına yol açacağı öngörülebilir.

* KİT'lerin Hazine ile karşılıklı mali ilişkilerine topluca bakılırsa, 1991-1995 döneminde KİT'lerden Hazine'ye yapılan net katkıların giderek büyüme eğiliminde olduğu görülecektir (Bkz. aşağıdaki çubuk diyagram; BYDK 1995 KİT Raporu:56). 1995 yılı açısından bakılırsa, KİT'lere yapılan Hazine ödemeleri 16.3 trilyon

TL sübvansiyon ve 45.4 trilyon TL sermaye ödemelerinden oluşmaktadır. KİT'lerin Hazine'ye katkısı ise, 19.6 trilyon TL dönem karı ile 368.8 trilyon vergi ödemelerinden oluşmaktadır.

* 500 büyük firmanın ödediği dolaylı vergiler (tüketim vergileri) içinde kamunun payının yüksekliği de KİT'lerin dolaylı vergiler açısından ne denli belirleyici bir konuma sahip olduğunu göstermektedir. Üstelik bu konumları zaman içinde zayıflamak yerine güçlenmiştir. 15 yıl önce 500 büyük firma vasıtasıyla tahsil edilen dolaylı vergiler içinde üçte ikilik bir paya sahip olan KİT'lerin 1996-97 itibariyle bu payı dörtte üç oranına çıkardıkları görülmektedir. KDV ve Akaryakıt Tüketim Vergisi bu grup vergi içinde en ağırlıklı olan tüketim vergileri olarak göze çarpmaktadır (Bkz. Ek 2).

* Bu durumun tam tersi, teşvik ve sübvansiyonlardan yararlanma bakımından görülmektedir. KİT'lerin 500 büyük firma arasındaki bu bakımdan önemleri yüzde 75'lerden son yıllarda yüzde 14-29 oranlarına geriletilmiş bulunmaktadır. KİT'lerin neden uzun yıllar süren bir "özelleştirme kapsamına alınan kuruluş" muamelesi gördüğü bu rakamlardan da anlaşılmaktadır. Bu durumdaki KİT'lerin genellikle tam bir yatırımsızlık sürecine sokulmaları ve buna bağlı olarak teşvik ve sübvansiyon kapsamının da dışında tutuluyor olmaları, özelleştirme öncesi dönemde dahi özel girişimcilerin "duruma hakim" olmalarını sağlayabilmektedir.

500 büyük firma içindeki KİT'lerin dolaylı vergilerin içinde paylarının artmasına rağmen teşvikler içindeki paylarının azalıyor olması çarpıcı bir çelişkidir. Bunun kamuoyunun dikkatinden kaçırılması üzerinde özenle durulmalıdır.

c. Özelleştirmenin Özellikleri

Türkiye'de özelleştirme uygulamasına ilişkin şu özelliklerin altı çizilebilir:

- Türkiye'deki özelleştirme dış dünyadan gelen rüzgarların etkisi yanında ANAP Hükümetleri döneminde kamu maliyesini dumura uğratmanın bir sonucu olarak da gündeme gelmiştir. Kamu maliyesini vergi gelirleri yönünden zayıflatması yanında otoyol politikası gibi akılcı olmayan ve büyük hacimli harcamalarla bu zaafiyeti büyüten, kısa zamanda tırmanan iç ve dış borçlanmanın bütçeyi tutsak almasına göz yuman, borçlanmayla birlikte fon ve vergi yüklerini kısa süre içinde arttırmaya girişerek bir anlamda geleceğin kaynaklarını tüketme politikası uygulayan ANAP hükümetleri için bu politikanın son durağı hızlı bir özelleştirme arayışı olarak ortaya çıkmıştır. Böylece özelleştirme kamu finansmanının bir süre için temel dayanağı yapılmak istenmiştir.

- Özelleştirme, aynı zamanda, dış finans çevrelerinin mali ve politik desteğini alabilmenin de bir mekanizması olarak gündemde yerini almıştır. Özelleştirmenin dış finans kuruluşlarına etkili bir dış pazarlamasının yapılması bugün dahi siyasetçi-bürokrat kademelerinde büyük önem verilen bir konu olarak göze çarpmaktadır.

- Türkiye'deki uygulamanın bir özelliği de, yabancı sermayeye satışta hiçbir pay limitinin konulmamış olmasıdır. Gerçi şimdiye kadarki uygulamada yabancı sermayenin Türkiye'deki özelleştirmeye ilgisi fazla olmamıştır. Ancak KİT'lere bağlı işletmelerin şimdiye kadar sadece küçük bir bölümünün özelleştirildiği gözönüne alındığında, bu aşırı liberal özelleştirme anlayışının sakıncalarının önemini koruduğu anlaşılır. KİT satış değerlerinin genellikle ikame değerlerinin altında belirlenmesi nedeniyle, kamu varlığını korumaya almamanın bir sonucu da ulusal ekonomi dışına net bir sermaye transferine yol açması olacaktır. USAŞ ve Çimento Fabrikalarının özelleştirilme biçimi bunun ilk örneklerini oluşturmuştur.

- Özelleştirmenin toplumsal tabanının oluşturulabilmesi için bir algılama ve bilinç çarpıtmasının yaratılması gerekli olmuştur. Bu konudaki sistemli çabalar büyük sermayenin medyasının gönüllü ve doğrudan çıkar bağlantılı ilgisiyle bugün de yoğun olarak sürdürülmektedir.

- Türkiye'de özelleştirme tam bir hukuk kargaşası ortamında başlatılmış ve devam ettirilmiştir. Yetersiz bir hukuki çerçeve ortamında başlatılan uygulamalar çok sayıda iptal ve yürütmeyi durdurma davasına konu olmuş ve uygulamalar böylece kesintiye uğratılabilmiştir. İdarenin bir başka sorunu ise, varolan veya oluşturulan hukuksal çerçevenin sınırları içinde hareket etmek istememesi olmuştur. Keyfiliğe prim veren bu uygulamalar, bugün de yargı kararlarının uygulanmak istenmemesi olarak karşımıza çıkmaktadır. Son olarak Rekabet Yasası'nın açık hükümlerine rağmen Rekabet Kurulu'nun görüşünü almadan alınan özelleştirme kararları bunun bir başka kural/yasa tanımazlık veçhesini oluşturmaktadır.

Yargı kararları ile ilgili şu envanter verilebilir:

Anayasa Mahkemesi bugüne kadar 4 yasanın (3987, 3974, 4000, 4107 sayısı yasalar), 1 KHK'nin (509 sayılı KHK) tamamen ve 4046 sayılı Özelleştirme Yasasının bazı maddelerinin iptaline karar vermiştir. Açılan idari davaların sayısı ise 122'dir. Bunların 31'i Danıştay, 91'I Bölge İdare Mahkemelerinde görülmüş veya görülmektedir.

İdare Mahkemeleri davaların 29'u için yürütmeyi durdurma, 33'ü için iptal, 10'u için red kararı vermiştir. Danıştay'a konu olan davaların 5'i için yürütmeyi durdurma, 3'ü için iptal, 11'i için yürütmeyi durdurma isteminin reddi, 6'sı için temyiz-red kararı verilmiştir. Görüldüğü gibi, özelleştirmeni hukuka uygun uygulanmadığı bizzat yargı kararlarıyla tescil edilmiştir.

- Özelleştirmenin idari anlamda fiyaskosunu ise, önce Kamu Ortaklığı İdaresi (KOİ), daha sonra Özelleştirme İdaresi Başkanlığı (ÖİB) olarak oluşturulan kurumlar temsil etmiştir. Yönetimin üst kademesinde çok sık değişikliklere konu olan bu İdareler, kurumsal bir kimlik kazanmakta ve ehil elemanlarla donatılmakta büyük güçlük çekmişler, keyfi uygulamalar ve politik baskılara açık bir yapıda olmuşlardır. TOFAŞ ihalesinde Başbakanlık tazyikine kolayca uyum gösterilmesi bile başlıbaşına yeterli bir örnektir. ÖİB bu denli yönetsel yetersizlikler sergilerken bir de "özelleştirilecek kuruluşlar" listesinin sürekli genişletilmesi ve bunların yönetim kararlarının bu çapta işletmeleri yönetecek bilgi ve deneyimi olmayan ve politik baskılara açık, ideolojik ortama fazlaca uyumlu ÖİB elemanlarına bırakılması sözkonusu KİT'ler için ciddi bir handikap oluşturmuştur.

- Özelleştirme uygulamasının öne çıkan özelliklerinden biri de düşük satış fiyatı tespitleri olmuştur. Uygulamaya bulaşmış farklı siyasal yönetimlerin herbiri için geçerli olan bu "alışkanlıklar"ın yerleşmesinde kuşkusuz çok sayıda neden rol oynamaktadır. Kamu çıkarını gözetmeyi unutmuş anlayışların toplumsal ayıplama konusu olmaktan epeydir kurtulmuş bulunmasından başlayıp "sat kurtul" veya "bugünü kurtar, gerisini düşünme" anlayışlarına uzanan, bu arada başta alıcı taraf olmak üzere birilerinin doğrudan doğruya çıkar sağlama düzeneklerini mutlaka içinde barındıran bir nedenler zinciri sözkonusudur.

- Özelleştirme uygulamasına ilişkin bir diğer sık rastlanılan çarpıklık, ÖİB'nın ve Öİ Kurulu'nun tespit ettiği satış koşullarına dahi uyulmaması ve bu ihlallerin gözardı edilmesidir. Bu durum öylesine yaygındır ki, adeta satış koşullarının konuya duyarlı kamuoyuna bir sus payı olarak düzenlendiği, ancak satın alan firmalara el altından "bunlara uymasan da olur" mesajı verildiği izlenimi doğmaktadır. Bu mesaj açıkça verilmemiş olsa bile, satış koşullarının ihlalinin geri alım veya dava/tazminat konusu yapılmaması suretiyle dolaylı veya örtük bir işbirliği ortamı yaratıldığı aşikardır. Böylece, EBK ve SEK örneklerinden bilindiği gibi, üretime devam ve belirli istihdam koşuluyla satılmış işletmelerin çalıştırılmamasının, sembolik bir üretimle çalışmasının veya kapanmalarının hiçbir yaptırımı bulunmamaktadır. Örneğin, özelleştirilen ilk yedi Sümerbank fabrikasından altısının kapanmış bulunması tepkisiz geçiştirilebilmektedir.

- Özelleştirmenin Türkiye uygulaması blok satış biçiminde gelişmektedir. Uygulamanın kendisi, sermayeyi halka yayma masalının geçersizliğini ortaya koymaktadır. Ekte sunulan tablolar, halka arz veya İMKB'de satış yöntemlerinin, 1986-1997 dönemindeki toplam özelleştirme hasılatının sadece yüzde 27'sini temsil ettiğini ÖİB verileri itibariyle göstermektedir. Buna rağmen "mülkiyeti tabana yayma" söyleminin sürdürülmeye çalışılması, hatta son olarak POAŞ'ın (ihale usullerine de aykırı olarak) petrol işverenleri sendikasını (PÜİS) da kapsayan ihalenin üçüncü sırasındaki holding konsorsiyumuna "satılmasını" bile "tabana yayma" gerekçesine sığınarak meşru gösterme gayretleri, tam bir politik güldürüye dönüşmüş bulunmaktadır. Nitekim 20 Eylül 1998 tarihli bir idari yargı kararıyla bu ihale iptal edilmiş bulunmaktadır.

- Özelleştirme hasılatı olarak 1986-1997 döneminde elde edilen 4.6 milyar ABD dolarının kullanımına ilişkin verilerin sağlıksızlığı da ayrı bir sorundur. Özelleştirme giderlerinin yüksekliği yanında bütün giderlerin doğrudan doğruya özelleştirme hasılatından yapılmıyor olması da olgunun gerçek mali yükünü gözlerden gizlemektedir. Öte yandan satış hasılatının önemli bir bölümünün bütçe açıklarında kullanılmak üzere Hazine'ye aktarılması da doğrudan doğruya özelleştirme yasasıyla çelişmektedir. Bu aktarımların buna rağmen sürdürülmesi, kendi çizdiği yasal çerçeveyi bile bir ayakbağı olarak gören ve giderek keyfiliğe varan bir zihniyetin ürünü olmaktadır. Bu zihniyetin son olarak imzalanan **Yakın İzleme Anlaşması** çervesinde IMF'ye verilen *Ekonomik Politikalar Bildirgesi* adlı taahhüt mektubunda da sürdürüldüğü görülmektedir. Buna göre, "özelleştirme gelirlerinin 1998'de 2 milyar dolarının ve 1999'da en az 3 milyar dolarının (Hazine'ye aktarılarak) borç geri ödemesinde kullanılması" öngörülmekte, hatta 1999 yılı için 5 milyarı aşan özelleştirme gelirlerinin 5 milyarın üzerinde kalan bölümünün de "tekrar borç geri ödemesinde kullanılması" taahhüt edilmektedir. Bu bir borç takasıdır ve açık bir yetki aşımıdır.

Sonuç olarak, Türkiye tarzı özelleştirme açık samimiyetsizliklerin sergilendiği bir uygulama alanı olmuştur. Kuşkusuz gelişmiş dünyada da özelleştirmenin ideolojik kabuğu hep çok güçlü olmuştur. Ancak bu ülkelerin resmi yayınlarında bile uygulamanın gerçek yüzüne ilişkin nesnel değerlendirmeler yer alabilmişken, Türkiye'de bu tür dengeleyici analizlerin bağımsız çevrelerce dile getirilmesine bile tahammülsüzlük sergilenmiştir.

Özelleştirmeye ilişkin samimiyetsizliklerin resmi yayınlar içinde dahi bulunması bu nedenle şaşırtıcı sayılmamalıdır. Örneğin Özelleştirme İdaresi (ÖİB) Başkanlığı'nın özelleştirmeye ilişkin sayısal verilerin derlendiği "Türkiye'de Özelleştirme" başlıklı süresiz yayınının "özelleştirmenin ana felsefesine ve amaçlarına" ilişkin başlangıç tanımlarındaki değişiklikler bile bu yargımızın açık bir kanıtını oluşturabilmektedir. Sözkonusu yayınında yakın zamana kadar "özelleştirmenin ana felsefesi"ni tanımlarken devletin asli görevleri arasında saydığı sağlık ve eğitime, son bültenlerde (örneğin

26 Mayıs 1998 tarihli bültene bakılabilir) yer vermemesi ve devletin işlevlerini sadece "adalet, güvenlik ve özel sektör tarafından yüklenilemeyecek altyapı yatırımları" ile sınırlaması, kuşkusuz siyasileri de kapsamına alan bir samimiyetsizlik örneğidir. Özelleştirmeyi topluma kabul ettirebilmek için, başlangıçta, "devleti işletmecilik alanından çekerek halka daha fazla eğitim ve sağlık hizmeti götürüleceğini" vaadedenlerin, şimdi sağlık ve eğitim hizmetlerini de özelleştirme kapsamına almaları, özelleştirme ideolojisinin Türkiye'de nasıl yol aldığının tipik bir örneğidir.

Aynı İdarenin aynı bültenlerinde, "özelleştirme programının amaçları" arasında hâlâ "devlet bütçesi üzerindeki KİT finansman yükünün azaltılması" gibi bugün için tamamen gerçek dışı olduğu anlaşılmış amaçların yer alıyor olması da bir başka örnektir.

Bütün bunların işaret ettiği nokta, özelleştirme konusunda karşı tezlerin ağırlığının oluşturulabilmesi için işçi ve memur sendikalarına, dürüst akademisyenlere ve KİGEM gibi kuruluşlara büyük bir görev düştüğüdür.

EK - 2

İSTANBUL SANAYİ ODASI

TÜRKİYE'NİN 500 BÜYÜK SANAYİ KURULUŞU - 1997

ÇALIŞMASINDAN TÜRETİLMİŞ
TABLO ve GRAFİKLER

Ek 2/A - Sabit Varlıkların Gelişimi ve Dağılımı

	Cari Fiyatlarla Milyar TL			Yüzde Dağılım %		
	Toplam	Özel	Kamu	Özel	Kamu	Toplam
1982	1,447.9	461.1	986.8	31.8	68.2	100.0
1983	1,438.5	563.2	875.3	39.2	60.8	100.0
1984	3,109.9	1,350.2	1,759.7	43.4	56.6	100.0
1985	7,053.7	2,052.3	5,001.4	29.1	70.9	100.0
1986	10,907.2	3,376.2	7,531.0	31.0	69.0	100.0
1987	16,652.7	5,195.9	11,456.8	31.2	68.2	100.0
1988	28,184.6	8,504.5	19,680.1	30.2	69.8	100.0
1989	49,207.8	15,269.2	33,938.6	31.0	69.0	100.0
1990	81,250.0	27,629.6	53,620.4	34.0	66.0	100.0
1991	125,270.4	49,988.5	75,281.8	39.9	60.1	100.0
1992	191,203.3	79,872.0	111,331.4	41.8	58.2	100.0
1993	337,019.8	145,053.3	191,966.5	43.0	57.0	100.0
1994	614,439.9	261,056.3	353,383.5	42.5	57.5	100.0
1995	1,127,216.7	561,760.3	565,456.4	49.8	50.2	100.0
1996	2,333,041.9	1,205,962.9	1,127,079.0	51.7	48.3	100.0
1997	4,281,363.8	2,401,579.9	1,879,783.9	56.1	43.9	100.0

Kaynak:İSO 500 büyük firma verileri

EK 2/B

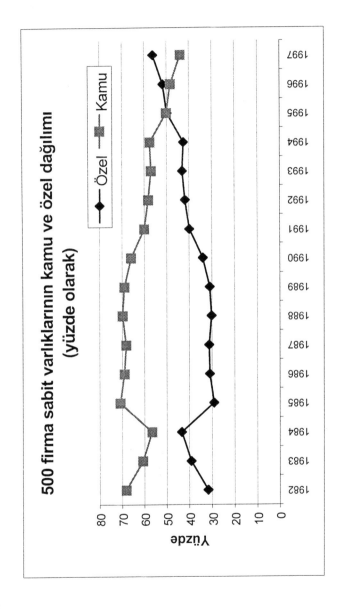

EK 2/C - İşletme Başına Düşen Sabit Varlıkların Gelişimi
(Sabit Varlıklar/İşletme Sayısı)

	1997 Sabit Fiyatlarıyla Milyar TL		
	Toplam	Özel	Kamu
1982	3,182.2	1,175.7	15,716.0
1983	2,333.7	1,072.4	9,594.5
1984	3,554.7	1,854.9	11,972.6
1985	5,590.3	2,003.1	21,084.1
1986	6,637.9	2,511.8	25,182.4
1987	7,347.0	2,795.6	28,081.4
1988	6,851.2	2,552.2	25,178.3
1989	7,402.0	2,801.0	28,362.1
1990	8,321.0	3,459.2	30,172.5
1991	8,260.1	3,980.9	28,860.2
1992	7,895.7	3,926.5	28,733.7
1993	8,888.2	4,407.2	38,353.9
1994	7,063.6	3,497.8	28,609.1
1995	7,063.6	3,955.3	32,212.6
1996	8,518.4	4,903.4	40,345.0
1997	8,562.7	5,266.6	42,722.4

Kaynak: ISO 500 büyük firma verileri.
Sabit fiyatlara çevrim, 1982-87 Hazine Toptan Eşya Sanayi Fiyatları; 1988-97 için DİE 1987=100 TEFE Sanayi Endeksi ile yapılmıştır.

EK 2/D

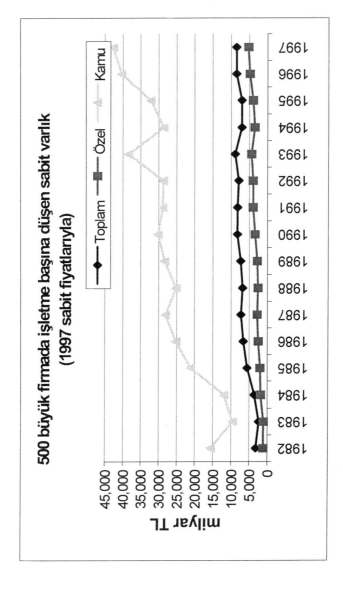

EK 2/E - Net Aktiflerin Gelişimi ve Dağılımı

	Cari fiyatlarla Milyar TL			Yüzde dağılım %		
	Toplam	Özel	Kamu	Toplam	Özel	Kamu
1982	3,154.5	1,285.0	1,869.5	100.0	40.7	59.3
1983	4,735.8	1,840.2	2,895.6	100.0	38.9	61.1
1984	7,269.7	3,169.8	4,099.9	100.0	43.6	56.4
1985	12,892.0	4,582.8	8,309.1	100.0	35.5	64.5
1986	18,260.1	7,360.3	10,899.9	100.0	40.3	59.7
1987	28,296.4	11,799.0	16,497.4	100.0	41.7	58.3
1988	45,860.5	18,995.4	26,865.1	100.0	41.4	58.6
1989	73,666.0	31,494.5	42,171.5	100.0	42.8	57.2
1990	121,555.2	54,407.3	67,147.9	100.0	44.8	55.2
1991	187,463.7	90,895.8	96,567.9	100.0	48.5	51.5
1992	308,022.2	154,160.0	153,862.2	100.0	50.0	50.0
1993	580,232.7	312,710.4	267,522.3	100.0	53.9	46.1
1994	1,195,201.0	635,162.6	560,038.5	100.0	53.1	46.9
1995	2,160,986.9	1,266,281.6	894,705.2	100.0	58.6	41.4
1996	4,176,619.2	2,548,886.1	1,627,733.1	100.0	61.0	39.0
1997	8,127,661.7	5,254,636.7	2,873,025.0	100.0	64.7	35.3

Kaynak: İSO 500 büyük firma verileri

EK 2/F - İşletme Başına Düşen Net Aktiflerin Gelişimi
(Net Aktifler/İşletme Sayısı)

1997 Sabit Fiyatlarıyla Milyar TL

	Toplam	Özel	Kamu
1982	6.933,0	3.276,3	29.774,1
1983	7.682,8	3.503,9	31.739,4
1984	8.309,3	4.354,7	27.894,2
1985	10.217,4	4.473,0	35.028,4
1986	11.112,7	5.475,9	36.447,4
1987	12.484,2	6.348,3	40.436,2
1988	11.147,8	5.700,5	34.370,5
1989	11.081,1	5.777,5	35.242,2
1990	12.448,8	6.811,7	37.784,5
1991	12.361,0	7.238,5	37.020,5
1992	12.719,7	7.578,6	39.710,6
1993	15.302,4	9.501,3	53.449,6
1994	13.740,0	8.510,3	45.339,4
1995	13.541,6	8.915,8	50.969,0
1996	15.249,7	10.363,6	58.266,5
1997	16.255,3	11.523,3	65.296,0

Kaynak: İSO 500 büyük firma verileri.

Sabit fiyatlara çevrim, 1982-87 Hazine Toptan Eşya Sanayi Fiyatları; 1988-97 için DİE 1987=100 TEFE Sanayi Endeksi ile yapılmıştır.

EK 2/G - Çalışan Başına Brüt Katma Değer Gelişimi

	1997 Sabit Fiyatlarıyla Milyar TL			Yüzde Dağılım		
	Toplam	Özel	Kamu	Toplam	Özel	Kamu
1982	2.0	2.3	1.7	100.0	53.8	46.2
1983	1.4	2.0	0.9	100.0	60.9	39.1
1984	1.8	2.3	1.4	100.0	56.1	43.9
1985	1.8	2.3	1.5	100.0	51.7	48.3
1986	2.6	2.8	2.4	100.0	47.0	53.0
1987	3.0	3.3	2.7	100.0	49.9	50.1
1988	2.8	3.0	2.6	100.0	48.3	51.7
1989	2.9	3.1	2.8	100.0	48.0	52.0
1990	3.2	3.6	2.9	100.0	52.3	47.7
1991	3.5	4.3	2.9	100.0	55.2	44.8
1992	4.2	5.0	3.5	100.0	53.9	46.1
1993	5.0	5.9	4.1	100.0	57.4	42.6
1994	4.2	4.4	4.0	100.0	52.1	47.9
1995	5.0	5.2	4.9	100.0	59.9	40.1
1996	6.1	5.4	7.2	100.0	55.3	44.7
1997	6.5	5.8	7.7	100.0	56.6	43.4

Kaynak: İSO 500 büyük firma verileri
Sabit fiyatlara çevrim, 1982-87 Hazine Toptan Eşya Sanayi Fiyatları; 1988-97 için DİE 1987=100 TEFE Sanayi Endeksi ile yapılmıştır.

EK 2/H - İstihdam Değişmeleri

	Toplam	Özel	Kamu	Yüzde Dağılım		
				Toplam	Özel	Kamu
1982	511,306.0	238,936.0	272,370.0	100.0	46.7	53.3
1983	626,926.0	264,223.0	362,703.0	100.0	42.1	57.9
1984	597,707.0	267,189.0	330,518.0	100.0	44.7	55.3
1985	646,352.0	271,065.0	375,287.0	100.0	41.9	58.1
1986	659,953.0	283,312.0	376,641.0	100.0	42.9	57.1
1987	668,365.0	301,501.0	366,864.0	100.0	45.1	54.9
1988	701,956.0	312,354.0	389,602.0	100.0	44.5	55.5
1989	716,293.0	325,458.0	390,835.0	100.0	45.4	54.6
1990	703,323.0	327,659.0	375,664.0	100.0	46.6	53.4
1991	680,833.0	309,674.0	371,159.0	100.0	45.5	54.5
1992	651,339.0	293,102.0	358,237.0	100.0	45.0	55.0
1993	626,701.0	305,408.0	321,293.0	100.0	48.7	51.3
1994	596,251.0	293,133.0	303,118.0	100.0	49.2	50.8
1995	539,238.0	314,664.0	224,574.0	100.0	58.4	41.6
1996	545,988.0	340,388.0	205,600.0	100.0	62.3	37.7
1997	578,333.0	368,039.0	210,294.0	100.0	63.6	36.4

Kaynak: İSO 500 büyük firma verileri.

EK 2/İ - Ücret Gelişmeleri

	Toplam Ücretler (Cari Fiyatlarla, Milyar TL)			Çalışan Başına Yıllık Toplam Ücret (1997 Sabit Fiyatlarıyla, Milyar TL)		
	Toplam	Özel	Kamu	Toplam	Özel	Kamu
1982	394.5	181.9	212.6	1.2	1.1	1.2
1983	529.9	246.0	283.8	1.0	1.1	0.9
1984	719.2	340.0	379.2	1.0	1.0	0.9
1985	1,073.8	484.8	589.0	0.9	1.0	0.9
1986	1,476.9	686.2	790.7	0.9	1.0	0.9
1987	2,290.2	1,082.4	1,207.8	0.9	1.0	0.9
1988	3,958.0	1,990.4	1,967.6	0.9	1.0	0.8
1989	9,004.8	4,089.0	4,915.7	1.2	1.2	1.2
1990	17,538.3	8,272.5	9,265.8	1.6	1.6	1.5
1991	37,565.0	16,458.8	21,106.1	2.1	2.0	2.1
1992	62,313.7	26,417.5	35,896.2	2.1	2.0	2.2
1993	104,927.6	46,454.1	58,473.4	2.3	2.1	2.5
1994	161,907.3	70,385.3	91,522.0	1.8	1.6	2.0
1995	253,949.8	141,653.1	112,296.6	1.6	1.5	1.7
1996	440.159,4	276,389.4	163,770.0	1.5	1.5	1.5
1997	926.521,4	566,922.3	359,599.2	1.6	1.5	1.7

Kaynak: İSO 500 büyük firma verileri.
Sabit fiyatlara çevrim, 1982-87 Hazine Tüketici Fiyatları; 1988-97 için DİE 1987=100 TEFE Endeksi ile yapılmıştır.

EK 2/J
(1)

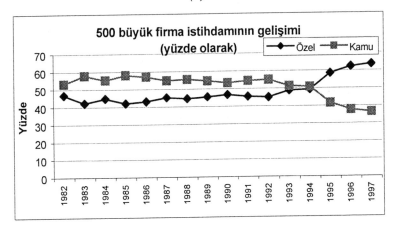

(2)

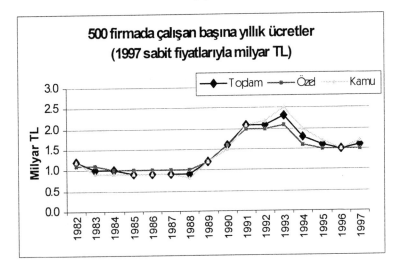

EK 2/J
(3)

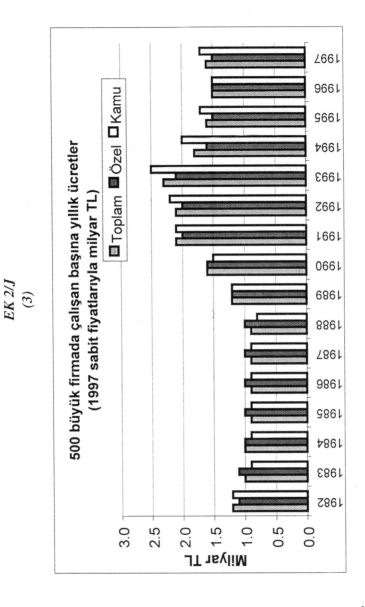

EK 2/K
(1)

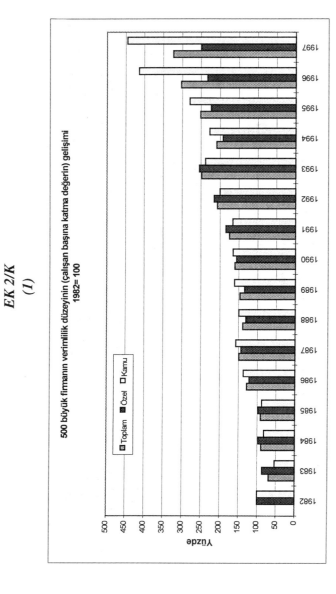

EK 2/K
(2)

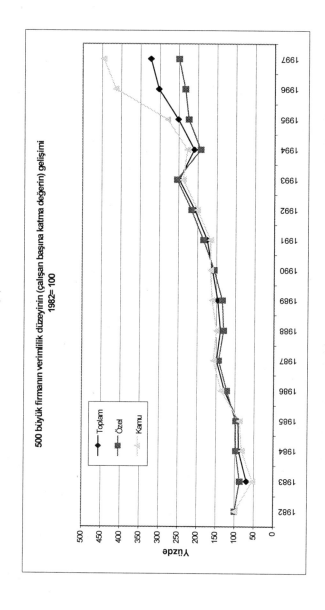

EK 2/L - 500 Büyük Firmanın Dolaylı Vergi Ödemelerindeki Gelişmeler

	Cari fiyatlarla milyar TL			Yüzde dağılım		
	Toplam	Özel	Kamu	Toplam	Özel	Kamu
1982	137.1	44.5	92.6	100.0	32.4	67.6
1983	164.2	59.3	104.9	100.0	36.1	63.9
1984	151.7	80.7	70.9	100.0	53.2	46.8
1985	356.3	165.4	190.9	100.0	46.4	53.6
1986	1,029.6	258.5	771.1	100.0	25.1	74.9
1987	1,415.3	445.9	969.4	100.0	31.5	68.5
1988	2,361.8	831.7	1,530.1	100.0	35.2	64.8
1989	5,261.1	1,552.3	3,708.7	100.0	29.5	70.5
1990	8,934.7	2,756.1	6,178.6	100.0	30.8	69.2
1991	18,559.0	5,489.5	13,069.6	100.0	29.6	70.4
1992	34,981.5	9,471.0	25,510.4	100.0	27.1	72.9
1993	55,208.4	20,563.0	34,645.4	100.0	37.2	62.8
1994	117,483.8	36,335.6	81,148.2	100.0	30.9	69.1
1995	239,733.6	81,932.7	157,800.8	100.0	34.2	65.8
1996	639,341.3	158,586.0	480,755.3	100.0	24.8	75.2
1997	1,423,415.4	352,367.2	1,071,048.2	100.0	24.8	75.2

Kaynak: İSO 500 büyük firma verileri

EK 2/M - Teşvik ve Sübvansiyonlardaki Gelişmeler

	Cari fiyatlarla milyar TL			Yüzde Dağılımı		
	Toplam	Özel	Kamu	Toplam	Özel	Kamu
1982	12.5	3.5	9.0	100.0	27.8	72.2
1983	185.6	51.4	134.2	100.0	27.7	72.3
1984	133.1	88.6	44.5	100.0	66.6	33.4
1985	543.7	120.3	423.4	100.0	22.1	77.9
1986	290.0	158.7	131.3	100.0	54.7	45.3
1987	694.9	277.4	417.5	100.0	39.9	60.1
1988	1,231.6	610.7	620.9	100.0	49.6	50.4
1989	1,498.2	635.2	863.0	100.0	42.4	57.6
1990	1,427.0	695.9	731.1	100.0	48.8	51.2
1991	2,525.9	1,055.9	1,470.0	100.0	41.8	58.2
1992	5,027.5	2,023.6	3,003.9	100.0	40.2	59.8
1993	8,962.7	3,038.3	5,924.4	100.0	33.9	66.1
1994	25,949.2	14,798.9	11,150.2	100.0	57.0	43.0
1995	25,108.0	21,567.5	3,540.6	100.0	85.9	14.1
1996	40,181.5	34,470.4	5,711.1	100.0	85.8	14.2
1997	104,625.1	73,540.1	31,085.0	100.0	70.3	29.7

Kaynak: İSO 500 büyük firma verileri

EK 2/N
(1)

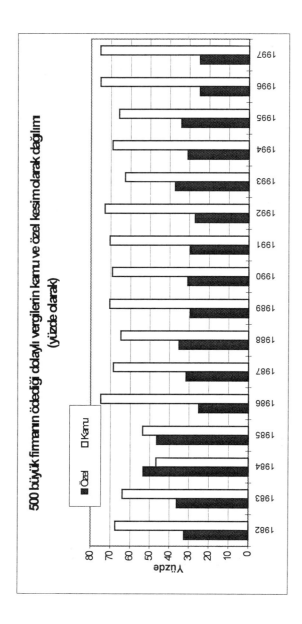

EK 2/N
(2)

500 büyük firmanın ödediği dolaylı vergilerin kamu ve özel kesim olarak dağılımı (yüzde olarak)

EK 2/O
(1)

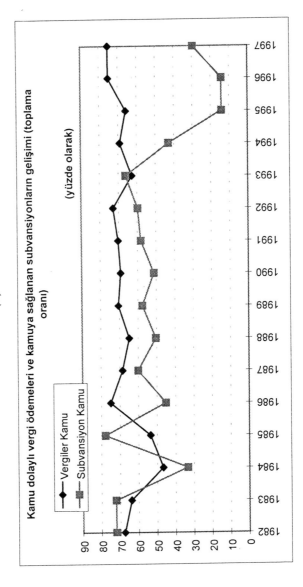

204

EK 2/O
(2)

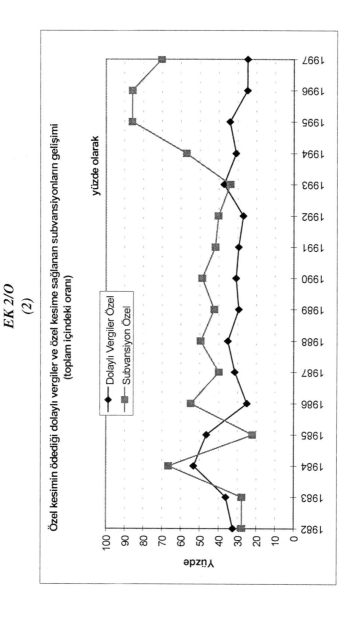

SAĞLIK VE SOSYAL GÜVENLİK: HEDEFTEKİ ALANLAR

A. SAĞLIK

1. ULUSLARARASI BİR KARŞILAŞTIRMA

Türkiye'de sağlık sektörünün durumu değerlendirilirken üyesi olmak istediği gelişmiş dünya ile karşılaştırmalı konumunun öncelikle verilmesi doğru olacaktır. Ülkemizin sosyo-ekonomik gelişmişlik düzeyiyle bile uyum içinde olmayan genel sağlık düzeyinin iyileştirilmesi ve sağlık hizmetlerinin niteliğinin yükseltilmesi için yapılması gereken köklü değişikliklerin önemi böyle bir karşılaştırmayla daha da iyi anlaşılacaktır. Bu bağlamda, bazı ilginç boyut farklılıklarını bir kez daha gösteren OECD sağlık istatistiklerine bakmak yararlı olacaktır.

İlk karşılaştırma ögesi, toplam sağlık harcamalarının Gayri Safi Yurtiçi Hasıla'daki (GSYİH) oranı itibariyle verilebilir. Tablo 25'te bu oranların 1960-1992 zaman aralığındaki gelişme trendi yer almaktadır.

GSYİH'ya oranla toplam sağlık harcamalarının OECD ülkeleri olarak ortalaması 1960-1992 zaman aralığında bir kattan fazla artarak yüzde 3,9'dan yüzde 8,4'e çıkmıştır. 1980 düzeyinin yüzde 7.2 olduğu dikkate alındığında, bu artışın 1980'li yıllarda da sürdüğü saptanabilmektedir. Sosyal güvenlik sistemindeki sıkıntılara ve sağlık hizmetlerindeki belirli doyum noktalarına ulaşılmış olmasına rağmen genel ortalamanın artmaya devam etmesi, önemine işaret edilmesi gereken bir gelişmedir.

Tablo 25 - OECD Ülkelerinde Toplam Sağlık Harcamalarının GSYİH'ya Oranı: 1960-92

(Yüzde)

	1960	1970	1975	1980	1985	1990	1992[1]
ABD	5.3	7.4	8.4	9.2	10.5	12.4	14.0
Japonya	3.0	4.6	5.6	6.6	6.5	6.6	6.9
Almanya	4.8	5.9	8.1	8.4	8.7	8.3	8.7
Fransa	4.2	5.8	7.0	7.6	8.5	8.9	9.4
İtalya	3.6	5.2	6.1	6.9	7.0	8.1	8.5
Birleşik Krallık	3.9	4.5	5.5	5.8	6.0	6.2	7.1
Kanada	5.5	7.1	7.2	7.4	8.5	9.4	10.2
Yukarıdaki ülkelerin ortalaması	4.3	5.8	6.8	7.4	8.0	8.5	9.3
Avustralya	4.9	5.7	7.5	7.3	7.7	8.2	8.8
Avusturya	4.4	5.4	7.3	7.9	8.1	8.4	8.8
Belçika	3.4	4.1	5.9	6.6	7.4	7.6	8.2
Danimarka	3.6	6.1	6.5	6.8	6.3	6.3	6.5
Finlandiya	3.9	5.7	6.4	6.5	7.3	8.0	9.4
Yunanistan	2.9	4.0	4.1	4.3	4.9	5.3	5.4
İzlanda	3.5	5.2	6.2	6.4	7.0	8.2	8.5
İrlanda	4.0	5.6	8.0	9.2	8.2	7.0	7.1
Lüksemburg		4.1	5.6	6.8	6.8	7.2	7.4
Hollanda	3.9	6.0	7.6	8.0	8.0	8.2	8.6
Yeni Zelanda	4.3	5.2	6.7	7.2	6.5	7.3	7.7
Norveç	3.3	5.0	6.7	6.6	6.4	7.5	8.3
Portekiz		3.1	6.4	5.9	7.0	5.4	7.0
İspanya	1.5	3.7	4.9	5.6	5.7	6.6	7.0
İsveç	4.7	7.2	7.9	9.4	8.9	8.6	7.9
İsviçre	3.3	5.2	7.0	7.3	8.1	8.4	9.3
Türkiye			3.5	4.0	2.8	4.0	4.1
OECD Avrupa[2]	3.9	5.3	6.6	7.1	7.3	7.6	8.0
Toplam OECD[2]	3.9	5.5	6.7	7.2	7.4	7.9	8.4

1 Geçici 1992 oranları, kısmi olarak, GSYİH'nın düşüklüğünü yansıtır.
2 Ağırlıksız aritmetik ortalama. Lüksemburg, Portekiz, Türkiye dışında.
Kaynaklar: 1960-1990 yılları: OECD Health Data; 1992 yılı: OECD Sekreteryası tahminleri.

Genel ortalamanın dışına çıkıldığında da Türkiye'nin sağlıktaki durumu sağlıklı olmamaya devam etmektedir. Öncelikle OECD'nin en büyük 7 ülkesinin ortalamasına bakıldığında, bunlarda 1980'de yüzde 7.4 ile OECD genel ortalamasına yakın olan düzeyin 1992'de yüzde 9.3'e yükselerek aradaki farkı açtığı görülmektedir. Bu gelişmeyi en çok etkileyen ülkeler arasında ABD (1980'de yüzde 9.2 ve 1992'de yüzde 14.0), Kanada (1980: yüzde 7.4 ve 1992: yüzde 10.2) ve Fransa (1980: yüzde 7.6 ve 1992: yüzde 9.4) öncelikle göze çarpmaktadır. OECD'nin Türkiye dışındaki en "yoksul" ülkelerine bakıldığında, İspanya ve Portekiz'de genel ortalamaya yakın (1992'de her ikisinde de yüzde 7.0), Yunanistan'da ise bir hayli altında (1980'de yüzde 4.3 ve 1992'de yüzde 5.4) oranları elde edilmektedir. Türkiye ise Yunanistan'ın düzeyine dahi yaklaşamamaktadır: 1992'de yüzde 4.1. (Bu oran DPT'nin bir raporuna [1] göre 1992'de sadece yüzde 3.9 noktasında, yani OECD'nin 1960 düzeyinde bulunmaktadır). Daha da vahimi, bu denli düşük bir sağlık harcaması payına sahip olup bunu bir de 1980'lerde ciddi bir gerilemeye uğratan (1980'de yüzde 4.0 ve 1985'te yüzde 2.8) başka bir OECD ülkesinin bulunmamasıdır. Bu resim Özal ekonomisinin çarpıcı bir özetini vermektedir.

Toplam sağlık harcamalarının içinde kamunun payının ne olduğu konusu bir başka ilginç karşılaştırma ögesini oluşturmaktadır (Tablo 26). Bu pay, OECD ortalaması olarak 1960'da yüzde 63.9'dan 1980'de yüzde 78.1'e (OECD Avrupa Ülkeleri için yüzde 81.7'ye) tırmandıktan sonra yavaş bir azalışla 1992'de yüzde 72.4 (Avrupa ülkelerinde yüzde 74.3) düzeyinde kalmaktadır. Buradan çıkan ilk sonuç, gelişmiş kapitalist ülkelerde kamunun sağlık harcamaları içindeki payının dörtte üç gibi çok önemli bir düzeyde olduğu ve 1980'lerdeki özelleştirme rüzgarlarının kamu sağlık hizmetleri üzerindeki etkisinin fazla anlamı olmadığıdır. Nitekim İngiltere'de kamunun payı 1980'de yüzde 89.6 iken 1992'de yüzde 84.4'tür. Hatta

---

[1] DPT, Ekonomik ve Sosyal Göstergeler, 1950-1995, s. 137. Keza, Avustralya Sağlık Sigortası Komisyonu'nun (HIC) 1992 için kabul

Tablo 26 - OECD Ülkelerinde Toplam Sağlık Harcamalarında Kamu Kesiminin Payı: 1960-92

	1960	1970	1975	1980	1985	1990	1992
ABD[1]	24.5	37.2	41.5	42.0	41.4	42.2	45.7
Japonya	60.4	69.8	72.0	70.8	72.7	70.8	71.2
Almanya	66.1	69.6	77.2	75.0	73.6	71.8	71.5
Fransa	57.8	74.7	77.2	78.8	76.9	74.5	74.7
İtalya	83.1	86.4	86.1	81.1	77.1	77.8	75.2
Birleşik Krallık	85.2	87.0	91.1	89.6	86.3	84.4	84.4
Kanada	42.7	70.2	76.4	74.7	74.7	73.1	72.2
Avustralya	47.6	56.7	72.8	62.9	71.5	68.1	67.6
Avusturya	69.4	63.0	69.6	68.8	66.7	66.1	65.2
Belçika	61.6	87.0	79.6	83.4	81.8	88.9	88.9
Danimarka	88.7	86.3	91.9	85.2	84.4	83.6	82.0
Finlandiya	54.1	73.8	78.6	79.0	78.6	80.9	79.3
Yunanistan	64.2	53.4	60.2	82.2	81.0	84.2	76.1
İzlanda	76.7	81.7	87.2	88.2	86.4	86.8	85.2
İrlanda	76.0	81.7	79.0	82.2	77.4	74.7	
Lüksemburg				91.8	92.8	89.2	91.4
Hollanda	33.3	84.3	73.4	74.7	75.1	71.4	76.6
Yeni Zelanda	80.6	80.3	83.9	83.6	85.2	82.2	79.0
Norveç	77.8	91.6	96.2	98.4	96.5	94.5	94.8
Portekiz		59.0	58.9	72.4	56.3	69.4	69.8
İspanya	58.7	65.4	77.4	79.9	80.9	80.5	80.5
İsveç	72.6	86.0	90.2	92.5	90.3	89.7	85.6
İsviçre	61.3	63.9	68.9	67.5	66.1	68.4	72.5
Türkiye			49.0	27.3	50.2	35.6	
OECD Avrupa[2]	67.9	77.2	80.2	81.7	79.9	79.9	74.3
Toplam OECD[2]	63.9	73.8	77.6	78.1	77.4	76.9	72.4

1 ABD'deki değerler, işverenin işçi sağlığıyla ilgili yaptığı vergiden muaf harcamaları içermediği için gerçek değerinin altındadır. Bu durum, geçmiş yıllarda GSYİH'daki toplam harcama oranını %8-9 arttırabilir.

2 Ağırlıksız aritmetik ortalama. Lüksemburg, Portekiz, Türkiye dışında.

Kaynaklar: Tablo 25'le aynı.

Belçika'da (1980: yüzde 83.4 1992'de yüzde 88.9) ve İsviçre'de (1980: yüzde 67.5 ve 1992: yüzde 72.5) bu dönemde de eğilim artış yönünde olmuştur. OECD'nin iki atipik ülkesinin ABD ile Türkiye olduğu görülmektedir.

ABD, sağlık hizmetlerini ağırlıkla piyasaya bırakmış bir ülke özelliğindedir. Bununla birlikte, bu ülkede kamunun payında uzun erimde düzenli bir artış görülmektedir: 1960: yüzde 24.5; 1970: yüzde 37.2; 1980: yüzde 42.0 ve 1992: yüzde 47.5. OECD verilerine göre Türkiye'de kamunun sağlık harcamalarındaki payı ABD'nin de altında bulunmakta ve üstelik inanılmaz dalgalanmalara konu olmaktadır: 1975'te yüzde 49.0; 1980: yüzde 27.3; 1985: yüzde 50.2 ve 1990: yüzde 35.6.

DPT verileri ise görece daha önemli ve (1980'ler hariç) artış eğilimi gösteren kamu sağlık harcamaları payına işaret etmektedir. Buna göre 1980'de yüzde 51.4 düzeyinde olan kamu sağlık harcamaları payı, 1985'te yüzde 44.6'ya düştükten sonra (ki bu, toplam sağlık harcamalarındaki düşüşü de etkilemiş gözükmektedir) 1990'da yüzde 61.9'a ve 1994'te yüzde 64.7'ye çıkmaktadır. Bu sonuncu oranlar alınsa bile OECD ortalamalarının oldukça altında bir düzeyde kalındığı dikkati çekmektedir.

Bir diğer karşılaştırma da sağlık hizmetlerindeki istihdam rakamları düzleminde yapılabilir. Toplam istihdam içinde kamu ve özel sağlık sektörü istihdamının payı, OECD ortalaması olarak 1970'te yüzde 2.8'den 1990'da yüzde 5.8'e çıkmaktadır (Tablo 27). Bu oran 1990 itibariyle, Portekiz'de yüzde 2.9, Yunanistan'da yüzde 3.3 ve İspanya'da yüzde 3.4; Türkiye'de ise sadece yüzde 0.9'dur (Türkiye'de 1970'te yüzde 0.4 ve 1980'de yüzde 0.7 idi). Bu rakam, Türkiye'nin katetmesi gereken yolun uzunluğunu gösteren en somut göstergelerden biridir.

Özetle, karşılaştırmalı konumu dikkate alındığında Türkiye gibi bir ülkede sağlıkta özelleştirmenin bu kadar çok dile getirilmesinin ne kadar dayanaksız olduğu bir kez daha ortaya çıkmaktadır.

2. SAĞLIKTA ÖZELLEŞTİRME

Sermaye kesimi tarafından 1980'li yıllardan itibaren izlenilen planlı ve bilinçli saldırının bir boyutu, 1990'larda hızlanan ve sendikaların ve meslek kuruluşlarının yoğun tepkisine neden olan IMF ve Dünya Bankası destekli sağlıkta özelleştirme girişimleridir. Girişimlerin somut örneği hükümetin, Dünya Bankası'ndan kredi alarak temin ettiği bir kaynakla finanse edilen ve uluslararası bir ihale sonucu yine yabancı kuruluşlar tarafından tamamlanan (Mart 1996) "Sosyal Güvenlik ve Sağlık Sigortası Reform Projesi"dir. Bu çerçevede Avustralya Sağlık Sigortası Komisyonu (HIC) tarafından T.C. Başbakanlık Hazine Müsteşarlığı ve T.C. Sağlık Bakanlığı Sağlık Projesi Genel Koordinatörlüğü için hazırladığı "Sağlık Finansmanı Politika Seçenekleri Çalışması" nihai raporu, sistem içinde bulunduğu darboğaz ve sorunlar bahane edilmek suretiyle, reform adı altında, sağlık alanında tam bir özelleştirmeyi öngörmüştür. Toplumun büyük bir kısmının sağlık hizmetlerinden yoksun kalması sonucunu doğuracak sözde reform adı altında getirilen öneriler şu şekildedir:

* Sağlık hizmetlerinden yararlananlardan katkı payı alınması ve bunların standartlaştırılması (ancak bunun tıbbi hizmet kullanımını kesinlikle azaltacağı da vurgulanmaktadır);

* Genişletilmiş özel sağlık sigortasının uygulanması (ancak bireysel sigortanın ticari açıdan cazip olma ihtimalinin fazla olmadığı, hastane sigortası dışında kullanımını denetlemenin zor olduğu, özel hastane sektörünün ise büyük şehirlerdeki lüks piyasa ile sınırlı olduğu ve zaten ilave sigortanın, esaslı sosyal sigorta sistemlerine sahip bütün ülkelerde küçük olduğu HIC raporunda açıkça belirtilmektedir);

* Nihai hedef olan Genel Sağlık Sigortasına yönelik ve en sonunda tek bir sağlık finansman kurumunun temelini teşkil edebilecek bir Sağlık Finansman Kurumu (SFK)'nun dördüncü bir sigorta kuruluşu olarak oluşturulması ve halen kapsanmayanları kapsaması

Tablo 27 - 1970'ten Günümüze Sağlık Alanında İstihdam (Toplam İstihdamın Yüzdesi Olarak)

	1970	1980	1990	Veri Sağlanan Son Yıl
ABD	3.7	5.3		$6.2^{(1)}$
Japonya	1.4		2.4	$2.4^{(2)}$
Almanya	2.9	4.5		$5.5^{(1)}$
Fransa				$6.8^{(3)}$
İtalya	1.6	3.9	4.3	$4.4^{(4)}$
Birleşik Krallık	3.1	4.7	4.6	$4.8^{(4)}$
Kanada		4.3	5.3	$5.5^{(5)}$
Avustralya		6.5	6.8	$6.9^{(4)}$
Avusturya				
Belçika	2.5	4.3		$4.6^{(6)}$
Danimarka	3.1	4.8	4.7	$4.7^{(2)}$
Finlandiya	3.6	5.1	6.8	$8.3^{(4)}$
Yunanistan	1.4	2.0	3.3	$3.3^{(2)}$
İzlanda	4.0	5.8	6.9	$6.0^{(5)}$
İrlanda		4.8	5.3	$5.4^{(4)}$
Lüksemburg				
Hollanda	0.4	6.4	6.4	$6.6^{(4)}$
Yeni Zelanda			4.3	$4.3^{(2)}$
Norveç	4.2	8.0		$9.1^{(1)}$
Portekiz	1.7	2.2	2.9	$2.9^{(2)}$
İspanya		2.6	3.4	$3.4^{(2)}$
İsveç	6.2	9.9	9.9	$10.0^{(4)}$
İsviçre	2.8	4.4		$9.9^{(5)}$
Türkiye	0.4	0.7	0.9	$0.9^{(2)}$
Toplam OECD$^{(7)}$	2.8	5.0	5.2	5.8

1 1989   5 1991
2 1990   6 1981
3 1987   7 Veri sağlanan tüm ülkeler; Türkiye hariç.
4 1992

Kaynak: OECD Health Data File.

(bu kuruluşun tam maliyete eşit primlerle finanse edilmesi, düşük gelirli kişilerin ödeyemedikleri primlerin devletçe sübvanse edilmesi; hizmetlerin, il sağlık müdürlüklerinden, tam maliyete eşit fiyatlarla blok sözleşmeler yoluyla satın alınması öngörülmektedir. Ancak devletin finansman (sübvansiyon) kaynaklarını nasıl temin edeceği, yetersiz sağlık altyapısıyla ilave taleplerin nasıl karşılanacağı ve Bağ-Kur'la gerçekleştirilemeyenin SFK ile nasıl gerçekleştirilebileceği noktaları karanlıktadır. 1987'den itibaren Türkiye'nin gündemine ve sağlık mevzuatına getirilen bu yaklaşımın niçin olumlu sonuçlara ulaşamadığı tartışılmamaktadır);

* Herbir sosyal güvenlik kuruluşunun (emeklilik hizmeti sunan mevcut üç kuruluşun) sağlık ve emekli aylığı fonlarının yasal olarak ayrılması ve bunlar arasında çapraz sübvansiyonların yasaklanması; prim oranlarının buna göre tesbit edilmesi (bu tür bir uygulama genişletilmiş özel sigorta uygulamasını kolaylaştıracaktır),

önerilmektedir.

Sonuç olarak, mevcut sosyal sigorta kuruluşlarına bir dördüncü kuruluşu katmaktan ve de sosyal sigortada sağlık hizmetlerinin sağlık sigortası finansmanından ayrılmasından başka bir çözüm getirmeyen rapor, ülkemiz sorunlarına ve gereksinimlerine çözüm üretmeyen, herşeyden önemlisi sosyal devlet anlayışı kavramını zedeleyen bir özellik taşımaktadır.

Sağlık alanındaki özelleştirme arayış ve planlarında daha cüretkâr bir adım, Refahyol hükümeti tarafından hazırlanan ve Meclis gündemine getirilmeye çalışılan yasal paket olmuştur. "Birinci Basamak Sağlık Hizmetleri ve Aile Hekimliği Kanun Tasarısı", "Hastane ve Sağlık İşletmeleri Kanun Tasarısı" ve "Sağlık Finansmanı Kurum Kuruluş ve İşleyiş Kanun Tasarısı" olmak üzere üç tasarıdan meydana gelen paket, Refahyol'un sağlıkta özelleştirmeyi temel alan, sağlığı zenginlerin tükettiği bir mal haline getiren ve Cumhuriyetin sağlık alanındaki sınırlı kazanımlarını da özel şirketlerin kâr gayesine kurban etme amacına yönelik olmuştur.

Yasal paket, sağlık evlerinin, sağlık ocaklarının, SSK'nın, devlet, üniversite ve belediye hastanelerinin, sağlık için bütçeden ayrılan kaynakların özel kesime devrini öngörmüştür. Bu uygulama mevcut sosyal sağlık sigortalarının da Genel Sağlık Sigortası adı altında özelleşeceği bir yapının kurulmasını hedeflemektedir. Hükümetler değişse de sağlıkta özelleştirme hedefinin değişmemesinden güç alan yeni sistem, tüm vatandaşlar için sağlıkta sosyalleşme hedefinin dayanağı olabilecek tüm yasa, kurum ve uygulamaları ortadan kaldıracak, özel hekimler, özel hastaneler, özel ilaç, sağlık teknolojisi ve teçhizatı satıcıları ve çok uluslu tekeller için sağlıkta özelleştirmenin yasal, kurumsal ve finansal yapısını kuracaktır/kurmaktadır.

B. SOSYAL GÜVENLİK

1. ULUSLARARASI KARŞILAŞTIRMA: GÜ, GOÜ ve TÜRKİYE

a. *Gelişmiş Ülkeler (GÜ)*

Sosyal güvenlik harcamalarının düzeyi bakımından gelişmiş dünya ülkeleri arasıdaki farklar nispeten küçük olmakla birlikte bu harcamaların finansman modelleri arasında büyük farklılıklar bulunmaktadır. ABD gibi sağlık harcamalarının esas olarak özel sigortalarca kapsandığı istisnai örnekler bir yana bırakılırsa iki farklı finansman modelinden sözedilebilir:

a) Sosyal sigorta primleri yoluyla finanse edilen (Bismarkçı) sistem (bu, genellikle merkezi bütçeden ayrı tüzel kişiliği olan bir kurumsal yapının yönettiği sistemdir);

b) ağırlıklı olarak vergi gelirleriyle finanse edilen sistem (Beveridge sistemi). Bu ikincisinin de, bütçenin bir parçası olarak finanse edilmesi ve yönetilmesi ile hizmet üretiminin alt düzeydeki bir kamu kurumuna delege edilmesi gibi iki farklı alt modeli bulunmaktadır.

Bu tür köklü farklılıklar nedeniyle, sosyal güvenlik primlerinin ulusal gelire oranının incelenmesi yeterli ve doğru bir karşılaştırma öğesi olamamaktadır[*]. Örneğin OECD ortalaması olarak 1992 yılında sosyal güvenlik primlerinin GSYH içindeki payı % 9.9 olup, aynı oran AT ülkelerinde % 12'dir. Buna karşılık, sosyal güvenliği tamamen vergilerle karşılayan bir ülke olan Avustralya'da böyle bir oran hesaplama imkanı yoktur. Gene Beveridge sisteminin hakim olduğu Danimarka'da söz konusu oran sadece % 1,5, İngiltere'de % 6.3, İzlanda'da % 2,6, İrlanda'da % 5.6'dır. Oysa Bismarkçı sistem ağırlıklı olan Almanya'da % 15,2, Fransa'da % 19.5, Hollanda'da % 18.2, İsveç'te % 14.4'tür. Bu oran, gene OECD verilerine göre, aynı yılda, ABD'de % 8.8, Japonya'da % 9.7, Türkiye'de ise % 4.7'dir. Ancak, daha yakın dönem verileri Türkiye'deki bu düşük oranın dahi azalmakta olduğunu göstermektedir: 1993'te % 3.9; 1994'te % 3.3, 1995'te % 2.8 ve 1996'da 3.2 (tablo 34). Özenle vurgulanması gereken nokta ise, Türkiye'de Beveridge sisteminin değil, Bismarkçı sistemin yani sosyal güvenliğin primlerle finansmanı modelinin uygulanmakta olduğudur!

Sistem farklılıklarının sosyal güvenliğin finansmanına yansıma biçimi tablo 28'den izlenebilmektedir. Buna göre, 1994 yılı itibariyle, sosyal güvenliğin finansmanında güçlü bir vergileme etkisi olan Danimarka, İrlanda, İngiltere ve Lüksemburg gibi ülkelerde sistemin finansman kaynakları içinde kamu katkısının payı yüzde 43-76 arasında değişirken, güçlü bir prim katkısı geleneği olan Fransa ve Yunanistan'da kamu katkısı yüzde 19-21 arasında oluşmakta, karma bir finansman şekline sahip olan AT ülkelerinde ise, Hollanda 1994 rakamı hariç, yüzde 20-37 arasında yer almaktadır (tablo 28). Kamu katkısının, sosyal güvenlik sistemi farkına bakmaksızın (üç ülke hariç) arttığı da görülmektedir.

---

[*] Aynı nedenle, yukarıda II. Bölümde toplam vergi yükü karşılaştırmaları sosyal güvenlik primleri dahil olarak incelenmişti. Bkz: tablo 16.

Tablo 28 - AT Ülkelerinde Kaynaklarına Göre Sosyal Güvenlik Gelirleri ve Gelişimi: 1991-1994

(Yüzde)[1]

	Kamu Katkısı		İşveren Primleri		Ücretli Primleri		Bağımsızların Primleri	
	1991	1994	1991	1994	1991	1994	1991	1994
A) Vergileme ağırlıklı ülkeler								
- Danimarka	81.3	75.6	7.2	9.2	4.9	10.1	-	-
- İrlanda	60.1	61.0	23.9	23.0	13.8	13.7	1.2	1.5
- İngiltere[2]	42.4	43.9	26.5	26.1	15.3	14.5	0.7	0.7
Lüksemburg	39.4	42.5	31.1	29.4	18.7	18.5	2.5	2.6
B) Prim ağırlıklı ülkeler								
- Fransa	17.2	21.5	51.3	49.0	22.4	22.1	5.0	4.4
- Yunanistan	16.7	19.1	48.1	45.7	27.3	26.6	-	-
C) Karma finansman ülkeleri								
- Belçika	22.0	20.1	43.5	43.1	21.4	24.1	3.3	1.4
- Hollanda	23.8	15.8	20.1	20.1	31.2	37.1	1.5	1.9
- Almanya	25.7	26.6	40.0	38.3	22.5	22.5	1.0	1.0
- İspanya	26.7	29.6	53.6	50.2	8.7	9.2	4.7	4.5
- İtalya	30.1	34.9	51.2	46.5	10.4	10.3	5.1	5.9
- Portekiz	27.6	37.4	45.3	34.4	19.9	18.7	1.8	2.1

(1) Yüzde 100'e ulaşmak için "Çeşitli Gelirler" eklenmelidir. Çeşitli gelirlerin ağırlıklı bölümü menkul/g. menkul gelirlerinden oluşmaktadır.
(2) 1994 için 1993 verileri kullanılmıştır.
Kaynak : Eurostat, 1996: 176-177'den yararlanılarak düzenlenmiştir.

Tablo 29 - AB'de Toplam Vergi Gelirlerinin Dağılımı ve Sosyal Güvenlik Primleri (1994)

Ülkeler	Sosyal Güvenlik Primleri Dahil Toplam Vergiler	Dolaylı Vergiler	Dolaysız Vergiler	Sosyal Güvenlik Primleri
	Milyon ECU	Toplamın Yüzdesi Olarak		
EUR15	2.568.807	33.1	31.1	35.8
1 Belçika	90.477	27.3	38.9	33.8
2 Danimarka	63.421	35.1	61.7	3.3
3 Almanya	735.725	31.2	26.3	24.6
4 Yunanistan	36.238	47.0	21.4	30.6
5 İspanya	145.678	30.7	32.8	36.6
6 Fransa	494.555	33.9	22.7	43.4
7 İrlanda	16.688	42.2	42.8	15.1
8 İtalya	348.649	30.6	37.4	32.0
9 Lüksemburg	5.356	37.5	35.7	26.8
10 Hollanda	132.441	37.6	30.7	41.8
11 Avusturya	71.469	37.6	26.7	35.4
12 Portekiz	26.017	42.8	26.0	31.2
13 Finlandiya	39.415	30.4	37.4	21.9
14 İsveç	83.475	29.9	42.8	47.4
15 İngiltere	289.204	42.1	38.2	19.7
16 İzlanda	1.705	48.4	44.0	7.6
17 Norveç	43.783	38.5	37.7	23.8
EEE	2.614.296	33.2	31.2	35.6

Kaynak: Eurostat, 1996, s. 53.
Not: Genellikle %1'in altında bir ağırlık taşıyan kapital vergileri "dolaysız vergiler" başlığı altında dahil edilmiştir.

Sosyal güvenlik vergilerini (primlerini) de içeren toplam vergi gelirlerinin (TVG) başlıca vergi grupları bakımından dağılımına bakıldığında da iki sonuç ortaya çıkmaktadır (tablo 29):

Birincisi, sosyal güvenlik primlerinin, gerek AB ortalaması gerekse diğer gelişmiş dünya ülkeleri (OECD) açısından toplam vergi gelirleri içinde tuttuğu önemli yerdir. Bu yer, AB ülkeleri ortalaması olarak, bütün diğer vergi gruplarının payını aşarak 1994'te yüzde 36 dolayında oluşmaktadır. Kapitalist sistemin lider ülkesi ABD'de bu pay 1993'te yüzde 29.3, Japonya'da ise yüzde 33.7'dir.

İkincisi, ülkeler arasındaki sistem farklılıklarının burada da kendini göstermesidir. Örneğin Beveridge sisteminin en katıksız bir biçimde geçerli olduğu Danimarka'da sosyal güvenlik primlerinin toplam vergi gelirleri içindeki payı sadece yüzde 3.3'tür. Ortalamaların gizlediği bu farklılık, daha yumuşak ölçülerde diğer bazı AB ülkelerinde de görülmektedir. AB ortalamasının oldukça altında kalan diğer ülkeler gene Beveridge sisteminin egemen olduğu İzlanda (% 7.6), İrlanda (% 15.1) ve İngiltere (% 19.7)'dir.

Yeniden değişik finansman kaynaklarının payına bakılırsa (tablo 28), AT ülkelerinde işveren katkılarının ücretlilerin prim katkısının yaklaşık iki katı civarında olduğu görülür. OECD ülkelerinin tümünde (ağırlıksız aritmetik ortalama olarak) ücretlilerin prim katkılarının TVG içindeki payı 1992 yılında yüzde 8.3 iken, işveren katkılarının TVG içindeki payı yüzde 14.3'tür. Ancak ülkeler arasında büyük farklılıklar bulunmaktadır. İşveren katkıları ücretli katkılarının çok üzerine çıkan İspanya ve İtalya gibi ülkeler yanında, prim katkı payları arasındaki farkların iyice azalarak eşitlenme eğilimine girdiği Almanya, İngiltere ve Yunanistan gibi örneklere ve bu ilişkinin tersine döndüğü Hollanda gibi ülkelere de rastlanmaktadır.

Emek Üzerindeki Zorunlu Ödentiler

Emek üzerindeki sigorta primleri yükünün ülkeler arasında bazen önemli ölçülerde farklılaşıyor olmasına rağmen bütün gelişmiş kapitalist ülkeleri kesen ortak özellik, emek üzerindeki zorunlu ödentiler yükünün süreç içinde artıyor olmasıdır. Emek üzerindeki vergi ve sigorta primi gibi tüm zorunlu ödentilerin GSYİH'ya oranı 12'ler Avrupası açısından 1970 yılında ortalama yüzde 16.6 iken, 1991 ortalaması 23.5'tir. Bu sonuncu oran, aynı tarihteki TVG yükünün yarısından fazlasını temsil etmektedir. Bu oranın yüzde 30'a yaklaştığı Hollanda, Belçika ve Danimarka gibi ülkeler ile yüzde 25'i aştığı Almanya ve Fransa gibi ülkeler de vardır.

Emek üzerindeki zorunlu ödentilerin artış hızı da her ülkede eşit olmamıştır. AT ortalaması olarak 1970'lere kıyasla reel olarak yüzde 40'lık bir artış söz konusu olmasına karşın ABD'deki artış hızı bunun yarısı kadar olmuştur (1970: 15.9 ve 1991 19.4). İspanya, İtalya, İrlanda, Belçika ve Fransa'da AT ortalamasından daha yüksek artış hızları söz konusu olmuş; buna karşılık İngiltere'de 1980 sonrası politikalarına bağlı olarak 1970 düzeyi olan yüzde 16.7 korunmuştur. İngiltere düzeyi AT ortalamasının oldukça altında ve Japonya düzeyine (1970: 8.6 ve 1991: 11.6) yakın bir noktada sabitlenmiş gözükmektedir.

Emek üzerindeki zorunlu ödentiler ulusal gelire değil ama toplam işgücü maliyetlerine oranlanırsa, AT'de işgücü maliyetlerinde yüzde 40'lık bir istihdam vergileri yükü bulunurken, ABD'de yüzde 30 ve Japonya'da yüzde 20 gibi çok daha düşük yükler söz konusu olmaktadır. Bu farklılıklar kuşkusuz uluslararası rekabetin bir unsurunu oluşturmaktadır ve bu farklılıkların oluşmasında farklı sosyal güvenlik rejimlerinin etkisi azımsanmayacak bir role sahiptir. Bununla birlikte, uluslararası rekabetin tek unsuru emek üzerindeki istihdam yükleri değildir; aksi durumda AT ülkeleri ihracatının yıldan yıla negatif değerler alarak küçülmesi ve AT sermayesinin blok halinde Avrupa'dan dışarı kaçması gerekirdi. Oysa bu tür eğilimler anlamlı ölçülerde ortaya çıkmamıştır.

Şimdiye kadar sunulan bilgilerden anlaşılacağı üzere, OECD veya AT ülkelerinde sosyal güvenlik primlerinin ulusal gelire oranı, farklı rejimlere göre, % 1.5 ile % 19.5 arasında değişmektedir. Sözkonusu prim/GSYİH oranları arasındaki yapay farklılıklar, bu ülkelerdeki sosyal güvenlik hizmetlerinin gerçek boyutlarını görmemize olanak vermemektedir; özellikle de, sosyal güvenlik hizmetlerinin finansmanını ağırlıkla vergi gelirleriyle karşılayan ülkelerin gerçek seviyeleri görülememektedir. Bu nedenle daha güvenli uluslararası karşılaştırmalar harcamalar yönünden yapılabilmektedir.

1992 yılı itibariyle 12'ler Avrupasının sosyal güvenlik harcamalarının GSYİH içindeki payı, tartılı ortalama olarak % 27.1'i bulmaktadır. Bu düzeyin, 1989'da % 25.1 olan ağırlıklı ortalamaya göre 2 puanlık bir artış gösterdiği dikkate alınırsa, yakın yıllarda dahi artış eğiliminin sürdüğü anlaşılacaktır. Tablo 30, 15'ler Avrupası için 1991-1994 verileri yanında sıradaki ilk iki aday üyenin verilerini de sunmakta, ancak ağırlıklı ortalamaya yer vermemektedir. Ancak bu tablo artış eğiliminin birçok ülkede 1992 sonrasında da sürdüğünü göstermektedir.

1994 verilerine bakılırsa, sosyal güvenlik harcamaları/GSYİH oranının yüzde 30'u geçtiği ülkeler arasında Finlandiya, Danimarka, Hollanda, Almanya, Fransa ve Avusturya göze çarpmaktadır. Bu ülkelerde ulusal gelirin üçte biri civarında bir bölümü sosyal güvenlik hizmetleri için harcanmaktadır. Tabloda yer almayan İsveç'in 1992 yılı sosyal güvenlik harcaması büyüklüğü ise, farklı kaynaklara göre, % 37-40 arasında yer almaktadır. Norveç, İngiltere ve Belçika'nın sosyal güvenlik harcamaları ise Avrupa ortalaması civarında kalmaktadır. Buraya kadar sayılan ülkeler sosyalizasyonda en ileri gitmiş dünya ülkeleri olarak da görülebilir.

Ortalamanın altında kalanlar arasında Avrupa'nın Akdeniz ülkeleri (İtalya: % 25.3; İspanya: % 23.6; Portekiz: % 19.5 ve Yunanistan % 16.0) ile Atlantik ada cumhuriyetleri olan İrlanda (% 21.1) ve İzlanda (% 18.6) göze çarpmaktadır.

Tablo 30 - GSYİH'nın Yüzdesi Olarak Sosyal Güvenlik Harcamaları (Cari Fiyatlarla)

Ülkeler	1991	1992	1993	1994
1 Belçika	27.4	27.0	26.9[1]	27.0[1]
2 Danimarka	30.9	32.1	33.3	33.7
3 Almanya	28.7	30.0	31.0	30.7[1]
4 Yunanistan	15.3	14.9	15.8[1]	16.0[1]
5 İspanya	21.8	23.0	24.5	23.6[1]
6 Fransa	28.4	29.2	30.9	30.5[1]
7 İrlanda	20.5	21.3	21.5	21.1[1]
8 İtalya	24.1	25.5	25.7	25.3[1]
9 Lüksemburg	23.6	24.0	24.6	24.9[1]
10 Hollanda	32.3	32.9	33.4[1]	32.3[1]
11 Avusturya	-	-	-	30.2[1]
12 Portekiz	17.3	18.1	18.5	19.5[1]
13 Finlandiya	30.1	34.2	35.2[1]	34.8[1]
14 İsveç	-	-	-	-
15 İngiltere	25.3	27.0	27.8[1]	28.1[1]
16 İzlanda	17.5	18.2	18.9	18.6
17 Norveç	29.0	29.5	30.8	28.2
18 Çek Cumhuriyeti	16.0	16.9	20.8	-
19 Rusya	19.1	-	-	-

(1) Geçici
Kaynak: Eurostat, 1996, s. 168.

Tablo 31, sosyal güvenlik için yapılan kamu harcamalarının 1960-1993 arasındaki 34 yıllık gelişmesine OECD ülkelerinin büyük bölümü açısından ışık tutmaktadır. OECD verilerini yansıtan bu tablo, sosyal güvenlik harcamalarının göreli öneminde onyıllık trendler itibariyle sürekli artış ve sıçramalar olduğunu, en büyük artışların 1970'lerde görüldüğünü, bu artış eğiliminin 1980'lerde yer yer yavaşlamakla birlikte devam ettiğini göstermektedir. Artışın bütün gelişmiş kapitalist ülkeler için genelde hızlı olduğu dönemin 1980'ler öncesinde olması, İkinci Dünya Savaşı'ndan 1970'lerin sonuna kadar süren **fordist sermaye birikim tarzının** özellikleriyle ilişkilidir. Sözkonusu yoğun sermaye birikim rejimi için emekgücünün yeniden üretimi devletin sosyal harcamalarının sürekli artışını gerekli kılmıştır. Emekçilerin ekonomik ve politik örgütleri de bu yönde çalışmışlar ve etkili olmuşlardır. Ancak sermaye birikim rejiminde 1980'lerden itibaren ortaya çıkan kriz ve yenilenme süreci, 1980 öncesindeki ekonomik ve toplumsal dengelerin sürdürülebilmesini olanaksızlaştırmış ve sermaye, sosyal devletin erozyonu üzerinden yeni değerlenme alanları fethetmeye yönelmiştir.

Bununla birlikte sosyal güvenlik alanında bugüne kadar gerçekleştirilebilen çok mevzii özelleştirmeler sosyal güvenlik sisteminin büyümesini önleyememiştir. Elde edilebilen tek somut sonuç, sosyal güvenlik harcamaları artışının 1980'lerde tablo 31'de görülen ülkelerin yarısı itibariyle (Almanya, Avusturya, Belçika, Hollanda, İtalya, İngiltere, İrlanda, Japonya, Y. Zelanda) yavaşlatılabilmesidir. Ancak sistemin ulaştığı boyutlar düşünülürse, artış eğiliminin yavaşlamasının esasen beklenen bir sonuç olduğu söylenebilir. Ancak sosyal güvenlik harcamaları, gelişmiş ülkelerin birçoğunda 1980'lerde de hızlı artmaya devam etmiştir. Gene tablo 31'e bakıldığında, 1980 eşiğinde harcama seviyesi henüz düşük olan Avustralya, Kanada, ABD, Yunanistan gibi ülkeler ile yüksek sosyalizasyon düzeyinde olan Finlandiya, İsveç, Norveç ve Fransa gibi ülkelerde hızlı artış eğiliminin devam ettiği görülmektedir. Sosyal güvenlik sisteminin yeniden biçimlendirilmesi gündemde tutulmakla birlikte, bu karmaşık sistemin yeni bir yapıya doğru evrimlendirilmesinin sigortalıların tepkileri de dikkate alındığında çok uzun vadenin meselesi olduğu anlaşılacaktır.

Avrupa ülkelerinde sosyal güvenlik harcamalarının ana hizmet başlıkları itibariyle dağılımı hem bu ülkeler arasındaki çarpıcı benzerlikleri, hem de bu yapının kolay kolay dönüştürülemeyeceğinin ipuçlarını vermektedir (tablo 32). Sağlık ve yaşlılık ödemeleri AT ülkelerinde sosyal güvenlik harcamalarının yüzde 80 civarında bir bölümünü oluşturmaktadır. Bu oranın daha düşük olduğu (% 62 ile

Tablo 31 - OECD Ülkelerinde Kamu Sosyal Güvenlik Harcamaları
(GSYİH'nun yüzdesi olarak)

	1960	1962	1964	1966	1968	1970	1972	1974	1976	1978	1980	1982	1984	1986	1988	1990	1992	1993
Avustralya	7.39	7.83	7.45	7.18	7.07	7.37	8.27	10.46	13.20	13.25	11.68	12.93	13.80	13.81	12.90	14.42	16.38	-
Avusturya	15.88	16.85	17.22	17.93	18.06	18.90	18.90	19.22	21.71	23.44	22.43	24.13	24.44	25.09	25.31	24.54	24.71	25.78
Belçika	-	-	14.99	16.97	18.89	19.26	20.81	22.15	28.04	29.93	25.63	28.10	27.63	28.42	27.64	26.60	27.01	-
Kanada	9.12	9.39	9.21	9.47	10.53	11.80	13.63	14.09	15.03	15.06	13.29	16.30	16.12	16.88	16.20	17.95	19.77	19.75
Finlandiya	8.81	9.62	10.27	12.58	13.62	13.56	15.14	15.09	18.44	20.27	18.87	20.72	22.28	24.08	23.97	25.31	34.78	35.39
Fransa	13.42	14.56	15.78	16.71	16.53	16.68	16.96	17.71	20.17	21.78	23.46	26.10	26.93	26.74	26.45	25.95	27.29	28.73
Almanya[1]	18.10	18.10	18.08	19.33	20.57	19.53	21.17	23.52	26.78	25.95	24.67	26.20	24.92	25.24	25.62	23.83	23.89	23.68
Yunanistan	-	7.06	7.72	8.47	9.47	9.03	8.66	8.35	9.04	10.66	10.88	14.46	15.41	16.77	16.56	17.47	16.77	17.24
İrlanda	8.70	8.94	9.22	10.72	10.38	11.89	12.38	15.18	16.91	16.40	19.35	21.07	21.09	23.18	21.03	19.33	20.39	20.06
İtalya	13.10	13.84	14.34	16.49	16.56	16.94	19.42	19.33	21.09	22.00	18.23	20.19	20.75	21.70	22.11	23.01	24.68	25.00
Japonya	4.05	4.89	5.15	5.66	5.56	5.72	6.47	8.09	10.04	11.22	11.09	11.67	12.17	12.35	12.55	12.37	12.44	-
Hollanda	11.70	13.55	15.75	18.94	20.48	22.45	24.32	26.71	26.61	26.61	28.71	31.11	30.14	28.70	28.42	28.84	29.79	30.20
Norveç	7.85	8.83	9.54	11.30	11.51	16.13	18.66	18.65	20.23	21.76	18.86	19.74	19.66	22.32	25.36	26.89	29.48	29.32
Yeni Zelanda	10.37	10.52	9.79	9.95	9.86	9.22	9.65	11.06	12.14	14.86	18.20	18.86	18.00	19.63	20.39	22.38	22.51	-
İsveç	10.83	11.11	12.50	14.4	16.33	16.76	18.38	21.05	22.14	25.19	30.42	31.58	30.65	31.74	32.48	32.62	37.07	38.03
İngiltere	10.21	10.67	11.00	12.06	13.04	13.20	13.88	14.92	16.19	16.46	18.32	20.22	21.18	21.26	19.12	19.78	22.84	23.42
ABD	7.26	7.81	7.85	8.57	9.10	10.38	11.39	12.75	14.32	13.62	12.44	13.64	12.96	13.39	13.08	14.12	15.55	15.64

(1) 1990'a kadar Batı Almanya 1992 sonunda Birleşik Almanya verileri.

Kaynak: OECD, Etudes de politique sociale n° 12, "Les nouvelles orientations de la politique sociale", 1994; ayrıca Labour market and social policy occasional papers, n° 17, "Social expenditure statistics of OECD members countries", 1996.

%72 arasında değiştiği) ülkeler, gene Danimarka, İngiltere ve İrlanda olarak belirmektedir. Bu sonuncu ülkelerde aile, analık ve lojman yardımları ile istihdam (işsizlik sigortası, vb) yardımlarının payı diğer ülkelerdekine göre daha önemlidir. Bununla birlikte, işsizlik oranı Avrupa'nın en yüksek düzeyinde olan İspanya'da işsizlik sigortası % 21 gibi çok yüksek bir pay alabilmektedir. Aile yardımlarının oranı Fransa ve Lüksemburg'da da ortalamanın üzerindedir.

Tablo 32 - Başlıca Hizmet Alanları Bakımından Avrupa'da Sosyal Güvenlik Harcamalarının Yapısı (1993)

(Yüzde)

Ülkeler	Sağlık	Yaşlılık	Aile, Analık Lojman	İstihdam	Çeşitli
Belçika	33.7	45.3	7.9	11.6	1.5
Danimarka	28.1	34.0	14.3	18.9	4.7
Almanya	40.2	41.1	8.3	7.6	2.8
Yunanistan	24.7	66.2	1.7	3.4	4.0
İspanya	35.2	40.4	2.3	21.1	1.0
Fransa	34.0	43.6	12.6	8.3	1.5
İrlanda	37.1	28.1	15.7	17.1	2.0
İtalya	31.2	62.8	3.8	2.2	0.0
Lüksemburg	39.3	46.8	12.9	1.0	0.0
Hollanda	44.6	37.1	6.5	9.2	2.6
Portekiz	44.5	40.6	5.4	6.5	3.0
İngiltere	31.3	41.3	18.5	7.3	1.6

Kaynak: Problemes Economiques, no 2493-2494: 13.

b. Gelişmekte Olan Ülkeler (GOÜ)

Türkiye gibi gelişmekte olan ülkeler dünyasının durumu ise gelişmiş ülkelerininkine kıyasla farklı özellik arzeder. Tablo 33'ten görüldüğü gibi, sosyal güvenliğe ilişkin kamu harcamaları bölgeler ve ülkeler arasında önemli farklılıklar göstermekle birlikte, hiçbirinde gelişmiş ülkelerin asgari düzeylerine yaklaşılması bile sözkonusu olamamaktadır. Latin Amerika, Asya ve Afrika ortalamalarına bakıldığında, 1990-91 için sırasıyla yüzde 3.9, yüzde 1.5 ve yüzde 1.4 oranları bulunmaktadır. AB ortalamasının yüzde 30'a yaklaştığı düşünülürse sözkonusu harcama/hizmet düzeylerinin daha ziyade bir "sosyal güvensizlik" iklimini yansıttığı anlaşılır.

Bununla birlikte bu bölgeler ve ülkeler arasında da ciddi düzey farkları olduğu görmezden gelinemez. Latin Amerika'nın Arjantin, Brezilya, Şili, Uruguay gibi sosyal güvenlik sistemlerini 1920'ler ve 1930'larda kuran öncü ülkelerinde ortalama harcama düzeyi ulusal gelirin yüzde 7.7'si düzeyinde olup sosyal güvenlik sistemi kurumsallaşmıştır. Türkiye sosyal güvenlik harcamalarının göreli önemi bakımından son yıllarda gerileyen Arjantin'in önünde, ancak Brezilya, Şili ve Uruguay'ın gerisinde bulunmaktadır. Latin Amerika'nın öncü ülkeleri, ücretlilerin aktif nüfus içindeki payının yüksekliği bakımından da ayırdedilmektedir. Bunun sonucu sadece sözkonusu ülkelerin sosyal güvenlik sistemine erkenden girmeleri olmamış, ayrıca nüfusun büyük bölümün kapsam içine alınmasına ve enformel sektörün sınırlı kalmasına da yol açmıştır.

Öncü ülkelerdeki sosyal güvenlik rejimlerinin eskiliği aynı zamanda kırılganlığının da nedeni olmuştur. Aşama aşama oluşturulan sosyal güvenlik sistemleri bütünsellikten uzak kalmış, çeşitli baskı gruplarının ve hükümetlerin etkisi altında farklı ve değişken ölçütlere ve haklara dayalı çok eklektik bir yapı kazanmış, idari giderlerin yükü gelişmiş ülkelerdekini aşmıştır. Sendikal hareketin avantajlı grupların haklarını diğer gruplara yaymak için giriştiği mücadele, alt-sistemlerden oluşan yapının bütün zayıflığını daha çabuk ortaya çıkarmıştır.

Alt-sistemlerin en çok çeşitlendiği örnekler arasında bulunan Şili'de 1970'ler sonunda 31 farklı emeklilik rejimi, 30 farklı malullük rejimi sayılabiliyordu. Ancak bu sistemi yeniden yapılandırmak yerine Pinochet'nin Şilisinde 1981'de Pinera modeli adı altında emeklilik ve sağlık sigortalarını özelleştirerek özel fon yönetimi şirketlerine

Tablo 33 - Gelişmekte Olan Ülkelerde Kamu Sosyal Güvenlik Harcamaları (GSYİH'nın Yüzdesi Olarak)

Ülkeler, Bölgeler	1980-1981	1985	1990-1991
Latin Amerika (ortalama)	**4.1**	**3.5**	**3.9**
Öncü Ülkeler	9.1	7.4	7.7
Arjantin	7.1	5.8	3.7
Brezilya	7.4	5.9	7.5
Şili	9.7	8.8	6.5
Uruguay	12.2	9.1	13.6
Ara Dönem Ülkeleri	2.6	2.8	3.2
Kosta Rika	5.8	5.9	7.1
Bolivya	1.0	1.0	2.1
Kolombiya	1.9	2.4	2.1
Ekvator	0.2	0.1	0.3
Meksika	3.0	2.4	2.1
Panama	6.5	7.7	9.2
Paraguay	1.1	1.2	1.2
Venezüella	1.3	1.4	1.1
"Yeni Katılan" Ülkeler	0.6	0.5	0.5
Salvador	0.6	0.5	0.3
Guatemala	0.4	0.3	0.6
Dominik Cum.	0.7	0.5	0.6
Asya (ortalama)	-	**1.0**	**1.5**
Birmanie	1.0	0.8	0.7
Kore	0.9	0.9	1.6
Malezya	n.d	n.d.	1.5
Filipinler	0.2	0.3	0.5
Singapur	0.3	0.4	0.5
Sri Lanka	3.2	3.0	5.1
Tayvan	0.4	0.7	0.6
Afrika (ortalama)	**1.7**	**1.5**	**1.4**
Kuzey Afrika	3.1	2.9	2.9
Mısır	5.1	4.4	3.6
Tunus	3.3	3.5	4.5
Fas	0.8	0.8	0.7
Sahra Altı Afrika	0.9	0.8	0.8
Kamerun	0.6	0.7	1.3
Gana	0.7	0.7	0.9
Kenya	0.1	0.0	0.0
Uganda	n.d.	n.d.	0.2
Senegal	1.8	1.6	1.6
Zaire	n.d	n.d.	0.2

Kaynak: IMF, **Government Finance Statistics Yearbook**, 1993'ten nakleden ve yorumlayan S. Mila, E.L. Miotti ve c. Quenan, RAMSES (Rapport Annuel Mondial Sur le Système Economique devreden ve finansmana işveren katkısını sıfırlayarak finansman yükünü tamamen çalışanların sırtına (ve dolaylı olarak devlete) yükleyen acımasız bir piyasa mantığı egemen kılındı. 1997 yılının ilk yarısında Türkiye'de de bizzat Pinera ve taşeronlarınca pazarlanmak istenen bu sistemin Şili'de yol açtığı tahribat dünya sendikacılık hareketinin gündemini daha uzun süre ilgilendireceğe benzemektedir.

Sosyal güvenlik sisteminin kuruluş dönemi 1940-60 arasında yer aldığı için ara konumda kabul edilen Latin Amerika ülkelerinde ise ortalama harcama düzeyi yüzde 3.2'dir. Türkiye dönem itibariyle bu ülkelerle aynı tarihlerde sosyal güvenlik sistemini benimsemiş olmakla birlikte harcama düzeyi biraz daha yukarılarda bulunmaktadır. Latin Amerika'nın sosyal güvenlik sistemini yeni benimseyen küçük ülkelerinde ise harcama düzeyi yüzde 0.5 noktasında kalmaktadır.

Afrika'da Kuzey Afrika bölgesi ile Sahra-Altı Orta Afrika bölgesi arasındaki gelişmişlik farkı sosyal güvenlik sisteminin gelişmişlik farkını da yansıtmaktadır. Burada gösterilmeyen Cezayir ile Tunus'ta, Fransa'nın etkisiyle sisteme giriş 1920'lerde başlamış ve 1940 başlarında genişlemiştir. Mısır için 1936 ile 1950'lerin başları başlangıç noktalarını oluştururken Fas için 1942 ve 1959 tarihleri akılda tutulabilir. Afrika'da, Türkiye'de olduğu gibi sosyal güvenlik hizmet ve ödemelerindeki artış hızı, prim artış hızından genellikle daha yüksektir. Ancak Afrika'da sosyal güvenlik sisteminin kapsamı dar olup, daha çok kentlilere hitap eden seçkinci bir özellik taşır.

Asya'da sosyal güvenlik rejimleri genellikle 1950'li yıllarda doğmuş olmasına rağmen mali bakımdan genelde çok sağlam durumdadırlar. Bunda kuşkusuz kapsanan nüfusun ve risklerin başlangıçta çok sınırlı tutulmasının etkisi olmuştur. Bununla birlikte, Asya ülkelerinin hızlı ekonomik büyüme, sosyal ve demografik alanlarda derin bir dönüşüm yaşayan ülkelerinde sosyal güvenlik sistemleri şimdi daha fazla sorunla boğuşmak zorunda kalmaktadırlar.

c. Türkiye

Türkiye'nin durumu gelişmiş ülkelerden çok gelişmekte olan ülkelere yakındır. Sosyal güvenlik harcamalarının ulusal gelir içindeki payı yüzde 5-6 dolaylarında kalan (tablo 34) bir ülke için bir kere sistemin ağır bir yük teşkil etmesindeki çelişkiye dikkati çekmek gerekir.

Türkiye'de toplam aktif nüfusun sadece % 40-45'inin (gelişmişlerde ise % 80-90'ının) ücretlilerden oluşması ve 1980'ler sonrasında ekonomik büyüme ve sanayileşme hızının düşmesine koşut olarak tarım dışı istihdam artış hızının yavaşlaması, bu arada 1980'lerin sonlarından itibaren kayıt dışı ekonomi ve kaçak işçiliğin büyümesi, kuşkusuz Türkiye'deki sosyal güvenlik sisteminin sığlığının en önemli nedenleridir. Ancak bunlar yeterli düzeyde açıklayıcılık taşımamaktadır.

Gerçekten, ücretlilerin istihdamdaki payı veya toplam kamu harcamalarının ulusal gelir içindeki payı bakımından Türkiye ile AB ülkeleri arasında yaklaşık 1'e 2 düzeyinde gerçekleşen gelişmişlik farkının, sosyal güvenlik harcamaları söz konusu olduğunda 1'e 6 ve hatta tekil ülke karşılaştırmalarında daha üzerinde değerler almasının ek nedenleri bulunmaktadır. Bunlar esas itibariyle sosyal güvenlik sisteminin Türkiye'ye özgü zaaflarıyla olduğu kadar kamu maliyesinin ve sosyal devlet anlayışının yetersizliğiyle ilişkilidir. Merkezi kamu otoritesinin ve bu otoritenin etkisi altına girdiği neo-liberal ideolojinin, 1980'li ve 1990'lı yılların sosyal devlet gelişimi açısından yitirilmesine neden olmasının, bu sorunların oluşmasında önemli sorumlulukları olduğu açıktır. Türkiye'deki sosyal güvenlik sistemi Batılı örneklerinden çok daha genç ve boyutsuz olmasına rağmen bugün olgun kapitalist ekonomilerdekinden daha sorunlu bir noktaya gelmişse/getirilmişse, sadece sosyal güvenlik sisteminin değil bir bütün olarak kamu maliyesi sisteminin krizine yolaçan nedenleri topluca irdelemekte yarar olacaktır (Bkz. II. Bölüm).

Tablo 34 - Türkiye'de Sosyal Güvenlik Kuruluşları Gelir-Gider Dengesi

(Milyar TL)

	1993	1994	1995	1996[1]	1997[2]
I. Gelirler	98.123	164.793	281.580	601.598	1.116.987
- Prim tahsilatları	78.344	127.822	219.376	466.098	844.228
II. Giderler	112.360	206.371	401.746	889.774	1.586.236
- Sigorta giderleri	82.511	147.739	285.817	625.485	1.125.888
III. Gelir-gider farkı	-14.327	-41.579	-120.166	-288.175	-469.249
- SSK	-8.085	-30.089	-83.569	-176.006	-295.396
- Emekli Sandığı	-2.310	-1.419	-15.863	-50.208	-39.256
IV. Bütçe transferleri	2.700	19.010	70.589	265.700	425.000
- SSK	0	14.480	59.200	174.000	280.000
- Bağ-Kur	2.700	4.530	8.000	66.000	117.000
- Emekli Sandığı	0	0	3.389	25.700	28.000
- (Emekli Sandığı)[3]	11.230	21.570	41.000	105.000	133.000
V. Finansman açığı	-11.537	-22.569	-49.577	-22.475	-44.249
VI. Bütçe dışı transferler[4]	9.705	10.687	23.869	20.000	0
GSMH'ya Oranlar (Yüzde)					
I. Gelirler	4.9	4.2	3.6	4.1	4.4
- Prim tahsilatları	3.9	3.3	2.8	3.2	3.3
II. Giderler	5.6	5.3	5.1	6.0	6.3
- Sigorta giderleri	4.1	3.8	3.6	4.2	4.4
III. Gelir-gider farkı	-0.7	-1.1	-1.5	-2.0	-1.9
- SSK	-0.4	-0.8	-1.1	-1.2	-1.2
- Bağ-Kur	-0.2	-0.3	-0.3	-0.4	-0.5
- Emekli Sandığı	-0.1	-0.0	-0.2	-0.3	-0.2
IV. Bütçe transferleri	0.1	0.5	0.9	1.8	1.7
- SSK	0.0	0.4	0.8	1.2	1.1
- Bağ-Kur	0.1	0.1	0.1	0.4	0.5
- Emekli Sandığı	0.0	0.0	0.0	0.2	0.1
- Emekli Sandığı[3]	0.6	0.6	0.5	0.7	0.5
V. Finansman açığı	-0.6	-0.6	-0.6	-0.2	-0.2
VI. Bütçe dışı transferler[4]	0.5	0.3	0.3	0.1	0.0

(1) Gerçekleşme Tahmini
(2) Program
(3) Ek karşılıklar ve faturalı ödemeler için yapılan transferler dahil
(4) Açığın finansmanı için verilen Devlet Tahvilleridir
Kaynak: 197 Yılı Programı: 178.

Bu arada sosyal güvenlik sistemine (SGS) devletin katkı yapmasının, sistemin kriz dönemlerine özgü bir istisna olmaması gerektiğinin altını çizmek gerekmektedir. Türkiye'de devletin SGS'ne düzenli bir katkısı bulunmamaktadır. Son birkaç yıldır sisteme bütçeden transfer biçiminde yapılan sübvansiyonların ise (tablo 34 ve 35), uzun vadeyi gözeten bir açıdan bakılırsa, SGS'den devlete yapılan gelir transferlerini telafi edebilecek bir noktaya dahi ulaşmadığı görülecektir. Oysa OECD ülkelerinin büyük çoğunluğunda devlet sisteme yasal bir zorunluluk gereği olarak düzenli katkı yapma durumundadır. Eurostat verilerine (1995: 172) göre 12'ler Avrupa'sının toplu sonuçlarına yeniden bakılırsa, 1992 yılında elde edilen 1,5 trilyon ECU'luk toplam sosyal güvenlik gelirinin ortalama % 40,5'inin işveren katkılarıyla, % 24,2'sinin sigortalıların katkılarıyla, % 29.2'sinin kamunun cari katkılarıyla ve % 6.1'inin diğer cari gelirlerle (faiz, işletme gelirleri vb.) oluştuğu görülecektir. Devletin katkısının, aynı ülkeler ortalaması için, 1989'da % 27.9'dan 1992'de % 29,2'ye çıktığı dikkate alınırsa, sisteme olan devlet desteğinde bir büyüme eğiliminin yakın zamanlarda da sürdüğü saptaması yapılabilecektir. Tablo 28, bu katkıların tekil ülkeler bakımından gelişimini 1991-94 dönemi için vermektedir. Buna göre, Danimarka, Belçika, Hollanda dışında kamu katkısı artış eğilimi sürmektedir.

Tablo 35 - Türkiye'de Konsolide Bütçe Sosyal Güvenlik Transferlerinin Bütçe ve GSMH'ye Oranının Gelişimi (1978-1997)

(Yüzde)

	1978	1981	1983	1989	1990	1991	1992	1993	1994	1995	1996	1997
Kon.Bütçeye Oranla	4.8	3.7	4.4	3.7	1.8	1.2	1.8	2.8	4.4	6.3	8.7	8.5
GSMH'ya Oranla	1.0	0.7	0.8	0.6	0.3	0.3	0.4	0.7	1.0	1.4	2.3	2.1

Not: 1996 yılı gerçekleşme tahmini: 1997 yılı Program tahmini.
Kaynak: DPT, *Ekonomik ve Sosyal Göstergeler* (1950-1977), Mart 1997.

Türkiye'de çözülmesi gereken sorunlardan biri de, sisteme devlet katkısının kurallara bağlanmış bir biçimde düzenli olarak sağlanmasıdır. Devletin sosyal güvenlik kurumlarına katkısı, bunların açık vermeye başladığı 1992 yılından sonra başlamış ve 1994'ten itibaren önemi büyümeye başlamıştır.

Tablo 35'ten izlenebileceği gibi, konsolide bütçeden yapılan sosyal güvenlik transferleri, devletin bir işveren olarak Emekli Sandığı'na yaptığı rutin işveren primleri niteliğiyle 1978-1991 döneminde yüzde 1.8 ile yüzde 4.8 düzeyleri arasında yer almıştır. Hatta 1989 sonrasında bir azalış ortaya çıkmıştır. Bu durum, tablonun ikinci satırından yani sosyal güvenlik transferlerinin GSMH'ye oranla gelişmesinden de izlenebilir.

SSK açıklarının başladığı 1992 ve 1993 yıllarının dahil olduğu 1990-93 yıllarının % 2 civarındaki bütçe transferi ortalaması (tabloda birinci satır), 1980'lerin % 4 civarında oluşan ortalamasına kıyasla bile çok düşük kalmaktadır. Gerçek kriz işaretleri 1994'le birlikte başlamakta ve 1996'da sosyal güvenlik transferlerinin bütçeye oranı % 8.7'ye, GSMH'ya oranı ise % 2.3'e ulaşmaktadır. (Tablo 35'in ikinci satır oranlarına yakın rakamlara tablo 34'ün gelir-gider farkından da ulaşılabilir).

Sosyal güvenliğe yapılan transferlerin büyüyen önemini daha iyi değerlendirebilmek için sağlık harcamalarıyla karşılaştırılması yapılabilir. 1996 yılında konsolide bütçeden yapılan sağlık harcamalarının toplam bütçe harcamalarına oranı % 2.5 düzeyinde kalırken, sosyal güvenliğe yönelik transfer harcamaları bunun üç katını aşmaktadır. Sosyal güvenlik transferlerinden devletin işveren olarak ödediği prim biçimindeki transferler ayıklansa dahi, bütçe sağlık harcamalarının iki katını aşan bir "açık kapama transferi" ile karşı karşıya kalındığı anlaşılır. Bir başka açıdan, sosyal güvenlik sistemine, bütçe içi ve dışı toplam kamu sağlık harcamalarının bütününe eşdeğer bir bütçe transferi söz konusu olmaya başlamıştır. Daha da kötüsü, bu çok yüksek düzeyin daha da büyüme eğiliminde olacağına yönelik karamsar beklentilerdir. Açığın en büyük bölümü, en büyük sosyal güvenlik kurumu olan SSK'ya ait bulunmaktadır (tablo 34).

Bir Sosyalizasyon Karşılaştırması

Türkiye'nin konumunu karşılaştırmalı olarak gösterebilmenin bir yolu da toplam vergi yükü ile sosyal güvenlik ve eğitim harcamalarını birbiriyle ilişkilendirmektir. Tablo 36, sosyal güvenlik ve eğitim harcamaları toplamının sosyal sigorta primlerini de içeren toplam

Tablo 36 - AB Ülkelerinde Sosyal Güvenlik ve Eğitim Harcamalarının Toplam Vergi Yüküne Kıyasla Önemi

(Yüzde Değerler)

	GSYİH'ya oranla Sosyal Güvenlik Harca. (1)	Kamu Eğitim Harca. (2)	Toplam Vergi Yükü (3)	SG ve Eğitim (4) = (1)+(2)	(5) = (4) / (3)
Almanya	28.5	4.3	37.7	32.8	87.0
Belçika	27.7	6.1	46.2	33.8	73.2
Danimarka	28.9	6.8	51.7	35.7	69.1
İspanya	19.8	3.9	32.8	23.7	72.3
Fransa	27.9	5.1	43.8	33.0	75.3
Yunanistan	19.6	nd	34.9	nd	nd
İrlanda	21.5	5.8	39.2	27.3	69.8
İtalya	22.9	4.8	36.7	27.7	75.5
Lüksemburg	25.9	6.0	49.3	31.9	64.7
Hollanda	30.9	6.3	47.6	37.2	78.2
Portekiz	14.9	4.7	30.1	19.6	65.1
İngiltere	21.9	4.7	37.1	36.6	71.7
12'ler Avrupası	24.2	5.3	40.5	29.5	72.7
Türkiye (4)	5.1	2.7	22.5	7.8	34.7

Kaynaklar: (1) Eurostat.
(2) OCDE (1992), Regards sur l'éducation-des indicateurs de l'OCDE.
(3) OCDE, Statistipues de recettes publiques
(4) 1994-1995 verileri (DPT).

vergi yükünün ne kadarını temsil ettiğini göstermektedir. 12'ler Avrupasında sosyal güvenlik ve eğitim harcamaları toplamı, toplam vergi yükünün ortalama % 73'üne denk düşmektedir. Bu, yüksek bir sosyalizasyon göstergesi olarak kabul edilmelidir. Oysa bu oran Türkiye'de sadece % 34'tür.

Türkiye'nin yüzünün sosyalizasyona değil rantiyeciliğe dönük olduğunu kanıtlayan bazı göstergeler önceki bölümlerde verilmişti. Konsolide bütçe vergi gelirlerinin tam olarak üçte ikisinin 1998'in ilk yarısında ise % 83'ünün faiz transferlerine tahsis edildiği gösterilmişti. Yerel yönetimleri ve fonları da kapsayan tüm kamunun toplam faiz harcamalarının sosyal güvenlik primlerini de içeren toplam vergi yüküne kıyasla büyüklüğü de yüzde 50'yi biraz aşan bir düzeyde oluşmaktadır. Bu da, Özal döneminden sonra Türkiye'de kamu maliyesinin bir tefecilik anlayışı batağına nasıl sürüklendiğinin açık bir göstergesi olmaktadır.

2. TÜRKİYE'NİN VE SSK'NIN SORUNLARININ BÜYÜMESİ

Türkiye'de yarım yüzyıllık bir geçmişi bulunan sosyal güvenlik sistemi uzun süreli bir bunalım dönemine girmiş bulunmaktadır. Sistemin, özellikle de SSK'nın, 1994'ten itibaren genişleyen açıklarının, eğer önlem alınmazsa, uzun vadede tam bir tıkanmayla sonuçlanacağı bugün genel bir kabul görmektedir.

Sistem 1992'den itibaren açık vermeye başlamakla birlikte, bunalım tohumları esas olarak 1970'lerde atılmış, 1980'lerde ise ilk kriz belirtileri ortaya çıkmaya başlamıştır. 1990'lara devredilen tablo o kadar olumsuzdur ki, açıkların daha erkenden ve daha hacimli olarak ortaya çıkmamasını bile bir "başarı" kabul etmek mümkündür.

Geçmiş onyıllarda **sistemin sorunları birikimli olarak büyümesinin nedenleri kısaca şöyle özetlenebilir:**

- Harcamaları hızla büyüyen sistemin gelirleri ve prim taban aynı hızla genişlememiştir.

- Emeklilik aylığı yönünden sistemin aktüaryal dengeleri gözetilmemiştir.

- Sistemin sosyal fonları kamu bankalarına veya devlet tahvillerine negatif reel faizlerle yatırılarak, çok uzun dönemler boyunca sigortalılardan devlete gelir transferi yapılmıştır. 1965 ile 1993 yılları arasındaki dönemde hükümetlerin el koyduğu yalnızca SSK kaynakları 20 milyar dolar gibi devasa rakamlarla ifade edilmeye başlanmıştır.

- Emeklilik yaş sınırları 1960 sonlarından itibaren yaz-boz tahtasına dönüştürülerek popülist gösterilere feda edilmiştir.

- Borçlanma yöntemiyle sisteme sürekli karşılıksız yeni yükler getirilmiştir. SSK'da isteğe bağlı sigortalı sayısının toplam sigortalı sayısına oranı % 25'e ulaşmıştır.

- Üye yükümlülüğünü yerine getirmeyen kesimlere özel yasalarla haklar verilmiştir.

- Kurumların prim tahsilat oranları son iki yıla kadar oldukça düşük kalmış ve alacakların takibinde yeterli başarı gösterilememiştir.

- Genişleyen kayıt dışı ekonominin, taşeron uygulamasının büyüttüğü kaçak işçilik sorunuyla başa çıkılamamış ve bu nedenle de prim girişleri büyük ölçüde donmuştur. Bordroda asgari ücret veya düşük ücret ve kısa süreli çalışma uygulamalarının yaygınlaşmasına engel olunamamıştır.

- Yarım zamanlı ve kısa süreli çalışma biçimlerinin ve SSK'nın etki sahası dışında kalan eve-iş-verme gibi yöntemlerin yaygınlaşması yoluyla da genişleyen esnek istihdam sistemde yeni gedikler açmıştır.

- Müflis duruma düşen bankaların özel sandıklarının yükü sisteme (SSK'ya) bindirilmiştir.

- SSK üzerinde sağlık sigortası bakımından tarım sigortalıları, topluluk sigortası gibi uygulamaların getirdiği yükler büyümüştür.

- Sosyal güvenlik kurumlarının ilaç ve tıbbi araç-gereç tekellerince sömürülmesine seyirci kalınmış hatta iktidarlarca teşvik edilmiştir.

- Bütün bunların sonucunda kurumların sunduğu hizmetlerin niteliğinde, özellikle SSK'nın sağlık hizmetlerinin niteliğinde gözle görülür aşınmalar ortaya çıkmıştır.

- Sosyal güvenlik kurumlarının yönetiminde sigortalıların yeterli ağırlıkta temsil edilmelerine olanak tanınmamış, özerk bir yapıya kavuşamayan kurumlarda doğru insan kaynakları yönetimini sağlayabilecek profesyonel bir yönetim anlayışı egemen kılınamamıştır.

* * *

Tablo 37'den görülebileceği gibi, son 10 yıllık süreçte bile sosyal sigorta kapsamındaki nüfus oranı % 63'ten % 82'ye yükselecek denli hızlı bir genişlemeye konu olmuştur. Sosyal sigorta kapsamındaki nüfusun yüzde 50'den biraz fazlası Sosyal Sigortalar Kurumu (SSK) şemsiyesi altında bulunmaktadır. SSK, müflis duruma düşen bazı bankaların özel sandıklarının yükünü de üzerinde taşımaya zorlandığı için sigortalı tabanında öngörülmedik genişlemelerle karşılaşabilmektedir.

1996 yılında sigortalı işçi sayısı 1995'e göre % 4.84 artarak 4.624.330'a yükselmiştir; bunların % 19.5'i kamuda, % 80.5'i özel sektörde çalışmaktadır. 1996'da 1995 yılına göre kamuda çalışan sigortalı işçi sayısı % 0.4 oranında azalırken, özel kesimde % 6.20 oranında bir artış görülmüştür. Bu gelişmede özelleştirme uygulamasının da küçük bir katkısı bulunmaktadır.

Sosyal Sigortalar Kurumu, sistemin en büyüğü olması yanında bugün için en dertli kurumunu da oluşturmaktadır. Kaçak işçilik

Tablo 37 - Sosyal Sigorta Programlarının Kapsadığı Nüfus (1986-95)

(Kişi)

KURULUŞLAR	1986	1987	1988	1989	1990	1991	1992	1993	1994	1995
I. EMEKLİ SANDIĞI TOPLAMI (1)	7.686.141	7.875.516	7.991.609	8.258.729	8.586.098	9.006.852	9.568.396	10.088.082	10.705.897	10.899.216
1. Aktif Sigortalılar	1.425.000	1.450.000	1.460.000	1.500.000	1.560.000	1.640.000	1.730.000	1.812.000	1.896.000	1.880.403
2. Aylık Alanlar (Emekli, malul, dul ve yetim)	714.867	745.904	777.117	810.368	843.443	878.758	940.277	999.807	1.083.403	1.155.528
3. Bağımlılar	5.546.274	5.679.612	5.754.492	5.948.361	6.182.655	6.488.094	6.898.119	7.276.275	7.726.494	7.863.285
II. SOSYAL SİGORTALAR KURUMU TOPLA.	14.731.300	15.283.076	16.815.069	17.916.404	18.977.758	20.016.071	21.364.028	22.876.810	24.810.197	26.506.886
1. Aktif Sigortalılar	2.815.230	2.878.925	3.140.071	3.271.013	3.446.502	3.598.315	3.796.702	3.976.202	4.202.616	4.410.886
2. İsteğe Bağlı Aktif Sigortalılar			120.000	266.569	300.000	300.000	361.863	438.843	771.906	980.841
3. Tarımdaki Aktif Sigortalılar (2)	29.677	36.358	41.334	74.407	74.407	93.756	115.174	177.145	212.995	247.566
4. Aylık Alanlar (Emekli, malul, dul ve yetim)	1.156.621	1.254.285	1.377.194	1.478.286	1.596.634	1.717.095	1.851.522	1.999.007	2.175.149	2.337.755
5. Bağımlılar	10.729.772	11.113.508	12.136.470	12.826.129	13.560.215	14.306.905	15.238.767	16.285.613	17.447.531	18.529.950
III. BAĞ-KUR TOPLAMI (3)	10.210.352	11.172.610	12.063.852	12.935.569	13.361.456	13.509.314	13.923.311	14.028.954	13.448.018	13.490.064
0. 1. Aktif Sigortalılar	1.828.719	1.937.727	1.876.745	1.943.408	1.967.379	1.989.6501	2.038.438	2.002.266	1.838.534	1.791.246
2. İsteğe Bağlı Aktif Sigortalılar			97.375	107.607	106.019	03.366	99.170	92.068	83.317	78.973
3. Tarımdaki Aktif Sigortalılar (4)	428.412	513.055	624.528	711.049	752.075	732.526	752.863	776.634	778.547	799.132
4. Aylık Alanlar (Emekli, malul, dul ve yetim)	361.222	409.853	484.676	544.914	595.889	655.646	711.994	777.968	825.595	880.820
5. Bağımlılar	7.591.999	8.311.975	8.980.528	9.268.591	9.940.094	10.028.126	10.320.846	10.380.018	9.922.025	9.939.893
IV. ÖZEL SANDIKLAR TOPLAMI	298.514	310.835	319.549	430.000	312.186	269.054	234.665	261.369	257.989	294.247
1. Aktif Sigortalılar	82.247	79.465	82.007	85.000	84.072	84.154	74.287	73.205	71.037	70.854
2. Aylık Alanlar (Emekli, malul, dul ve yetim)	23.167	24.417	26.708	30.000	32.409	37.201	41.050	45.857	47.114	51.948
3. Bağımlılar	193.100	206.953	210.834	315.000	195.705	147.699	119.328	142.307	139.838	168.445
V. SAĞLIK HİZMETLERİ BAKIMINDAN SOSYAL SİGORTALAR KAPSAMI (5)	22.948.499	24.159.744	26.246.820	29.197.134	30.875.840	32.676.465	35.005.226	36.987.418	39.002.177	40.916.508
VI. GENEL TOPLAM	32.926.307	34.642.037	37.190.079	39.540.702	41.237.498	42.801.291	45.090.400	47.255.215	49.222.101	51.187.413
1. Aktif Sigortalılar	6.151.196	6.346.117	6.558.823	6.799.421	7.057.953	7.312.119	7.639.427	7.863.673	8.008.187	8.153.277
2. İsteğe Bağlı Aktif Sigortalılar			217.375	374.176	406.019	403.366	461.033	530.911	855.223	1.059.814
3. Tarımdaki Aktif Sigortalılar	458.089	549.413	665.862	785.456	826.482	826.282	868.037	953.779	991.543	1.046.698
4. Aylık Alanlar (Emekli, malul, dul ve yetim)	2.255.877	2.434.459	2.665.695	2.863.568	3.068.375	3.288.700	3.544.843	3.822.639	4.131.261	4.426.051
5. Bağımlılar	24.061.145	25.312.048	27.082.324	28.718.081	29.876.669	30.970.824	32.577.060	34.084.213	35.235.888	36.501.573
VII. SİGORTALI NÜFUS ORANI (Yüzde)	63.6	65.5	68.8	71.2	72.7	74.0	76.5	78.7	80.5	82.3
VIII. SAĞLIK KAPSAMINDAKİ NÜF.OR. (Yüz.)	44.3	45.7	48.5	52.6	54.4	56.5	59.4	61.6	63.8	65.8
IX. GENEL NÜFUS TOPLAMI (6)	51.776.292	52.912.526	54.073.694	55.535.000	56.754.000	57.853.000	58.946.000	60.034.000	61.110.000	62.171.000

Kaynak: Emekli Sandığı, SSK, Bağ-Kur, DPT

(1) Vatani hizmet ve maddeya aylığı ile Kore aylığı hizmeti verilmeye başlanmıştır. (2) 2925 sayılı Kanun kapsamındaki aktif sigortalılardır.
(3) Bağ-Kur Kanunu 1972 yılında yürürlüğe girmiş olup, Bağ-Kur üyelerine 1986 yılından itibaren sağlık hizmeti verilmeye başlanmıştır. (4) 2926 sayılı Kanun kapsamındaki aktif sigortalılardır.
(5) Yurtdışındaki işçilerin Türkiye'deki aile fertlerinden SSK'nın sağlık hizmetlerinden yararlananlar dahil değildir. (6) 1990 yılından itibaren yıl sonu nüfus değerleri tahminidir.

esas olarak SSK'nın örgütlü olduğu alanda ortaya çıkmaktadır. Tablo 38, 1994-95 yıllarında SSK müfettişlerince denetlenen işyerlerindeki toplam çalışanların dörtte bir ila üçte birlik bölümünün sigortasız/beyansız kaçak işçi konumunda olduğunu göstermektedir. Bu oranın gerçekte daha büyük olduğuna ilişkin çok sayıda dolaylı gösterge bulunmaktadır.

Tablo 39, SSK'nın 1989 sonrasındaki tahsilat/harcama dengesinin evrimini vermektedir. Buna göre, sistemin cari gelirleri ile cari giderleri arasında pozitif fark oluşturma yeteneği giderek azalmış ve 1992'den itibaren negatif fark oluşmaya başlamıştır. 1996'da 144.4 trilyon TL'lik gelir-gider farkı oluşan SSK'nın bu açığı Hazine'ce karşılanmıştır. SSK'nın, Hazine bütçesi transfer tertibinden aldığı yardım tutarları 1994'te 14.5 trilyon, 1995'te 59.2 trilyon ve 1996'da 144.4 trilyon (mahsup hariç 69.7 trilyon) TL'dir.

Kurum'un, 1997 yılına ilişkin program tahmini olarak 374 trilyon TL açık vermesi beklenmektedir. 1997 Temmuz sonu itibariyle 208 trilyon TL Hazine yardımı Kurum'a aktarılmış bulunmaktadır.

SSK'nın 1996 yılında elde ettiği gelirlerin çeşitli kaynaklara göre dağılımı tablo 40'ta verilmektedir. Buna göre, Kurum gelirlerinin en önemli bölümlerini primler, gecikme zamları ve bütçeden yapılan transferler oluşturmaktadır. 1996 yılı için bu üç kaynağın toplam gelirler içindeki payı % 92.63'ü bulmuştur.

Tablo 41, SSK'nın 1 Şubat 1997 tarihi itibariyle alacakları toplamını göstermektedir. Buna göre, SSK'nın alacaklarının yarısına yakın bölümü prim asılları ve bunların gecikme faizlerinden oluşurken, yarısından biraz fazlası sosyal yardım zammı alacaklarından oluşmaktadır. Sosyal yardım zamları karşılıklarını sadece Hazine'den ve çeşitli kamusal/yarı kamusal kuruluştan tahsil etme peşine düşen SSK'nın bu konuda sonuç alabilmesi ancak yasal bir düzenlemeyle mümkün gibi gözükmektedir. Ancak bu arada, özel kesimle aynı koşullarda faaliyet gösteren KİT ve hatta özel hukuk hükümlerine tabi Tarım Satış Kooperatifleri Birlikleri gibi kuruluşların sosyal yardım zammı ödemeleri istenirken özel sektör kuruluşlarının bunun dışında tutulmasının hem hakkaniyet ilkesine aykırılık oluşturduğunu hem de haksız rekabet koşulları yarattığını belirtmeden geçmemek gerekir. Dolayısıyla, SSK borçlularının ağırlıklı olarak kamu kuruluşları olduğu biçimindeki sermaye yanlı iddialar gerçeği yansıtmaktan çok uzak kalmaktadır.

Tablo 38 - SSK Müfettişlerinin Denetimlerine Göre Kaçak İşçilik Oranı (1994-1995)

Yıllar	Denetim Yapılan İşyerlerinde				Kaçak Çalışanların Oranı
	Toplam Çalışanlar	Sigortalı Olanlar	Sigortasız (Kaçak) Çalışanlar	Sigortalanmışların Oranı	
1994	193769	128.186	65.583	%66.15	%33.85
1995	255.115	192.208	62.907	%75.34	%24.66

Kaynak: SSK

Tablo 39 - SSK'nın Tahsilat-Harcama Dengesi: 1989-96

(Milyar TL)

Yıllar	Prim Tahsilatı	Diğer Gelirler	Gelirler Toplamı	Giderler Toplamı	Fark
1989	4.705	669	5.374	4.692	682
1990	9.289	1.414	10.703	9.304	1.399
1991	15.426	3.085	18.511	18.383	128
1992	29.024	3.765	32.789	35.345	-2.556
1993	44.444	7.724	52.168	60.252	-8.084
1994	65.304	25.031	90.335	109.734	-19.399
1995	103.384	41.209	144.593	226.428	-81.835
1996[1]	280.521	49.651	330.172	474.095	-143.923
1996[2]	-	-	342.400	486.800	-144.400

(1) Gerçekleşme tahmini.
(2) Gerçekleşme.
Kaynak: SSK.

Tablo 40 - SSK'nın 1996 Yılı Gelirlerinin Kaynaklarına Göre Dağılımı

Gelir Türü	Yüzde Pay
Primler	60.64
Gecikme Zammı ve İdari Para Cezası	17.86
(Banka) Faiz Gelirleri	1.86
Tahvil Gelirleri	1.52
Sağlık Tesisleri Gelirleri	1.43
Genel Bütçeden Yardım	14.13
Kira Gelirleri	0.44
Diğer	2.12
Toplam	100.00

Tablo 41 - 1 Şubat 1997 İtibariyle SSK Alacakları

(Milyar TL)

Sektör ve Kuruluşlar	Prim/Alacak Aslı	Gecikme Zammı	Toplam
I. Prim Alacakları (1+2)	60.370	77.480	137.850
1) Özel Sektör	43.808	53.528	97.336
2) Kamu Sektörü	16.562	23.952	40.514
KİT'ler	7.254	23.952	40.514
Belediyeler	7.254	10.558	17.812
Diğer	7.514	12.184	19.698
II. Kamudan Sosyal Yardım Zammı Alacakları	48.244	95.821	144.065
III. Toplam Alacaklar (I+II)	108.614	173.301	281.915

Kaynak: SSK

1991 sonunda iktidar olan DYP-SHP Koalisyon Hükümeti, 1987 yılında getirilmiş bulunan emeklilik yaşı sınırlarının kaldırılmasına yönelik seçim vaadi doğrultusunda düzenlemeler yapmıştır. Ancak bunalımın büyümesi üzerine izleyen yıllarda aynı koalisyon ortaklığının reform arayışları hızlanmış ve Dünya Bankası'nın kredi desteğiyle Uluslararası Çalışma Örgütü'ne (ILO) emeklilik sistemleri ve finansmanına ilişkin projeler hazırlatılırken, Avustralya Sağlık Sigortası Komisyonu'na (HIC) da sağlık hizmetleri ve finansman sistemlerine ilişkin projeler ısmarlanmış ve bunların 1996 başlarında ortak bir projeye oradan da bir yasa tasarısına dönüştürülmesi sonucuna ulaşılmıştır. Bu yasa tasarısının başarısız olmasından sonra daha yumuşak yeni bir tasarı hazırlanmış ve parlamentoya Refahyol Hükümetince sevkedilmiştir.

HIC ve ILO'nun Bazı Sonuçları Üzerine

Öncelikle ILO ve HIC tarafından yürütülen çalışmaların ortak sonuçlarına değinerek eleştirel süzgeçten geçirmek yararlı olur. Bu sonuçlara göre:[1]

- *"Mevcut emeklilik sistemleri gelecekte sürdürülemez; hem sosyal yardım hem de sağlık hizmetleri reform gerektirmektedir;*

- *Sağlık hizmetleri, sosyal yardım ve emeklilik sistemleri reformları birarada gerçekleştirilebilir;*

- *Çeşitli emeklilik sistemi reformu seçenekleri vardır."*

Reformların hızının, kamu tarafından benimsenmesine ve iyi bir idari reformun yapılmasına bağlandığı bu genel sonuçlara ilk

---

[1] İzleyen alıntılar için ILO, Sosyal Güvenlik Reformu-Rapor özeti, 22 Mart 1996 ile Avustralya Sağlık Sigortası Komisyonu (HIC), Sağlık Finansmanı Politika Seçenekleri Çalışması-Nihai Rapor Yönetici Özeti, Mart 1996'dan yararlanılmıştır.

bakışta katılmamak zor gibi gözüküyor. Ancak modelleme alıştırmalarının fazla hipotetik varsayımlara dayandığı, kamu maliyesinin genel finansman sorunlarının çözülemediği bir ortamda önerilerin önem taşıyanlarının havada kaldığı, sistemin kötü yönetiminin bedelinin esas olarak emekçi kesimlerin sırtına yüklenme eğiliminin öne çıktığı bu çalışmaların gerektiğinden fazla abartıldığı anlaşılıyor.

Nitekim emeklilik sistemine ilişkin -şartnamede de talep edilen- dört reform seçeneğinden dördüncüsünün çeşitli taraflarca en fazla uygulanabilir görülmesi de bunu kanıtlamaktadır. Bu karma sistemde, mevcut dağıtım esaslı sosyal güvenlik sisteminin birtakım düzeltmelerle yeniden biçimlendirilmesinin, isteğe bağlı ikinci kademe bir emeklilik tasarruf sistemi ile birleştirilmesi öngörülmektedir. Oysa SGS'nin sağladığı emeklilik programını tamamlayıcı nitelikteki ikinci kademe isteğe bağlı emeklilik tasarruf sisteminin (ki bu esas olarak özel emekli fonlarınca yürütülebilecektir) kapsamı çok sınırlı kalacaktır. Nitekim, ILO çalışmasının da belirttiği gibi, "esas yararlanacak olan kesim, maaş düzeyi yüksek olanlarla, işletmelerle toplu sözleşme yapabilen sendikalara bağlı çalışanlar olacaktır". Kaldı ki, mevcut durumda da böylesine bir isteğe bağlı emeklilik tasarruf sisteminin kurulmasına hiçbir yasal/idari engel bulunmamaktadır.

Mevcut sosyal güvenlik sisteminin yeniden düzenlenmesine yıllardır sokulmak istenen piyasacı yönlendirmeler ve bazı bilinen öneriler dışında fazla bir yaratıcılığa rastlanmamaktadır.

Sosyal güvenlikte mevcut durumun özellikle emeklilik yönünden düzeltilmesi için gerekli önlemlerin alınması kapsamında sayılan dört ayrı önlem ise şunlardır:

- *Emeklilik yaşının kayda değer oranda yükseltilmesi* (Tüm seçeneklerde yaş sınırının önce 53-55'e, on yıllık bir dönem içinde de 58 ve 60'a çıkarılması önerilmekte; başlangıç sınırlarına aşamalı yaklaşım -örneğin 5 yıl içinde- benimsenirse, reformlardan beklenen olumlu ekonomik sonuçların büyük kısmının erteleneceği iddia edilmektedir);

- *Prim ve sosyal güvenlik yardım tavanlarını belirleyen sigortalanabilir kazanç tanımının önemli oranda genişletilmesi* (Seçeneklerin birçoğu asgari ücretin 1.5 katı olan bu kazanç düzeyinin 5 katına yükselmesini varsaymaktadır. 4 nolu seçenek asgari ücretin 3 katı bir tavan öngörürken, DPT görüşü 4 katlık bir tavandır);

- *Sosyal güvenlik yardımları ve primleri arasında daha kuvvetli bir bağlantı; emekli aylığı ile sigortalanabilir kazanç düzeyi arasında daha gerçekçi bir ilişki kurulması* (özellikle sosyal yardım zamlarının prim karşılığı olmadığına yönelik bir eleştiriyi içermektedir);

- *Sosyal güvenlik kurumlarının etkinliğinde ve primlerin düzgün ödenmesinin sağlanmasında iyileştirme yapılması, kurumlar arasında daha iyi uyum sağlanması* (bu konularda çalışmalar zaten sürdürülmektedir).

Raporlardan görüldüğü gibi, somut öneriler emeklilik yaşı ve prim/ödeme tavanı gibi konularla sınırlı kalmaktadır. Popülist iktidarlarca sık sık oynanan emeklilik yaşının Türkiye koşullarında tesbiti, yaşama umudunun kısalığı yanında, yüksek işsizlik düzeyini mutlaka hesaba katmalıdır. Bu nedenle, eğer bir yaş sınırı getirecekse, bunun, genç işsizlerin iş bulma umudunu engellemeyecek kadar düşük; sigortalıların emeklilik sonrasında yeniden işgücü piyasasına emek arz etmelerini büyük oranda caydıracak ölçüde yüksek olmalıdır.

Bu ölçütlere en uygun nihai yaş sınırlarını ILO raporu başlangıç oranı olarak kadınlar için 53 erkekler için 55 olarak belirtiyor. Refahyol Hükümeti döneminde Meclis'e sevkedilen yasa tasarısı ise bunları 50 ve 55 olarak öngörüyor. Bu sınırlar makul kabul edilebilir. Ancak bu tür bir uygulamaya (tasarıda olduğu gibi) tedrici bir geçişin düşünülmesi kadar, bunun ancak genel bir yeniden düzenleme paketi içinde anlam taşıyabileceği unutulmamalıdır.

Prim ve yardım tavanlarının yeniden belirlenmesi ise ancak gelir grubuna göre tanımlanabilecek bir oynak tavan sistemi içinde uygulanırsa anlamlı olabilecektir.

> Sosyal yardım zammına yöneltilen eleştiriler ise bazı yönlerden haksızdır. 1994'te emekli aylığının % 59'unu sosyal yardım zamları oluşturuyorsa ve buna rağmen emekli aylığı toplam düzeyi çok yetersiz kalıyorsa, bu durumda sosyal yardım zammına karşı çıkışlar anlamsızlaşmaktadır. Emekli aylığına ve prime esas sigortalanıbilir kazanç tavanını yükseltmeden emekli aylıklarına zam yapma olanağı getiren bu uygulamanın SSK emekli aylıklarını, uygulamanın yapılmadığı Emekli Sandığı emekli aylıkları düzeyine bir ölçüde yaklaştırma işlevi olduğu da unutulmamalıdır. Sosyal yardım zammını kamu kurumlarından tahsil etmeye yönelik uygulamanın bugün için asıl sorunu, yalnızca kamu işverenlerine (hatta özel statülü TSK Birliklerine) yük getirecek biçimde tasarlanmış olması, dolayısıyla özel sektörü kayırıcı ve kamunun ticari üretimi söz konusu olduğunda özel kesim lehine rekabet saptırıcı tarzda işlemesidir. Birçok açıdan sorunlu olan sosyal yardım zammı yerine işveren priminin arttırılmasının ve devletin sisteme düzenli katkı yapmasının sağlanması, böylece emeklilik ödemelerinin de gerçek geçim düzeylerine yükseltilmesinin düşünülmesi daha doğru olacaktır.

Sendikal kuruluşlar Refahyol Hükümeti'nce Meclis'e sunulan tasarının hazırlanış sürecine katılmakla birlikte nihai metin üzerinde bazı itirazlarını saklı tutmuşlardır. Herşeye rağmen Refahyol döneminde TBMM'de görüşülme sırası gelemeyen söz konusu tasarının olumlu yönlerinin ağır bastığı söylenebilir. Buna karşılık, aynı iktidar, bu defa sosyal sigortacılığı tam anlamıyla torpilleyecek nitelikte yeni "projeler" üretmekten geri durmamış ve ülkenin ve kurumlarının geleceğinden çok bugünü ve kendi "başarılı görüntüsünü" kurtarmaktan başka bir kaygıyla hareket etmediğini kanıtlamıştır. Nitekim, daha önce de Özal Hükümeti bir yandan emeklilik yaşı tavanlarını getirirken öbür yandan da süper emeklilik gibi *bugün nakit girişi ve seçmen sempatisi sağlayıp yarın sisteme ek yükler ve seçmen tepkisi getirmesi kaçınılmaz* olan uygulamalara girişmekten çekinmemişti.

Türkiye'de sosyal sistemin dengeleri bozulmuştur. İstihdam üzerindeki vergi ve benzeri kesintilerin (gelir vergisi stopajı, sosyal güvenlik primi, Çalışanların Tasarruflarını Teşvik Hesabı kesintisi ve diğer fon kesintileri) ağırlığı giderek büyümüş ve kayıt dışı çalışma ve kaçak işçilik adeta bilinçli olarak teşvik edilmiştir. Bu eğilimi tersine döndürmek bugün 10 yıl öncesinden daha güç görünmektedir.

V. BÖLÜM
ULUSAL VE ULUSLARARASI SERMAYENİN YENİ ATAĞI

- YAKIN İZLEME ANLAŞMASINA DOĞRU: ESK'NIN SON TOPLANTISININ MALİ/İKTİSADİ POLİTİKA ÖNERİLERİ
- IMF ile "YAKIN İZLEME ANLAŞMASI" ve HÜKÜMETİN "EKONOMİK POLİTİKALAR BİLDİRGESİ"

   Ek 3: Ekonomik Politikalar Bildirgesi'nin Tam Metni
- KÜRESELLEŞME PARADOKSU: SÖYLENCEDEN GERÇEKLERE
- ÇOKTARAFLI YATIRIM ANLAŞMASI: KÜRESELLEŞMENİN ANAYASASI MI?

   Ek 4: MAI Hakkında Kaygılanmak İçin 10 Neden
- EKONOMİK KRİZ: NEREYE KADAR?

"YAKIN İZLEME ANLAŞMASI"NA DOĞRU:

ESK'NIN SON TOPLANTISI'NIN MALİ/İKTİSADİ POLİTİKA ÖNERİLERİ

Ekonomik ve Sosyal Konsey'in (ESK) 16 Haziran 1998 toplantısı ANAP-DSP-DTP Hükümeti dönemindeki altıncı toplantı oldu. Bu toplantıların üçü Başbakanın başkanlığında "genel", diğer üçü ise Maliye Bakanı ile ekonomiden sorumlu Devlet Bakanlarının yönetiminde "özel" bilgilendirme toplantıları niteliğini taşıdı.

25 Ağustos 1997 tarihindeki ilk toplantı, yeni işbaşı yapmış olan hükümetin devraldığı tabloyla ilgili bilgi verdiği ve eğilim ölçtüğü "genel ekonomik durum" toplantısıydı. İzleyen 13 Ekim toplantısı "Ekonomik İstikrar Programı ve 1998 Mali Yılı Bütçesi" üzerinde odaklaştı. İzleyen üç toplantı ise üstüste vergi reformu üzerine gerçekleştirildi. 16 Haziran 1998'deki son toplantının gündeminde a) enflasyonla mücadele programı ve gerçekleşmeler; b) kayıtdışı ekonomiyi kontrol altına almak için yapılan düzenlemeler bulunuyordu. Bu son toplantının en fazla bağlantılı olduğu toplantı ise, 13 Ekim 1997 tarihindeki özel bilgilendirme toplantısıydı. Çünkü, 13 Ekim tarihli ikinci ESK toplantısı hükümetin enflasyonla mücadele programı ve buna ilişkin toplumsal konsensüs niteliğinde iken, 16 Haziran tarihli altıncı toplantı bir yandan bu programın gerçekleşmelerini, diğer yandan ise 1998'in ikinci yarısına ilişkin toplumsal destek arayışlarını yansıtıyordu. Öte yandan IMF ile imzalanması düşünülen "Yakın İzleme Anlaşması" arifesinde işçi-çiftçi ve esnaf kesiminin

yeni "özveriler" içeren desteğinin alınması da bu toplantının örtülü amaçları arasında bulunuyordu. Sermayenin desteğinin istenmesi de sözkonusu olmakla birlikte, bu kesimden her zaman olduğu gibi fazlaca bir özveri talebi ortada bulunmuyordu; kendilerinden sadece enflasyon hedefleriyle uyumlu daha makul fiyat artışları yapmaları rica ediliyordu!

Son ESK toplantısında belirginleşen ilk şey, ESK'nın bugün olduğundan daha kurumsal bir yapıya kavuşmasının şu an için günden dışında olduğuydu. ESK'nın gerek katılımcılarını gerekse çalışma yöntemlerini belirli tüzük esaslarına bağlayacak bir hazırlık çalışması geçen yılın sonbaharından itibaren ESK'nın sosyal tarafları (TÜRK-İŞ, TİSK, DİSK, HAK-İŞ, TOBB, TESK, TZOB) arasında olgunlaştırılmışken, hükümet kanadından buna şimdiye kadar olumlu bir yanıt gelmemişti. 16 Haziran toplantısında Hükümet-dışı kuruluş temsilcilerinin bazılarının konuyu yeniden gündeme getiren ve ESK toplantılarının ilgili taraflardan teknik heyetlerin önceden alt komisyonlarda biraraya gelerek hazırlanmasının yararına dikkat çeken konuşmalarına Başbakan oldukça net bir yanıt veriyordu: "Bu toplantılar istişari nitelikteydi, daha fazlasını istemek, hükümet üstü bir karar organına dönüştürmeyi talep etmemek gerekirdi. Esasen kendi hükümetleri bu tür toplantıları çok sık aralıklarla yapma başarısını göstermişti". Toplantıların şimdiye kadar görülmüş en sık aralıklarla yapıldığı doğru; ancak ESK'nın daha kurumsal bir yapıya kavuşmasını ve böylece bir hükümetten diğerine bileşimi, toplantı sıklığı ve çalışma yöntemi değişmeyecek bir nitelik kazanmasını sağlamak kuşkusuz bu müesseseyi bir danışma organı olmaktan çıkarmazdı. Ancak biraz daha fazla kararlılık kazandırır ve kurulun hükümet dışı üyeleri bugünkü edilgen durumlarından sıyrıldıkları için ESK'ya daha çok önem atfederlerdi.

Enflasyonla Mücadele

16 Haziran toplantısında enflasyonla ilgili sunuşta en çok altı çizilen konu, sürdürülen programın oldukça başarılı bir noktaya getirildiği, bunun devam ettirilmesi halinde hedefler civarında kalınabileceğiydi. Başarının sürdürülmesinde **toplumsal diyaloğun** vazgeçilmez bir işlev taşıdığı belirtilerek sosyal taraflardan özveri bekleniyordu. Beklenen özverinin adı ise şuydu: "Ekonomik birimlerin maaşücret ve fiyatlandırma kararlarını geçmiş enflasyona endekslemeden vazgeçerek hedeflenen enflasyon ile uyumlu olarak oluşturmasının bu dönemde enflasyondaki yavaşlamaya önemli bir katkı sağlayacağı açıktır". Bu mesaj, işçi, memur, işveren, küçük esnaf ve çiftçiye yönelikti. Özel sektör mal ve hizmetlerindeki fiyat artışlarının kamunun çok önünde gitmesinin dile getirilmesi küçük tartışmalara yol açmakla birlikte özel kesimce de dikkatle not edildi.

Bu türden bir politikanın (geleceğin enflasyon öngörüsüne göre ücret belirlemenin) bütün bir seksenli yıllar boyunca ANAP iktidarlarınca uygulandığı, 1994 sonrasında yeniden gündeme getirildiği ve işçi-memur kesimine yüklenen önemli reel kayıplara rağmen fiyat istikrarının sağlanamadığı biliniyor. Nitekim ücret ve maaşların 1994'ten itibaren hızlı bir reel aşınma sürecine girdiği bir dönemde enflasyonun azalmak yerine artması bunun çok güncel bir kanıtı olarak da ortada duruyor.

Bununla birlikte, 1998 sonuna kadar aylık enflasyona göre ücret artışı gören kamu işçileri için şimdilik ortada bir sorun görünmemektedir. Sorun, 1999 başından itibaren yenilenmesi gerekecek sözleşmeler sırasında ortaya çıkabilecektir. O zamanki hükümetin bugünden farklı olacağı düşünülürse, konunun şimdilik işçi konfederasyonları için yakıcı bir önemi olmadığı anlaşılır. Kaldı ki antienflasyonist programın işçi kesiminin samimi desteğini aldığına da kuşku yoktur. Yeter ki, bu dertten kurtulunabileceğine ve beklenen enflasyonu kasıtlı olarak düşük göstererek satın alma güçlerinin aşağıya çekilmeyeceğine artık inansınlar.

Kayıtdışılıkla Mücadele[*]

Ekonomik ve Sosyal Konsey'in 16 Haziran toplantısının gündem maddelerinden ikincisi ise kayıtdışı ekonomi ve bununla mücadele programıydı. Kayıtdışı ekonomi konusunda DPT Müsteşarınca yapılan sunuşun belirli bölümleri basında da yer aldı.

En ilginç veriler, dönemlerarası ve uluslararası bir karşılaştırmaya ilişkin sonuçlardı. Buna göre, OECD'nin gelişmiş ülkelerinde, Avusturya istisnası dışında, 1978-1994 döneminde kayıtdışı ekonominin boyutları önemli ölçüde büyümüştü. 1978 yılında GSMH'ya oranla yüzde 4 ile 12 arasında değişen kayıtdışı ekonominin boyutları, aynı ülkelerde 1994 yılında yüzde 7 ile 26 arasında değişiyordu. Yüzde 7'ler düzeyindeki iki ülke dışarıda bırakılırsa, 1994 yılında kayıtdışı ekonomisi yüzde 12'nin altında kalan gelişmiş ülke bulunmuyordu. Başka deyişle, 1978'in en üst oranları 1994'te taban oranlarına dönüşmüştü. En büyük sıçramaların İspanya ve İtalya gibi Akdeniz ülkelerinde görülmesi, beklentilere belki çok aykırı düşmüyordu. Ancak 1994'te kayıtdışı ekonomisinin GSMH'ya oranı yüzde 20'yi aşan üç ülke arasında, İtalya ve İspanya'yı izleyen Belçika'nın da bulunması, bu arada İskandinavya ülkelerinde dahi bu oranın yüzde 17.5 düzeylerine çıkmış bulunması ilgi çekiciydi.

DPT Raporunda Türkiye'ye ilişkin çalışmalarda yöntem farklılıkları nedeniyle çeşitli büyüklüklerin bulunduğu; yasal olmayan faaliyetler ile gayri resmi ekonomi (ev ekonomisi) dışındaki kayıtdışı ekonominin GSMH içindeki payının yüzde 20'ye yükseldiği; sigortasız işçilerin toplam işçiler içindeki oranının yaklaşık yüzde 30 olarak saptandığı; vergi yaklaşımında ise kayıtdışı ekonominin kayıtlı ekonomiye oranının yüzde 40'ı aşabildiği belirtilmekteydi. Her durumda, Türkiye bir Akdeniz ülkesi kimliğini hakkıyla taşıdığını göstermekteydi.

---

[*] Bu bölüm, Vergi Yasa Tasarısı'nın henüz Meclis'te görüşülmesi tamamlanmadan yapılan ESK toplantısına atfen yazılmıştır. Yeni gelişmeleri de dikkate alan değerlendirmeler III. Bölümün 7. ayırımında yapılmıştır.

Türkiye'de kayıtdışı ekonominin kontrol altına alınması bağlamında ESK'da sunulan yaklaşım, *a) vergi alanında yapılan ve Meclis'te görüşülen vergi tasarısında yer alan düzenlemeler; b) sosyal güvenlik alanında yapılması gereken düzenlemeler ve c) Hal Yasasıyla getirilen düzenlemeler* başlıkları altında, yapılan ve yapılması planlanan çeşitli düzenlemeler konusunda bilgi verici nitelikteydi. Bu düzenlemeler dışında ayrıca Maliye Bakanı'nın görüşülmekte olan vergi yasa tasarısının ilgili bölümüne geçici madde olarak eklenmesini önerdiği mali teşvik ögeleri ESK gündeminde ön plana çıktı.

Buna göre, vergi tasarısının kanunlaşmasından sonraki sınırlı bir süre içinde başvurulması kaydıyla, sigortasız ve kayıtsız çalışan işçilere ve onların işverenlerine bellibaşlı üç mali avantaj sağlanmak suretiyle onları kayıt altına çekmek amaçlanmaktaydı. Belirlenecek koşullar altında kayıt altına girecekler için, *a) ücretlinin gelir vergisi stopajının tahsilinin 1 yıl boyunca izleyen yılın aynı aylarına ertelenmesi; b) işçi ve işverenin Zorunlu Tasarruf (ÇTTH) kesintisinin bu kapsama gireceklerden bundan böyle hiç alınmaması; c)işverenin kendisine ait sigorta priminin yarısının 12 ay süreyle SSK'ya Hazine tarafından ödenmesi* biçiminde mali teşviklerin getirilmesi önerilmekteydi.

Her üç düzenleme için de sendikal kesimin görüş ve desteği alınmak istenmiştir. ESK üyesi işçi konfederasyonlarının en büyüğü ve en etkilisi olan Türk-İş'in her üç düzenleme için öncelikli talebi, kayıt altına alınmanın özendirilmesi ile sendikalaşmanın özendirilmesi arasında bir ilişki kurulması yönünde olmuştur. Bu çerçevede, kayıt altına alınmanın sağlayacağı mali olanaklardan yararlanabilmenin belirtilen süre içinde ilgili işkolundaki sendikalardan birine üye olunması önkoşuluna bağlı olması Türk-İş'in öncelikli talebi olmuştur[*].

---

[*] Bu konudaki son gelişmeler önemi nedeniyle Bölüm III/7'de yer almıştır.

Türk-İş'in mali avantajlar konusundaki temel kaygısı ise, teşvik muafiyet süreleri bittiğinde yeniden kayıt dışılığa dönüşün başlayacağı veya bunun önlenmesi amacıyla sözkonusu teşviklerin sürelerinin tekrar tekrar uzatılmak zorunda kalınacağı ve böylece çalışma koşullarında ikili yapıların yaratılacağıdır. Olağanüstü hal veya kalkınmada öncelikli yöre kapsamlarında esasen yaratılmakta olan bu tür ikili yapılar giderek ülke sathında kalıcılık kazanabilecektir. ÇTTH'a ilişkin öneri bunun somut örneklerinden biridir.

Her durumda, daha kalıcı çözümler aranmak isteniyorsa, mali teşvikler yerine kurumsal önlemlerin zenginleştirilmesi daha akılcı olacaktır. Bunların başında da, sendikalaşmanın kösteklenmesi değil teşviki gelmektedir. Diğer bir etkili kurumsal düzenleme işsizlik sigortasının getirilmesi ve SSK ile ilgili yeni düzenlemenin işçi kanadının benimsediği biçimiyle biran önce yasalaştırılması olacaktır. İşsizlik sigortası, işçi ile işveren arasında çıkar zıtlığı yarattığı için bizzat işçinin de kayıt altına girmek için çaba göstermesiyle sonuçlanacaktır. Bu nedenle bu kurumun sisteme dahil edilmesinde daha fazla gecikilmemelidir.

Bütün bunlar yanında, Türkiye'de yukarıdan aşağıya doğru etik değerlerin yeniden tanımlanmasının ve siyasal karar alıcıların bunun ilk olumlu örneklerini vermesinin şart olduğu da anımsatılmalıdır. Kamusal çıkarın özel çıkarın önüne geçirilmesini ve aksi durumların toplumsal ayıplamaya konu olmasını sağlamadan, vergi kaçakçılığının, kayıt dışılığın ve her türlü yolsuzluğun önüne geçilmesi pek mümkün gözükmemektedir.

IMF ile
"YAKIN İZLEME ANLAŞMASI"
ve HÜKÜMETİN
"EKONOMİK POLİTİKALAR BİLDİRGESİ"

Hükümet tarafından IMF'ye verilen *Ekonomik Politikalar Bildirgesi*, bu kuruluşla imzalanan *Yakın İzleme Anlaşması*'nın bir parçasını oluşturuyor. IMF'den mali bir destek alınmaksızın taahhütler altına girilmesi ve bir anlaşma imzalanması acaba hangi amaçları taşıyor? Hükümet açısından bunun üç görünür amacı bulunuyor:

Birincisi, Türkiye'nin dış kredi itibarını artırarak birkaç yıldır uygun koşullu kredi bulamamanın doğurduğu sorunları aşmak;belki de böylece iç borçların bir kısmını dış borçlara dönüştürmek;

İkincisi, iç itibar artışı temelinde ücretli, maaşlı, tarımsal üretici, emekli gibi toplumun geniş bölümünü oluşturan kesimleri yeni özverilere razı etmek veya bir anlamda başka çıkış yolu bırakmayarak mecbur bırakmak;

Üçüncüsü, kendisini ve ekonomi bürokrasisini taahhüt edilen amaçlar doğrultusunda kilitleyerek kamu yönetiminde bir türlü tam başaramadığı iç disiplini sağlamak ve böylece seçim öncesinde enflasyon konusunda başarılı sonuçlar almak; bu arada 18 aylık yakın takip döneminde izleyen siyasal iktidarları da bağlayıcı bir programı oluşturarak sermaye kesiminin aradığı istikrarı da sağlamak ve böylelikle o cepheden de sağlam bir destek elde etmek.

Bu amaçlara ne ölçüde ulaşılacağı bugünden tam olarak bilinmiyor. Uygun koşullu dış kredi bulmanın 55'inci Hükümetin kendine biçtiği ömür süresi içinde ne miktarda somut sonuçlar verebileceğini de bugünden (1998 yaz başlangıcında) kestirmek mümkün gözükmüyor. Halkın büyük çoğunluğunun yeni özverilere razı edilmesi de Hükümet açısından kazanılmış bir mevzi değildir. Şimdiye kadar en fazla gerçekleşme şansı olan üçüncü amacın da, iktidar değişimine mukavim olup olmayacağını bugünden kestirmek kolay görünmemektedir.

Ancak, doğrudan hiçbir maddi karşılık dahi almaksızın ülke adına taahhütlerde bulunmanın ve ülkeyi bir dış finans kuruluşunun yakın izlemesi altına sokmanın doğruluğu tartışmalıdır. Yürütmenin yasama organını da bağlayacak bir biçimde verdiği yazılı sözlerin, hükümranlık hakları ve yasama-yürütme ayrılığı bakımından ciddi handikaplar taşıdığı ortadadır. G.Kore'de ülkeyi IMF programına muhtaç etmenin ezikliğini duyan politikacılar kendi halklarından özür dilerken, Türkiye'de politikacıların bunu bir iftihar ve itibar vesilesi yapabilmeleri düşündürücüdür.

* * *

Hükümetin IMF'ye sunduğu "Ekonomik Politikalar Bildirgesi"nin tam metni ilişikte sunulmaktadır. Bu tarihsel belgenin hızlı bir içerik analizi, "bildirge" adı verilen mektupta önerilen politikalar bağlamında yapılabilir.

Maliye politikası açısından bakıldığında, mektupta verilen taahhütler:

— "Kamu sektörü maaş artışlarının Temmuz 1998'de yüzde 20 ile, 1999'da ise hedeflenen enflasyon (tüm yıl için yüzde 20) ile sınırlı tutulmasını;

— tarımsal destekleme fiyat artışlarının 1999 yılında hedeflenen enflasyonla sınırlı tutulmasını;

— vergi reformu yasa tasarısının, 1 Ocak 1999 tarihinden itibaren oran indirimlerini uygulamak üzere ve geçmişe yürümeyecek şekilde kanunlaştırılmasını; vergi idaresinde iyileştirme sağlanmadıkça, geriye yönelik hiçbir vergi oranı indiriminin kabul edilmemesini;

— özelleştirme gelirlerinin 1998'de 2 milyar dolarının ve 1999'da en az 3 milyar dolarının borç geri ödemesinde kullanılmasını;

— tüm banka hesapları için vergi kimlik numarası uygulamasının Aralık 1998 sonundan itibaren yürürlüğe sokulmasını;

— Temmuz 1998'den itibaren piyasa koşullarının izin verdiği ölçüde, enflasyona ve dövize endeksli devlet iç borçlanma senetlerinin borçlanma içindeki payının 1/3' e yükseltilmesini" öngörmektedir.

Bunların arkasındaki temel gerekçe ise, "bütçenin faiz dışı fazlasının arttırılması için faiz dışı harcamaların sınırlandırılmaya devam edilmesi ve faiz dışı bütçe fazlasındaki artışın faiz ödemelerine aktarılması ve bu suretle enflasyonla mücadeleye devam edilmesi" olmaktadır.

Maliye politikasının özünü de bu gerekçe özetlemektedir: Faiz dışı harcamalar kısılmalı, fakat faiz harcamalarına düzenli olarak ödenek ayrılmalıdır. Bu nedenle kamu personel ödeneği düşük tutulmaya devam edilmeli, yatırım harcamalarındaki kısıntı daha da köklü olarak sürdürülmeli, çiftçilere fiyat ve faiz desteğine son verilmeli, gelir vergisinin yükü altında ezilen ücretlilere 1998 başından itibaren vergi hafiflemesi yapılmamalıdır. Gerçekleşmiş enflasyonun değil, gelecek dönemin beklenen enflasyonunun temel alınması yaklaşımı, 24 Ocak ve 5 Nisan mantıklarının, Özal ve Çiller tarzı ekonomik politikaların doğrudan uzantısındadır. Özünde de, beklenen enflasyon tahmininin kasıtlı olarak düşük tutulmasıyla ücretlerin reel düzeyinin eritilmesi aldatmacasına dayanır.

Peki ama bunlar tutacak taahhütler midir? Gelir vergisi oran indiriminin yıl ortasından başlayarak yürürlüğe girmesi şeklinde bulunan orta yol, en azından yasamanın ve siyasal oluşumların yetkilerini IMF'ye tam olarak teslim etmeye razı olmadığını göstermektedir. Maaş artışlarının sınırlandırılması konusunda da taahhütün tam olarak tutulmasının mümkün olmadığı % 20 artı % 10 formülüyle ortaya çıkmıştır. Özelleştirme gelirlerinin özelleştirme yasasına aykırı olarak Hazine'ye aktarılması ve borç takası olarak kullanılmasının IMF'ye verilen taahhütler içinde yer alması ise egemenlik haklarımız ve mevzuat hiyerarşisi açısından tam bir talihsizliktir. Bunun da hukuksal açıdan sorgulanması taahhütler açısından yeni bir açmaz yaratabilecektir.

"Bütün öncelikler faiz ödemelerine" politikasının bugün Türkiye'ye getirdiği nokta, 1998 bütçesinin başlangıç ödeneğinin yüzde 40'ının, ilk 5 aylık gerçekleşme sonuçlarına göre ise yüzde 48'inin faizlere aktarılmasıdır. 18 aylık izleme programı, **bunun nasıl aşılacağını söylememektedir**. Tam tersine, "faiz harcamaları 1998 yılında 9.255 trilyon lirayı (veya GSMH'nın yüzde 17.5'ini) aşmayacaktır" taahhüdünü veren hükümet, 1998 bütçesinin faiz ödeneği olan 5.9 katrilyon liranın yüzde 57 üzerine çıkan yeni bir tavan koyarak çıtayı yükseltmeye devam etmektedir.

Öte yandan, aynı bildirge mektubunda "1998 için vergi gelirlerinin en az 9.350 trilyon liraya (GSMH'nın yüzde 17.7'sine) artırılması hedeflenmektedir" denildiği de dikkate alınırsa, vergi gelirlerinin tümünün (borç ana paraları hariç) sadece borç faizlerine karşılık gelmesinin göze alındığı anlaşılmaktadır. Bunun çok uzak bir olasılık olmadığını yukarda özetlenen 1998 yılı Ocak-Mayıs bütçe gerçekleşmeleri göstermektedir. İlk 6 ayın gerçekleşmelerine göre konsolide bütçe vergi gelirlerinin yüzde 84'ünün bütçe faiz ödemelerine esasen aktarılmış durumda olduğu dikkate alınırsa, geriye kalan yolun çok fazla olmadığı görülecektir.

Yapısal politikalar başlığı altında önerilen politika araçları arasında da emek dünyasını çok fazla ilgilendirenler bulunmaktadır.

- "Telekomünikasyon ve enerji sektörleri için gerekli olan düzenleyici çerçeveye ilişkin yasal düzenlemelerin 1998 sonu itibariyle TBMM'ye sunulması" başlığını taşıyan politika önerisi, bildirge metni içinde "özelleştirmenin anahtar role sahip olduğu" gerekçesi çerçevesinde ele alınmaktadır. Bunun sadece işgüvenliği veya örgütlenme özgürlüğü bakımından değil, ulusal bağımsızlık açısından ne denli önemli bir tehdit anlamına geldiğini işçi sınıfımız günlük pratiği içinde öğrenme olanağı bulmuştur. Bu nedenle, hükümetin, telekomünikasyon ve enerjide yoğun özelleştirme önerisine karşı sürdürülen ve sürdürülecek kararlı mücadelenin etkilerini yok saymaması gerekecektir.

- "Temmuz 1998'den itibaren petrol ürünleri için otomatik fiyatlandırma sistemine geçilmesi" önerisinin uygulanmasına şimdiden geçilmiştir. Bunun özellikle düşük ve sabit gelirli halk kesimlerine gelirleriyle ters orantılı yükler getiren acımasız ve adaletsiz bir dolaylı vergi uygulaması olduğu çalışanlarca iyi bilinmektedir.

- "Aralık 1999 itibariyle, sağlık sisteminde kullanıcı katılım payı ve maliyet kontrol tedbirlerinin getirilmesi" şeklinde özetlenen politika önlemi ise, sağlıkta özelleştirmenin yeni bir adımını oluşturacaktır. "Hizmetin kullanıcıya ödetilmesi" şeklinde özetlenen yeni-sağ iktisat politikalarının uzantısında olan ve devletin temel işlevleri arasında yer alan/alması gereken kamusal eğitim ve sağlık hizmetlerini tehdit eden bu politika önlemine karşı da tepkisiz kalınmaması gerekmektedir. Özellikle, vergi ödevlerini fazlasıyla yerine getiren emekçilerin bunun karşılığı olarak hiçbir bedava kamu hizmetinden yararlanamaz duruma sokulması, devletin meşruiyet sınırlarını zorlayacak bir uygulama olacaktır.

- Asgari emeklilik yaşının 1999'dan itibaren işe yeni başlayacaklarda 57-60 sınırına, asgari prim ödeme süresinin 7200-9000'e çıkarılması; mevcut çalışanlar için asgari emeklilik yaşının 50-55'e yükseltilmesi gibi öneriler ise işçi ve memur kesiminin ve onların sendikal örgütlerinin mutabakatını almış değildir. Özellikle asgari prim ödeme süresinin Türkiye koşullarına asla uygun olmayan hadlere yükseltilmesi bu önerinin en tartışmalı noktasını oluşturmaktadır. IMF'ye sunulan bildirgede mevcut çalışanlar için önerilen 50-55 yaş sınırlarının Meclis'te bulunan yasanın öngördüğü intibak süreleri içinde gerçekleşip gerçekleşmeyeceğinin müphem bırakılması ise, çalışanlar için yeni hak kayıplarının planlandığı kaygısını doğuracak türdendir.

Ücretliler milli gelirin sadece yüzde 24'ünü aldıkları halde sadece bu kesime kemer sıktırarak iç tüketimin kısılabileceği masalı artık eski inandırıcılığını tüm toplum gözünde yitirmiş bulunmaktadır.

Sonuç olarak, çalışanlar enflasyona karşı mücadele gerekçesi arkasında kendilerinden yeni özveriler istenmesine razı değillerdir. Kaldı ki, 1980 ve 1994 sonrasında kendilerine ağır bedeller ödetilmesine rağmen ekonomik istikrarın sağlanmadığının bilincindedirler.

Ek 3 : **55. Hükümetin IMF'ye sunduğu taahhütler mektubunun tam metni)**

EKONOMİK POLİTİKALAR BİLDİRGESİ

"I- GİRİŞ

1- Kronik yüksek enflasyon son 20 yıldır Türkiye'nin gündeminde yer almaktadır. Geçmiş enflasyonla mücadele programları hiçbir zaman başarıyla uygulanamamış veya aksi yönde uygulama yapılmıştır. Enflasyon ekonomi ve toplum üzerine büyük bir yük getirmiş, gelir dağılımını bozmuş, sosyal gerilimi artırmış ve yatırımcılar ile tasarruf sahiplerinin ileriye yönelik planlarını menfi etkilemiştir. Sonuç olarak, sürekli istikrarsızlık tehdidi altında işleyen ekonomi yerli ve yabancı yatırımları caydırmıştır. Daha da kötüsü, enflasyonun erittiği vergi tabanından kaynaklanan kamu finansmanındaki kronik zayıflık, temel eğitim, sağlık ve altyapı harcamalarını sınırlandırmıştır.

2- Yüksek bütçe açıkları enflasyonist sürecin en büyük nedenidir. Bu açıkların finansmanı para arzının büyümesini hızlandırmakta ve yüksek reel faiz oranlarını gerektirmektedir. Hazine'nin borçlanma baskısı, yüksek enflasyon beklentilerine ve bunun yüksek faiz oranları şeklinde yansımasına neden olmaktadır. Kamu sektöründeki ücret artışları ve tarımsal destekleme fiyatlarının geçmiş enflasyonlara dayandırılması enflasyonun kalıcı olmasına katkıda bulunmaktadır. Reel döviz kurunu koruma politikası ve para arzının beklenen enflasyona paralel olarak genişletilmesi enflasyon sürecini güçlendirmektedir. Bu yerleşik davranış biçiminin değiştirilmesi birçok yönden birbiriyle uyumlu tedbirler gerektirmektedir.

3- Hükümet işbaşına geldikten sonra ekonomik dengeleri yeniden dengeye koymak, enflasyonu azaltmak için tedbirler almış ve enflasyonu kalıcı bir şekilde aşağıya çekmek için 3 yıllık bir programı uygulamaya koymuştur. 1998 programının açıklanması ve ilk iki çeyrekteki sonuçlarının alınmasıyla programın tasarlandığı şekilde sürdüğü güvencesi sağlanmıştır. Merkez Bankası'nın özerkliği konusunda tam bir görüşbirliği mevcuttur. Hazine, Merkez Bankası'ndan borçlanmaya son vermiş ve Hazine, Merkez Bankası ve Maliye Bakanlığı üç aylık programlarını yayınlamaya başlamıştır. Bugüne kadar, tüm hedefler tutturulmuş ve bazı durumlarda hedeflerin üzerinde başarı sağlanmıştır. Özel sektör, işçi ve işveren sendikaları bugüne kadar devam eden diyalog çerçevesinde programa desteği sürdürmektedir. Hükümet, şeffaflığın sağlanacağını ve piyasa kurallarına bağlı kalınacağını kesinlikle taahhüt etmektedir.

4- Hükümetin 3 yıllık programı, 1997 sonunda yüzde 90 olan toptan eşya fiyat enflasyonunu 1998 sonunda yüzde 50'ye, 1999 sonunda yüzde 20'ye ve 2000 yılı sonunda tek rakamlı bir orana düşürülmesini öngörmektedir. Programımız şimdiden sonuçlarını vermeye başlamıştır. Ocak - Mayıs döneminde kümülatif toptan eşya fiyat enflasyonu yüzde 24.4'e 12 aylık oran ise yüzde 80'e düşürülmüştür. Bu ekonomik politikalar bildirgesi enflasyonla mücadele programının çerçevesini ve hedeflerimize ulaşmada uygulanacak politikaları açıklamaktadır.

II- Ekonomik Politikalar

5- Enflasyonu düşürmek amacıyla aşağıdaki politikalar uygulanacaktır: (I) Bütçenin faiz dışı fazlası artırılacak ve bu artış enflasyonla mücadele sürecinde devam ettirilecektir. (II) Kamu ücretleri ve tarımsal destekleme fiyatları gibi bazı temel göstergelerin belirlenmesinde geçmiş enflasyon yerine hedeflenen enflasyon esas alınacaktır. (III) Para politikası enflasyondaki düşüşü destekleyici bir biçimde ve sıkı bir koordinasyon içinde uygulanacaktır. (IV) Kamu finansmanını daha da güçlendirecek yapısal reformlar gerçekleştirilecektir. (V) İç borçlanma ihtiyacını düşürmek ve ekonomide etkinliği artırmak amacı ile özelleştirme hızlandırılacaktır.

6- Hazine kağıtlarından talep edilen getiri, enflasyon beklentisini yansıtmakta ve enflasyonun yükselmesi riskinden yatırımcıları korumak için yüksek prim içermektedir. Enflasyonla mücadele sürecinde, enflasyon beklentisi ve risk primi yüksek düzeyde kaldığında, düşen enflasyonla birlikte reel faiz yükü hızla artmakta, genel açığın azaltılması için temel mali ayarlamaların boyutunu arttırmaya ihtiyaç duyulmaktadır. Bu nedenle, enflasyon beklentilerini hızla azaltmak, bu etkiyi en aza indirmek için alternatif iç borçlanma yollarını kullanmak ve ilave olarak bütçenin faiz dışı fazlasını daha çok artırmak ihtiyacını azaltmak gerekmektedir.

7- Maliye politikası alanında, 1997'de hemen hemen dengede olan bütçe faiz dışı fazlası GSMH'nin yüzde 4'ünün üzerine çıkartılacaktır. 1997 yılı Ekim ayında TBMM'ye sunulan bütçede zaten aşikar olduğu gibi ve şu anda kaçınılmaz olan faiz ödemeleri yükünü karşılamak için bu artış gereklidir. Bütçenin faiz dışı dengesinin güçlendirilmesine rağmen, faiz ödemelerindeki bu şişkinlik nedeniyle, toplam kamu açığının GSMH içindeki payı hemen hemen 1997'deki seviyesinde kalacaktır. Enflasyonla mücadelenin başarısı için faiz dışı dengede hedeflenen iyileşmenin başarılması işte bu sebeple önem taşımaktadır.

8- Vergi gelirleri performansının artırılması, 1998'de faiz dışı fazlanın artırılması için en önemli faktördür. 1998'in ilk beş ayında, vergi toplama, reel vergi gelirlerinin yüzde 18 artmasıyla (Mayıs itibariyle 3.260 trilyon TL.'ye ulaşmıştır.) başarılı olmuştur. Bütün yıl vergi gelirlerinin en az 9.350 Trilyon TL.'ya (GSMH'nin yüzde 17.7'si) arttırılması hedeflenmektedir. Faiz gelirlerine stopaj vergisi getirilmesi ve vergi idaresinin etkinliğinin artırılması daha iyi hale getirilmesi vergi toplamadaki iyileşmeye katkıda bulunmuştur. Vergi kaçağını azaltmak için motorlu taşıt ve emlak alım-satımlarında vergi kimlik numarası uygulaması getirilmiştir. 1998 yılının sonunda vergi kimlik numarası uygulaması bütün banka hesapları içinde getirilecektir.

9- Bu yılın başında, bir vergi reformu kanun tasarısı Meclis'e sunulmuştur. Bu kanun ile vergi oranları düşürülerek vergi tabanı genişletilmekte ve tahakkuk eden vergi yükümlülükleri ile tahsilat arasındaki zaman aralığı kısaltılmaktadır. Vergi reformunun 1999 yılı başından itibaren uygulamaya konulması ve ilk etki olarak vergi toplamadaki zaman kaybının azaltılması nedeniyle vergi gelirlerinin artması beklenmektedir. Vergi idaresinde iyileştirme sağlanmadıkça, vergi oranlarını düşürmek program hedeflerinin gerçekleştirilmemesi tehlikesini taşımaktadır. Enflasyon mücadele çabasının başarısında anahtar öneme sahip maliye politikası açısından, vergi idaresinin geliştirilmesi ve gelir performansında hedeflerin gerisinde kalınırsa, hükümet programlanan gelir düzeyini etkileyecek geriye yönelik hiçbir vergi oranı indirimini kabul etmeyecek, vergi kesintisi oranını 1999 yılı ve sonrası için geciktirecektir. Programlanan gelir hedeflerinin tutturulması için gerekirse ek tedbirler alınacaktır.

10- Bütçe uygulamasında, hükümet bütçe faiz dışı fazlasında hedeflenen iyileşmeyi sağlamak için harcamaları sınırlamaya devam edecektir. Faiz harcamaları 1998 yılında 9.255 trilyon TL.'yi aşmayacaktır. (GSMH'nin yüzde 17.5'i) 1997'de devlet bankalarına yapılan sermaye enjeksiyonunun kalkması, tarımsal sübvansiyonlardaki sıkı kontrol ve bütçe dışı fon transfer ihtiyacının azalmasının bir yansıması olarak, bu yıl geçen yıla göre transfer harcamaları çok daha az olacaktır. Uzun yıllardan bu yana ilk defa 1998'de ek bütçe yapılmayacaktır.

11- Kamu sektörü ücretleri ve tarımsal destekleme fiyatları temel bir politika değişikliği olarak enflasyonda hedeflenen azalmaya uyumlu olarak ayarlanmaktadır. Kamu sektörü ücretleri ocak ayında yüzde 30 artırılmış olup, Temmuz ayında ise yüzde 20'den fazla artış olmayacaktır. 1998 yılında tahmin edilen ortalama enflasyon oranıyla uyumlu olarak tarımsal destekleme fiyatları buğday için yüzde 60, çay için yüzde 64 ve tütün için yüzde 71 olarak artırılmıştır. Bu politikalar 1998 yılının geri kalanı, 1999 yılı ve sonrası için de uygulanacaktır.

12- Nominal faizli devlet iç borç senedleri ile yapılan borçlanmanın içerdiği yüksek faiz yükü ve uzun dönemli faiz oranlarının yeterince esnek olmayışı bütçe açıklarının finansmanında kullanılan yöntemlerin önemini artırmıştır. Daha önce belirtildiği üzere, enflasyon düştükçe efektif faiz yükü artmaktadır. Enflasyon beklentisinde zaman farkı nedeniyle bu etki bileşik olarak artmaktadır. Bu etkiyi en aza indirmek ve 1999 yılı ve sonrası için faiz yükünün azaltılması amacıyla piyasa koşulları elverdiği ölçüde 1998 yılının geri kalan bölümü için Hazine, enflasyona endeksli ve dövize endeksli Hazine kağıtlarını iç borçlanma miktarının yaklaşık üçte biri oranına çıkarmayı planlamaktadır.

13- Enflasyonla mücadele stratejisinde özelleştirme anahtar role sahiptir. GSM lisansları, İş Bankası hisseleri ve diğer satışlarla 1.8 milyar dolarlık özelleştirme geliri sağlanarak özelleştirmede büyük ilerlemeler sağlanmıştır. Bu yıl sonundan önce POAŞ, THY, Erdemir ve diğer bazı şirketlerdeki hisselerin satışı planlanmıştır. 1999 yılında da önemli ek satışlar yapılması düşünülmektedir. Bakanlar Kurulu, Türk Telekom'un yüzde 49 hissesinin 1999 yılı içinde satılmasına onay vermiştir. Danıştay'ın onayının alınmasını müteakiben 9 enerji santralı (tahmini gelir 1.2 milyar dolar) ve 20 dağıtım bölgesinin ilk 15'ini (tahmini gelir 1.7 milyar dolar) kapsayan elektrik enerjisi üretim ve dağıtım haklarının transferi işleminin büyük bir hızla tamamlanması mümkün olacaktır. İlave enerji santralının işletme hakları ile kalan 5 bölgedeki dağıtım haklarının devri gelecek yıl içerisinde gerçekleştirilecektir. Bu suretle, bu yıl içerisinde en az 3 milyar dolar ve 1999 yılı için en az 3.6 milyar dolar (büyük bir ihtimalle 5 milyar doların üzerinde) gelir yaratılması amaçlanmaktadır. 1998 yılında 2 milyar doların üzerinde) gelir yaratılması amaçlanmaktadır. 1998 yılında 2 milyar dolarlık özelleştirme geliri borçların azaltılması için kullanılacaktır. 1999 yılında en az 3 milyar dolarlık özelleştirme gelirleri borçların azaltılmasında, bu miktarın üzerinde gerçekleşen özelleştirme gelirlerinin ise en fazla 2 milyar doları enflasyonla mücadele programının planladığı gibi yürümesi halinde ilave yatırımların finansmanında kullanılacaktır. Özelleştirme amaçlarıyla uyumlu olarak hükümet 1 Temmuz'dan geçerli olmak üzere petrol ürünlerinde uluslararası fiyatlandırmaya geçecek ve Aralık 1998 sonu itibariyle telekomünikasyon ve enerji sektörleri için gerekli düzenleyici çerçeveye ilişkin tasarıları Meclis'e sunacaktır.

14- Sosyal güvenlik sisteminde kapsamlı bir reform gereği açıktır. Çalışanların 40'lı yaşlarda emekli olmasına imkan sağlayan bir sistemi Türk ekonomisi taşıyamaz. Ayrıca emekliler, mevcut sistemin sağladığı imkanlarla yaşamlarını sürdüremezler. Hükümet sosyal güvenlik sisteminin açıklarının kısa bir sürede ortadan kaldırılmasını sağlamak üzere emeklilik yaşını ve asgari prim ödeme süresini yeterli ölçüde artıracak, emekli maaşlarının hesaplanmasında esas alınan referans dönemini uzatacak ve prime esas olacak ücret tavanını artıracak düzenlemeleri içeren önemli bir reformla ilgili görüş birliğinin sağlanmasına yönelik çabalarını sürdürecektir. İlk olarak hükümet öncelikle, mevcut çalışanlar için emeklilik yaşını kadınlarda 50'ye, erkeklerde 55'e ve işe yeni girenler için kadınlarda 57'ye, erkeklerde 60'a çıkartan ve emeklilik haklarının tam olarak alınabilmesi için işe yeni girenlerde kadınların 7200 gün, erkeklerin ise 9000 gün prim ödeme esasını getiren yasa değişikliğini TBMM'nin onayına sunacaktır. Ayrıca, 1999 yılı sonundan önce sağlık sisteminde geliştirilmiş maliyet kontrolleri ve daha geniş kapsamlı katılım payları uygulamasına geçecektir.

15- Para politikası, enflasyonla mücadele çabalarını sürdürmeye yönlendirilecek, kur politikası 1998'in ikinci yarısında yıl sonundaki yüzde 50'lik enflasyon hedefi ile tutarlı bir şekilde yürütülecektir. Enflasyonun düştüğü bir dönemde rezerv para talebini tahmin etme güçlüğü nedeniyle, program çerçevesinde para politikası, Merkez Bankası'nın net iç varlıklarının büyümesi üzerindeki kontrole daha büyük önem verecektir. Merkez Bankası'nın kamu sektörüne kredi açmamasını sürdürmeyi de içerecek şekilde bu büyüklük sıkı bir kontrol altında tutulacaktır. 1998 Aralık sonu net iç varlıklar hedefi eksi 1.500 trilyon TL.dir. Merkez Bankası, kısa dönem faiz oranlarının daha serbest hareket etmesine imkan verecek şekilde günlük likiditeyi daha ılımlı müdahalelerle yönlendirmeyi planlamaktadır. Zorunlu döviz devri uygulaması Haziran 1998'den başlamak üzere iki aylık süre için askıya alınmıştır. Merkez Bankası piyasa gelişmelerine göre bu süreyi uzatmayı değerlendirecektir.

16- Hükümet, bankacılık sektörünün ve denetiminin güçlendirilmesi için sermaye yeterliliği rasyosu ve bankaların net açık döviz pozisyonlarına uygulanan tavan ile ilgili düzenlemelere sıkı bir şekilde uyulmasını temin edecek önlemler alacaktır. Buna ilaveten Hükümet, net döviz pozisyon açığının kademeli olarak Aralık 1998 sonu itibariyle sermaye tabanının yüzde 50'si oranından, yüzde 30'u oranına indirilmesi niyetindedir. Sistemdeki çarpıklığın azaltılması için hükümet yıl sonuna kadar repoları mevduat munzam karşılıkları uygulamasına dahil etmeyi ve mevduat faizlerine uygulanan vergi oranları ile repo faizlerine uygulanan vergi oranlarını birbirine eşitlemeyi planlamaktadır. Ziraat Bankası'nın ortalama fon maliyeti ile tarım sektörüne açılan kredilere uygulanan ortalama kredi faizleri arasındaki fark geçtiğimiz yıl içerisinde önemli ölçüde azaltılmıştır ve mevduat faizlerindeki son düşüşler 1 Temmuz 1998'den başlamak üzere tarımsal kredilere uygulanan faizlerin 5 puan düşmesine imkan verebilecektir. Bundan sonra, tarımsal kredi faiz oranları Ziraat Bankası'nın ortalama fon maliyetine eşit oluncaya kadar azaltılmayacak ve bu noktadan sonra da fon maliyeti ile uyumlu hale getirilecektir.

17- Mali piyasaların düzenlemesi ve gözetimine ilişkin kanun tasarısı 18 Haziran 1998 tarihinde Bakanlar Kurulu'na sunulmuştur. Bu kanunun amaçları şunlardır. (I) Bankaların, sigorta ve reasürans şirketlerinin ve diğer mali kurumların düzenleme ve gözetimine ilişkin olarak tek bir kanun ve kurallar setinin oluşturulması. (II) Mali kurumların mali yapılarının güçlendirilmesi. (III) Gözetimin ve denetimin etkinliğinin artırılması ve güçlendirilmesi. (IV) Gözetim standartlarının uluslararası normlara uyumlu hale getirilmesi. Kanun tasarısı Avrupa Birliği'nin kanunları ve düzenlemeleri ile diğer uluslararası kabul görmüş uygulamalar dikkate alınarak hazırlanmıştır. Hükümet kanun tasarısını bir an önce yasalaştırma niyetindedir.

18- 3 yıllık program çerçevesinde, hükümet, enflasyonu 1999'da yüzde 20'ye indirmeyi taahhüt etmektedir. Bu amaçla, gerekli faiz dışı dengeyi sağlamak için sıkı maliye politikası uygulaması, kamu sektörü ücretleri ve tarımsal destekleme fiyatları için ileriye yönelik endekslemeyi, sıkı koordinasyon içinde ve enflasyonla mücadeleyi destekleyici para politikasını, ilave yapısal reformlar ve özelleştirmenin hızlandırılması politikalarını izlemeye devam edecektir. Bu çerçeveyle uyumlu olarak, temel mali fazla 1999'da GSMH'nin yüzde 4.75'ine artırılacak ve kamu sektörü ücretleri ile tarımsal destekleme fiyatları yine hedeflenen enflasyon çerçevesinde belirlenecektir. 1999 yılında büyümenin yüzde 4.5 civarında kalması ve enflasyonun hızlı düşüşünün sürmesi beklenmektedir. 1999'da ödemeler dengesi cari işlemler hesabı açığının makul bir seviyede kalması, uluslararası rezervlerin ise yeterli düzeyde kalması beklenmektedir.

III- Hedefler ve İzleme

19- Bizim politikalarımızın Türkiye'de ve yurtdışında tümüyle anlaşılması çok önemlidir, böylece herkes programımızın tutarlı ve hedeflenen sonuçları üreteceğini görecektir. Bu inançla, hükümet 3 aylık bütçe, iç borçlanma ve özelleştirme hedefleri ile rezerv paranın beklenen hareketini sene başından itibaren açıklamaya başlamıştır. Bu politika bildirgesi, programın içeriğini daha geniş kapsamlı açıklayarak enflasyon hedeflerinin sadece 1998'de değil gelecek yıl için de nasıl gerçekleştirileceğini bu süreci bir adım daha ileri götürmekte ve açıklamaktadır. Bu program IMF uzmanları tarafından 18 ay boyunca her 3 ayda bir izlenecektir. Bu çerçevede, 1998'de bütçe, parasal büyüklükler ve ödemeler dengesi için 3 aylık ayrıntılı bir makroekonomik çerçeve oluşturulmuş olup bu çerçeve yılın geri kalanında uygulanacak politikalar için yol gösterici olacaktır. 1999 yılının yıllık hedefleri de yönlendirici nitelikte olmak üzere belirlenmiştir. Hükümetin 1999 yılı için makroekonomik amaçlarının gerçekleştirilmesi ile uyumlu ayrıntılı 3'er aylık program 1998 yılının son üç ayında tartışılacaktır. 1998'in geri kalan döneminde ve 1999 yılı için belli başlı tedbirler ektedir. IMF uzmanları her üç ayda bir programın uygulanmasını tablolarda ayrıntılandırılan tedbirler ve hedefler ile aynı zamanda enflasyonun düşürülmesinde kaydedilen gelişmelerin de ışığında hedefler ve enflasyonun indirilmesindeki gelişmeler yönünde izleyeceklerdir. IMF uzmanlarının değerlendirmeleri kamuoyuna açıklanacak ve yetkililer IMF uzmanları ile devamlı olarak yakın iletişim içerisinde kalacaktır.

Temel Ekonomi - Politika Uygulamaları Maliye Politikası

- Kamu sektörü maaş artışlarının Temmuz 1998'de maksimum yüzde 20 ile, 1999'da ise hedeflenen enflasyon ile sınırlı tutulması.

- Tarımsal destekleme fiyat artışlarının 1999 yılında hedeflenen enflasyonla sınırlı tutulması.

- Vergi Reformu Yasa Tasarısı'nın, 1 Ocak 1999 tarihinden itibaren oran indirimlerini uygulamak üzere ve geçmişe yürümeyecek şekilde kanunlaştırılması.

- Özelleştirme gelirlerinin 1998'de 2 milyar dolarının ve 1999'da en az 3 milyar dolarının borç geri ödemesinde kullanılması. Özelleştirme gelirlerinin 3 milyar dolarının 1999 yılında borç geri ödemesinde kullanılmasından sonra, kalan miktarın en fazla 2 milyar dolarının yatırımların finansmanı için kullanılması ve bunun da üzerindeki gelirlerin tekrar borç geri ödemesinde kullanılması.

- Tüm banka hesapları için vergi kimlik numarası uygulamasının Aralık 1998 sonundan itibaren yürürlüğe sokulması.

- Temmuz 1998'den itibaren piyasa koşullarının izin verdiği ölçüde, enflasyona ve dövize endeksli devlet iç borçlanma senetlerinin, borçlanma içindeki payının 1/3'e yükseltilmesi.

Para Politikası
- Para ve döviz kuru politikalarının, enflasyonu 1998 yılı sonunda yüzde 50'ye ve 1999 yılı sonunda yüzde 20'ye düşürme hedefleriyle tutarlı bir şekilde yürütülmesi ve Merkez Bankası iç varlıklarının genişlemesinde tavanların gözetilmesi.

Yapısal Politikalar
- Telekomünikasyon ve enerji sektörleri için gerekli olan düzenleyici çerçeveye ilişkin yasal düzenlemelerin Aralık 1998 sonu itibariyle TBMM'ye sunulması.
- 1 Temmuz 1998'den itibaren petrol ürünleri için otomatik fiyatlandırma sistemine geçilmesi.
- İşe yeni başlayanlarda minimum emeklilik yaşının, kadınlarda 57'ye, erkeklerde 60'a çıkarılması ve tüm haklardan yararlanabilmek için asgari prim ödeme süresinin kadınlarda 7.200 gün ve erkeklerde 9.000 gün olarak belirlenmesi. Mevcut çalışanlar için asgari emeklilik yaşının kadınlarda 50'ye ve erkeklerde 55'e çıkarılması.
- Aralık 1999 itibariyle, sağlık sisteminde kullanıcı katılım payı ve maliyet kontrol tedbirlerinin getirilmesi.
- Bankacılık sektöründeki mevcut güvenlik rasyolarına uyulmasının sağlanması.
- Bankaların net döviz pozisyonu açığının, Aralık 1998 itibariyle sermaye tabanının yüzde 30'una ve Eylül 1999 itibariyle yüzde 20'sine indirilmesi.
- Ziraat Bankası tarafından tarım sektörüne verilen kredilerin faiz oranlarının 1 Temmuz 1998 tarihinde 5 puandan fazla olmamak üzere indirilmesi, bankanın ortalama fon maliyetlerine eşitlenene

kadar kredi faizlerinin değiştirilmemesi ve en azından bu düzeyde tutulması.

- 1998 Aralık sonu itibariyle, repoların mevduat munzam karşılıkları uygulamasına dahil edilmesi ve mevduat faizlerine uygulanan vergi oranları ile repo faizlerine uygulanan vergi oranlarının birbirine eşitlenmesi."

KÜRESELLEŞME PARADOKSU: SÖYLENCEDEN GERÇEKLERE

Bu yazı, küreselleşmenin en tartışılmaz olduğu bir dönemde, 1997 yılının bahar aylarında yazıldı. 1997 yazından itibaren Uzakdoğu Asya'dan başlayan kriz belirtileri, buradaki yaklaşımı beklediğimizden daha kısa süre içinde doğrulama işlevini gördü. Bu nedenle yazının daha geniş okuyucu kitlesine ulaştırılmasının önemi büyüdü.

"Bazı sorulara yanıtlar" başlığını taşıyan izleyen bölümde, birkaç soru etrafında küreselleşme konusuna değinilecek:

— Eğilim mi, kaçınılmaz bir süreç mi? Söylence mi, mutlak gerçeklik mi?

— Küreselleşme ne vaadediyor? Kutuplaşma mı, toplu refah artışı mı?

— Sosyal devletin sonu yani liberalizmin mutlak zaferi mi?

— ABD, küreselleşme sürecinin tek egemen gücü olmaya mı aday? Yoksa, küreselleşme yeni bloklaşmalar mı doğuruyor?

Üçüncü ve dördüncü bölümde ise bazı sayısal göstergeler kullanılarak ikinci bölümde varılan sonuçlar desteklenecek.

Kuşkusuz bu denli temel sorulara kapsamlı yanıtlar verilmesi bir başlangıç yazısının sınırlarını aşar. Esasen bir makalenin böylesine kapsamlı bir konuyu bütün yönleriyle tüketmek gibi bir iddiası olamaz ve olmamalı. Bazen sorunun uygun zamanda sorulabilmiş olmasının, ona yanıt verilebilmiş olmasından daha fazla önem taşıdığını da kuşkusuz unutmamak gerekir.

1. BAZI SORULARA YANITLAR: EĞİLİM Mİ, KAÇINILMAZ SÜREÇ Mi?

Öncelikle "eğilim" ile "kaçınılmaz süreç" arasındaki farkı görmek gerekiyor. Ekonomik ve toplumsal eğilimler çok sayıda değişkenin belirlediği süreçlerdir. Kaçınılmaz hedefe zorunlu bir kilitlenme olarak tanımlanamazlar. Eğilimler değişebilir, bir tarihsel uğrak noktasıyla (momentumla) sınırlı olabilir, bazen yüzyıllık hatta bin yıllık olgunlaşma/dönüşüm süreçlerini gerekli kılabilir. Örneğin kapitalizmin köylülüğü ve küçük üreticiliği tasfiye eğilimine sokacağı söylenir. Köylülük için belki daha doğru ama acaba hangi sürede ve her coğrafyada aynı koşullarda mı? Peki ya küçük üreticilik? Belki bazı biçimleri tasfiye oluyor, ama sistem şimdilik yeni biçimlerini de üretmiyor mu? Dolayısıyla, "eğilim" ile "kaçınılmaz süreç" kavrayışları arasında neredeyse bir zıtlık ilişkisinden bile bahsedilebilir.

Küreselleşme (veya farklı kullanımlarıyla globalleşme/globalizasyon) ise yeni bir kavram değil. Küresel olmaya doğru bir yönelişi çağrıştıran bu kavramın içeriği de yeni sayılamaz. Yüzyıl başında "emperyalizm" kavramı, bugün küreselleşmenin kastettiği olguyu karşılamaktaydı.

Peki olgunun kendisi benzer miydi? Esas itibariyle evet. Kapitalist sistemin kendini yeniden üretmenin yolu, genişleyerek yeniden üretimden geçmektedir. Başka deyişle, etki alanını sürekli genişletmesi ve sonuçta bir dünya sistemine dönüşerek dünyaya egemen olması, bu sistemin doğası gereğidir. Ancak bu sadece bir eğilimdir. Bu eğilimin ne zaman nihai sonucuna tam olarak ulaşacağı kestirilemez. Öngörülen (ki neyin "öngörüldüğü" de açık değildir) sonuca ulaşıp ulaşamayacağı da bugünden bilinemez. Sistemin nesnel ekonomik yasalarının içinde oluştuğu toplumsal ilişkiler bütününün böyle bir sürecin kesintisiz/sorunsuz/toplumsal tepkisiz bir biçimde evrilmesine nereye kadar izin vereceği de tam olarak öngörülemez. Öte yandan, küreselleşme diye bir eğilim uzun süre varolsa da, bu eğilim doğrusal bir çizgi izlemek zorunda değildir. Her an kesintiye uğrayabilir, hızını kaybedebilir, nitelik değiştirebilir, karşıt eğilimlerin basıncı altına girebilir, toplumsal tepkiler veya birikim krizi, sıcak yavaş/hegemonya savaşı gibi etkiler altında geriye dönüşler yaşayabilir, beklenen sonucuna asla ulaşamayabilir. Nitekim tarihsel gelişim böyle ilginç sapmalara tanıklık etmektedir. Sistemin uluslararasılaşma/küreselleşme derecesi, I. Dünya Savaşı öncesinde 20'nci yüzyılın geri kalan bölümünde olduğundan görece daha ileri bir düzeye ulaşmış bulunuyordu. Eğer bu eğilim I. Büyük Savaş'tan başlayarak derin kesintilere uğramamış olsaydı, son on yıldır "küreselleşme" diye yeni bir moda kavramın türetilmesi oldukça anakronik (tarihsel akışa aykırı) bulunabilirdi.

Süreci kesintiye uğratan tarihsel koşullar nelerdi? Öncelikle, ulus-devlet aşamasının aşılmamış, hatta pekişme süreci içinde bulunmasıydı. Dolayısıyla, sistemin uluslararasılaşması aynı zamanda dünya ölçeğinde bir hegemonya kavgasını da başlatıyordu. Emperyalist güçler arası ekonomik ve politik rekabetin bedeli, insanlığın yüzkarası iki dünya savaşıyla ödeniyordu.

Sistemin ekonomik alanda uluslararasılaşmasının önünü tıkayan iki tarihsel gelişme daha ortaya çıkmıştı. Bunlardan biri, Birinci Savaş'ın bitimine yakın, 1917'den itibaren rakip bir ekonomik/politik sistemin, sosyalist sistemin, ortaya çıkışıydı. Kapitalist sistemin bir dünya sistemi haline gelmesine engel oluşturan bu yeni gelişme, İkinci Savaş sonrasında etki alanını genişleterek bloklaşıyordu. Tersten bakılırsa, kapitalist sistemin etki alanını daraltıcı ve dünya hegemonyasının rakipsiz gücü olmasını sınırlandırıcı bir rol oynuyordu.

İkinci önemli sınırlandırıcı gelişme, gene iki savaş arasında kapitalist sistemin büyük bir ekonomik bunalım yaşamasıydı. 1929 Bunalımı 1930'ların ilk yarısını etki altına alırken, geniş bir coğrafyada (Türkiye ve Latin Amerika dahil) içe dönük sanayileşme stratejilerinin gündeme gelmesine yol açıyordu. Bu arada bir çok Batı ekonomisi de, Almanya, Japonya ve İtalya'nın silahlanmasına karşı savunma harcamalarını arttırmaya yönelmişti. 1929 Bunalımı'nın gelişmiş kapitalist ülkelerdeki bir diğer sonucu ise, keynesgil politikaların uzantısında, ekonomiyi durgunluktan kurtarmak için kamu harcamalarını büyütmeye yönelmesiydi.

Gerçekte keynesgil devlet anlayışının yaygınlaşması, aynı zamanda hem sınıf mücadelesinin hem de sistemlerarası rekabetin de bir sonucuydu. Bu iki yönden gelen etkiler II. Savaş sonrasında daha güçlü olarak sahneye çıkacaktı. Gerçekten, "reel sosyalizm"in genişlemesi, kapitalizmin etkinliğini sadece mekansal düzlemde sınırlandırıcı bir rol oynamıyordu. Sistemlerarası rekabet, emek kesimlerinin örgütlülüğü ve mücadeleciliği nedeniyle bu rekabetten en çok çekinen kapitalizmin merkez ülkelerinde, sömürü oranlarının sınırlı tutulmasına, sosyal devlet yönlü kamu harcamalarının artışına yol açıyordu. II. Savaş sonrasında toplumsal yaraların sarılması gereği ve emek kesiminin sendikal ve politik gücünün yükselişi gibi nedenler, insanı ihmal eden kalkınma modellerini gündemden düşürüyor, bu arada keynesgil politikalar da esas olarak Savaş sonrası dönemin sermaye birikim tarzıyla uyuşuyordu. Böylece sistemin vahşi ve yayılmacı yönü, en azından Batı coğrafyası içinde, göreli olarak törpüleniyordu, dizginleniyordu. Bu arada, gelişmiş kapitalist dünyaya zarar vermeden sürdürülen mevzii savaşlar ve müdahaleler, silah üretimi ve ticaretinin aldığı yeni boyutlar, petrol gibi hammaddeleri sağlayan bölgelerin denetimine yönelik askeri/ekonomik politikalar, bir hegemonya ve paylaşım kavgası olmak yanında aynı zamanda sistemin birikim sürecindeki tıkanmaları aşmaya yardımcı oluyordu.

Bu süreç içinde, sistemin büyük ülkeleri arasındaki güç dengeleri de yeniden oluşmaya başlıyordu. 1945'lerde dünyanın tartışmasız birinci hegemonik gücü olan ABD, bu konumunun ekonomik açıdan giderek zayıfladığı yeni bir süreci yaşamaya başlıyordu. Gerçekten, ABD 1945'te dünya üretiminin %40'ını sağlayarak neredeyse tüm zamanların erişilmez bir rekoruna imza atmıştı; ancak bu pay günümüzde %20'ye, yani aynı ülkenin 1929 krizi arifesinde elde ettiği %25'lik payın dahi gerisine düşmüş bulunuyor. Savaşın mağlupları, Japonya ve Almanya, savunma harcamalarının kısıtlı tutulmasının da katkısıyla çok önemli ekonomik sıçramalar yapıyor ve 30 yıllık bir dönem sonunda ikisinin toplam ulusal geliri ABD'ninkini yakalayabilecek bir düzeye geliyordu. Bu arada, Ortak Pazar'dan Avrupa Birliği'ne giden süreçte, yeni ekonomik/politik kümelenmeler şekilleniyordu. Hatta, bugünkü ekonomik büyüme eğilimini sürdürebilirse, Çin'in 2015 yılında dünyanın birinci süper gücü olacağı; böylelikle bugün ABD için dünya nüfusunun %5'iyle dünya üretiminin dörtte birine sahip olma *paradoksunun* da son bulacağının öne sürüldüğü bir noktaya geliniyordu (Tony Jackson, "Superpower's Supreme Test", *Financial Times,* 25 Juin 1996). Böylece, aynı sistem içindeki ülkeler ve bloklar arasındaki rekabet açık ya da örtük olarak devam ediyor, ilişkiler sürekli yeniden tanımlanıyordu.

Bu yeniden tanımlanan ilişkilerin arka planında sürekli bir ekonomik/politik istikrar tablosu bulunmuyordu. 1970'e kadar görece istikrarlı olarak tanımlanan ekonomik büyüme ve bölüşüm ilişkileri, 1970 sonrasında uzun süreli ama 1929'a göre daha az şiddetli bir kriz ortamının etkilerini taşımaya başlıyordu. Bununla birlikte, İkinci Dünya Savaşı sonrası çeyrek yüzyıl boyunca süren oldukça istikrarlı ekonomik gelişme tablosu, bir refah toplumuna tedricen varılabileceği beklentilerini güçlendirmiş, ülkelerarası gelişmişlik farklarını giderebilecek bir kalkınma iktisadına bağlanan umutları arttırmış, birikim tarzının o günkü gereklerine uygun bir biçimde sermaye ile emek arasında örtük bir uzlaşma sağlanarak daha bölüşümcü ekonomik ilişkiler oluşturulabilmiş, demokratik haklarda hızlı ilerlemeler sağlanarak sendikal ve sol hareketler güçlenmişti.

1970'lerde kapitalist dünyada mevcut birikim modelinde ortaya çıkan sıkışmaları aşma çabaları sonuç vermeyecek, ancak bu çabalar 1980 sonrasında yeni bir birikim modeline geçişin önkoşullarını hazırlayacaktı. Neo-liberalizmin 1929 öncesine yani Keynes öncesine radikal bir dönüş programı olarak da nitelenebilecek ekonomik politikalar öncelikle İngiltere ve ABD'de uygulanma olanağı buluyordu. Neo-liberalizmin keynesgil politikalara rövanşı olarak da görülebilecek saldırıları, devletin ekonomik faaliyetlerinin küçültülmesinden yola çıkıp sosyal devleti ve emekçi sınıflar lehine tüm demokratik (sendikal, vb.) ve ekonomik/sosyal hakları (sosyal güvenlik, sağlık, eğitim, vb.) hedeflemekte gecikmeyecekti. Reel sosyalizmin 1980'de (Polonya) başlayıp, 1991'de (Rusya) sonuçlanan bunalım ve çöküşü, sistemin ve liberal ideolojinin saldırganlığını daha da arttıracaktı.

İşte "küreselleşme" kavramı böyle bir ortamda öne sürüldü. Küreselleşmenin makyajsız hali olan *emperyalizm* kavramı olumsuzluk yüklüyken, yeni kavram olumluluk ve kaçınılmazlık çağrıştıran bir kavram olarak toplumların dağarcığında yerini alıyordu. Böylelikle, kapitalist sistemin yarattığı aşırı sömürüye dayalı bağımlılık ilişkilerini ve her bir ülke içinde büyüyen gelir dağılımı bozulmalarını, eşitsiz gelişmenin yarattığı aşırı kutuplu bir dünya ekonomik sistemini, dışında kalınamayacak kaçınılmaz bir süreç olarak tanımlamak mümkün olabiliyordu. Bir kere bu yeni ideoloji toplumların belleğine yerleştirilince, ikinci bir adım olarak bu süreci olumlu bir gelişme olarak adlandırmak ve buna karşı çıkanları köhnemiş ideolojilerin yandaşları olarak göstermek kolaylaşıyordu. Liberal kapitalist sistem dünyanın ulaştığı en mükemmel sistemdi ve bunun yerine bir başkası geçemezdi; yani neo-liberalizmin zaferi aynı zamanda ideolojilerin sonu oluyordu. İşte size ideolojinin gücü!

Sosyalizm tehlikesini artık hissetmeyen neo-liberalizmin bu çok yönlü saldırısının önemli bir hedefi de, daha önce tam olarak denetleyemediği sosyal demokrat yaklaşımı tam bir ideolojik çöküntüye uğratmak, böylece kamu müdahalelerini sistem adına meşrulaştıran keynesçiliğin herhangi bir biçimde diriltilmesini kesin olarak önlemekti. Sosyal-demokrasi, liberal kuşatmaya teslim oldukça aynı zamanda liberalizme daha fazla ikna edici güç vermiş olacaktı. Özelleştirmeci/küreselleşmeci/anti-devletçi bir söylem tutturanlar arasına sosyal demokratlar da katılınca yeni ideolojinin gerçek anlamda muhalifi kalmayacaktı. Yerelleştirmeci/milliyetçi/dinci tepkiler ise kolaylıkla denetlenebilecekti. Nitekim küreselleşmenin bir yüzü de yerelleştirmeydi.

2. BAZI SAYISAL GÖSTERGELER

Küreselleşme denilen olgunun hem çok önemsenmesi hem de abartılmaması gerekiyor. Özellikle işçi sınıfının ulusal ve uluslararası sendikal hareketi için bu ayırım çok önemli. Ne, eğilimleri mutlaklaştırarak ve kaçınılmazlaştırarak acizlik ve politikasızlık çizgisinde eylemsiz kalmak, ne de sözkonusu eğilimi ve bunun işgücü piyasasına ve sendikacılık hareketine getirdiği yeni biçimleri küçümseyerek veya yok sayarak hareketsiz kalmak. Bu ince çizginin doğru kavranması, geliştirilecek eylem planlarının başarısını belirleyebilecek denli önem taşıyor. İşte bu nedenlerle, ilk önce küreselleşmeyi kaçınılmaz ve karşı konulamaz bir süreç olarak algılayan ve dayatan egemen görüşe karşı çubuğu biraz tersine bükerek işe başlamak gerekiyor. Burada yapılmak istenen de, sayısal karşılaştırma veya kanıtlar aracılığıyla, olağanüstü abartılan küreselleşme eğilimini -hiçbir karşı abartıya kaçmadan- yerli yerine oturtarak dengeli bir kavrayışı kolaylaştırmak amacını taşıyor.

Küreselleşmenin bugün ulaştığı aşamanın ne denli abartılı bir efsaneye dönüştürülmüş olduğunu kavrayabilmenin birinci örneği, bugünkü ekonomilerin ulusal gelire oranla dış ticaretlerinin göreli öneminin bakımından yüzyıl başının ekonomilerinden daha ileri bir noktada bulunmadığının bilinmesinden geçiyor. Sözkonusu oran, ekonomilerin dışa açıklık derecesinin çok önemli bir göstergesini oluşturuyor. Buna göre, 1914 öncesinin Japonya'sında dış ticarete açılma oranı %30 iken, bugünün çok dışa açık olduğunu sandığımız Japonya'sında sadece %15 düzeyinde bulunuyor. İngiltere, Fransa ve Almanya'nın yüzyıl başının %40'ları bulan oldukça yüksek oranlarıyla yüzyıl sonu oranları arasında fazlaca bir fark bulunmuyor. Sadece, yüzyıl başının dışa en az açık büyük ekonomisi olan ABD'de sözkonusu oranın %10'lardan 1990'larda %20'ye doğru net bir artış gösterdiği gözlenebiliyor. Bütün büyük ekonomilerin ortak eğilimi ise, dış ticarete açılma oranlarının I. Dünya Savaşı öncesinden 1950'ye kadar daralması, daha sonra ise artış eğilimine girmesi oluyor. Bunun II. Savaş sonrasında tek istisnasını oluşturan Japonya'da, 1950 sonrasındaki zayıf artış eğilimi, 1973'ten sonra yerini yumuşak bir gerilemeye bırakıyor (Paul Hirst ve Grahame Thompson, *Globalization in Question*, Blackwell, 1996). Kuşkusuz burada Japon ticaret hacminin *mutlak rakamlarla* gerilemesinden söz edilmiyor. Japonya gibi uzunca bir dönem çok hızlı ekonomik büyüme oranlarına ulaşan bir ekonomide 1990'ların dış ticaret hacmi rakamı, mutlak anlamda, yüzyıl başı rakamının kuşkusuz çok üzerinde bulunuyor. Ancak dışa açılma oranı mutlak değil göreli bir durumu ifade ediyor ve gerek zaman gerekse mekan boyutlu karşılaştırmalar ancak oranlar üzerinden yapılabiliyor.

Demek ki yüzyılın bütününe bakıldığında, yüzyıl ortası yani II. Dünya Savaşı'nın hemen sonrası en düşük dış ticarete açılma oranını veriyor. İşte burada istatistiğin, eğilimleri çarpıtacak bir biçimde kullanılabilmesi fırsatı doğuyor. Eğer 1990'ları 1945-50 dönemiyle kıyaslar ve yüzyıl başına asla gönderme yapmazsınız, son yarım yüzyıl itibariyle büyük bir dışa açılma eğiliminden hatta sıçramasından dem vurabilirsiniz. Bu bilgi bir yarım doğrudur; çünkü 2000'e 2 kala ulaşılan düzeyin, göreli olarak, aslında 1910'lardan birçok bakımdan farklı olmadığını bilmenizi engeller. Dünyanın, 20'nci yüzyıl başında 20'nci yüzyıl ortasından çok daha küresel olduğu gerçeğini es geçer. Bu da eğilimlerin abartılmasına zemin hazırlar!

Sermaye ve emek akışkanlığı bakımından da bazı ülkelerin 1914 öncesinde bugünün birçok ülkesinden daha "küresel" olduğuna dikkat çekilebilir. Örneğin uluslararası sermaye hareketleri İngiltere'de 1905-1914 arasında ulusal gelirin %6.5'ine ulaşan bir önem taşıyabiliyordu. Bu oran, Japonya dahil tüm büyük sanayi ülkelerinde 1980'li ve 1990'lı yıllarda aşılabilmiş değildir. Emeğin uluslararası akışkanlığına getirilen sınırlamaların, bugün, 19'uncu yüzyıl sonu ile

20'nci yüzyıl başına göre çok daha fazla olduğunu da hesaba katmak gerekiyor (Hirst ve Thompson: 1996).

Ulusal ve uluslararası düzlemde, tekelleşme sürecinin kapitalist sistemin son yüzyıllık gelişimine damgasını vurduğu ve bunun, ekonomik krizlere ve savaşlara rağmen (ve onların sayesinde, çünkü onların getirdiği yeni sermaye birikimi olanakları sonuna kadar kullanılmıştır) sürdürülebildiği bilinen bir öyküdür. Yaygın olarak *çok uluslu şirket* (ÇUŞ) diye adlandırılan dev şirketlerin uluslararası boyutlara taşıdıkları etkinlikler, yüzyılın en dikkat çekici tekelci eğilimlerinden birini oluşturmuştur. Ancak burada bir nüansın altını çizmekte yarar var: ÇUŞ'lar sermaye bileşimleri ve yönetim tarzları bakımından beklenildiği kadar çok uluslu olamamışlardır. Shell gibi *çok uluslu* sıfatını tam hakeden dünya şirketi sayısı parmakla sayılacak kadar azdır. Çok ulusluluk aşamasını da aşarak uluslarüstü bir nitelik kazanan, yani hiçbir ulus devletin söz geçiremediği türden şirketlere ise henüz varıldığı söylenemez. Kuşkusuz, gelişmiş ülkelerin ulus ötesi faaliyet gösteren bazı şirketlerinin azgelişmiş ülke hükümetleri üzerindeki dayatmaları bilinen meseledir; ancak bunun, menşe ülke hükümetinin politik ve ekonomik çıkar yönlendirmelerinin dışında ortaya çıkması düşünülemez. Bir başka anlatımla, bunlar, geçen yüzyılın emperyalist dayatmalı ticaret ve şirket kollama politikalarının çok uzağında örnekler değildir. *Ulus aşırı* diye adlandırmanın daha doğru olacağı ÇUŞ'ların, elde ettikleri katma değerin dörtte üçü dolayında bir bölümünün hâlâ menşe ülkelerde gerçekleştiriliyor olması, burada dikkat çekilmek istenen "nüans"ın çarpıcı bir kanıtını vermektedir. Dünya ekonomisinin ulusal devletlerce denetlenemez küresel güçlerin (ÇUŞ'ların) egemenliği altına girmesi iddiası, bazen emperyalist ülkeleri sorumluluktan kurtarmaya yarayan bir sığınak olarak da kullanılabilmektedir.

Başka örnekler de verilebilir: Küresel anlamda entegre olmuş bir dünya ekonomisinde, mal ve hizmet fiyatları ile emek ve sermaye gibi faktör fiyatlarının kendi içlerinde tüm dünyada eşitlenme eğilimine girmesi ve fiyat farklılıklarının sadece kalite farklarını yansıtması beklenir. Çünkü entegre bir dünyada mal ve hizmetler ile üretim faktörlerinin akışkanlığını kesen hiçbir etken ortada kalmamıştır ya da ihmal edilecek düzeye inmiştir. Devletler, vergi politikalarıyla veya farklı düzenleme (regulation) maliyetleriyle küreselleşmeden sarptırıcı etkilerde bulunmazlar; çünkü toplam vergi yükünün tüm kapitalist ülkelerde eşitlenme eğilimine girmesi beklenir. İşin ilginci şu ki, burada tanımlanan "olması gereken küreselleşme sonuçları", yaşanılan gerçekliğe asla tekabül etmemektedir!

Mal ve hizmet fiyatları arasında ülkeler arasında -hatta AB ülkeleri arasında- hâlâ önemli farklılıklar bulunmakta; faktör fiyatlarında -özellikle sınır aşırı hareketi kısıtlanan emek faktörünün fiyatlarında- daha büyük dalgalanmalar oluşmakta; uluslararası entegrasyonun daha ileri boyutlara gittiği kısa vadeli sermaye hareketlerinde bile faiz hadlerinin tekleşme sürecinin, 1971 öncesindeki altın referanslı sistemden daha iyi durumda olmadığı görülmekte; vergi yükleri ve oranları, kamu finansman maliyetleri, kamu harcamaları düzeyi, kamu borçlanması vb., ekonomik bütünleşme sürecinde olan AB ülkeleri arasında bile büyük farklar göstermekte; bu farklar ABD ve Japonya'ya kıyasla AB için daha da büyümekte ama buna rağmen ülkeler arası sermaye göçleri (örneğin regülasyon maliyetlerinin yüksek olduğu AB ülkelerinden düşük olduğu ABD ve Japonya'ya doğru sermaye göçleri) ortaya çıkmamaktadır. Araştırmalar, ne OECD ülkelerinde ne de ABD'nin federe devletleri arasında vergi ve sosyal transfer yükü yüksek olanlardan düşük olanlara doğru anlamlı hacimde bir akım olduğuna dair işaretler bulabilmiştir (Peter Lindert, "Does Social Spending Deter Economic Growth?" *Challenge,* May-Juin 1996).

Sosyal transferlerin ve vergi gelirlerinin ulusal gelire (GSYİH'ya) oranının artışına bağlı olarak ekonomik büyüme oranlarının olumsuz etkilendiği yolundaki liberalizmi haklı çıkarmaya dönük iddialar ise kanıtlanamadığı gibi, tam tersine çok sayıda örneğin varlığı bu iddiaları tamamen geçersiz kılmaktadır. Aynı şekilde, sosyal programların genişletilmesi sonucunda kamu harcamalarının gittikçe daha fazla oranda idari masraflarda israf edileceği iddiasının da dayanakları gösterilememiştir (Lindert: 1996).

ABD gibi Reagan döneminin sosyal harcamaları üzerindeki tahribatını yaşamış bir ülkede dahi sosyal yönlü harcamaların sürekli bir azalış eğilimine sokulamadığı görülüyor. Kamu idarelerinin harcamaları toplamına 100 denilirse, bunun içinde "eğitim, sağlık, sosyal yardım ve sosyal sigorta harcamaları" toplamı 1975'te %47 iken, Reagan'ın birinci dönemi sonunda, 1984'te %44 gibi oldukça yüksek bir düzeyi korumaya devam ediyor, nihayet Bush'un son yılında, 1992'de %49'a çıkıyor! (Paul R. Masson ve Michael Mussa, "Long-term Tendencies in Budget Deficits and Dept", *Working Papers*, No: 95-128, IMF, December 1995).

3. SONUÇ YERİNE

Bu sorular veya uyarılar çoğaltılabilir. Soruların amacı, küreselleşme diye bir olgu olmadığını kanıtlamak değil. Amaç, bu olgunun eğilimsel ve göreli konumunu doğru değerlendirebilmek. Amaç, küreselleşme söylemine ihtiyatla yaklaşılmasını telkin etmek. Küreselleşme sürecine, özelleştirme, sosyal devlet, emeğin işgüvenliği ve sosyal kazanımları gibi bazı temel konularda direnmenin, küreselleşme ideolojisinin ima ettiği gibi, uluslararası rekabetin dışında kalmak ve büyüyen dünya ticaretinden pay alamamak anlamına gelmediğini/gelemeyeceğini göstermek. Kaybedilmiş bir davanın değil, mücadele edilmesi gereken ve geriletilmesi mümkün olan bir eğilimle karşı karşıya olunduğunu vurgulamak.

Çünkü, herşeyin "uluslararası rekabet gücü"ne endekslenmesi, toplumları ve insanları, ama özellikle emeğiyle geçinen kitleleri acımasızca ezen bir silindire dönüşmüş bulunuyor.

Çünkü, küreselleşme gerek ulusal gerekse uluslararası boyutta yoksulluğu ve eşitsizlikleri büyütüyor; gelir ve servet dağılımında, yaşam standartlarında var olan uçurumları büyütüyor, her düzeyde kutuplaşmayı arttırıyor; kitleleri, ulusları, bölgeleri, kıtaları marjinalleştirerek eziyor, bir süre sonra da uluslararasılaşma sürecinin tamamen kıyısına savuruyor. Gelişmiş kapitalist ülkeler içinde dahi yoksulluk sosyal bir afet halini almaya başlarken, dünya ölçeğinde gelir eşitsizlikleri dayanılmaz boyutlara varıyor. Dünya ölçeğinde en zengin %20'lik nüfus diliminin dünya geliri içindeki payı, 1960 ile 1991 arasında, %70'ten %85'e çıkıyor! Dahası var: Dünyanın en zengin 358 kişinin servetleri toplamı, yeryüzü nüfusunun en yoksul %45'lik bölümünün yani 2.3 milyar insanın toplam yıllık gelirine denk düşüyor! (Bu konuda Birleşmiş Milletler Kalkınma Programı'nın 1996 tarihli *Beşeri Gelişmeler Dünya Raporu* yeterince uyarıcı kârşılaştırmalar sunuyor. (UNDP, *Rapport Mondial Sur Le Developpement Humain,* PNUD, Ed. Economica, Paris, 1996).

Dolayısıyla, böyle bir eşitsizliğin yeni sorunlar ve küresel çatışmalar yaratmadan sürgitmesi düşünülemez. Bugünkü tartışma, ulusların ve dünyanın bu yükü daha ne kadar taşıyabileceği üzerinedir. Küreselleşmenin daha ne kadar rakipsiz, tartışılmaz ve vazgeçilmez bir ideoloji olarak yerini koruyabileceği noktasındadır.

ÇOKTARAFLI YATIRIM ANLAŞMASI: KÜRESELLEŞMENİN ANAYASASI MI?

Geçen yüzyılı düşünün. Yüzyılın ilk yarısında İngiltere'nin tartışılmaz bir ekonomik üstünlüğü var. Sanayi devriminde önde olmanın tüm avantajlarını kullanıyor. Herşey bir serbest ticaretin İngiltere lehine gelişeceğini söylüyor. Ve İngiltere dünyayı buna zorlamaya hazırlanıyor.

Zorlama kapsamı içinde, kendi sömürgelerini veya kapitüler ticari ilişkiler dayattığı Osmanlı İmparatorluğu gibi oluşumları saymıyorum. Osmanlı, bir sanayi devrimi sürecine girmediği için iç pazarlarını koruma gibi temel bir kaygıyı zaten taşımıyor. Merkantilist çağın kapitülasyonlarını 1838 İngiliz Ticaret Antlaşması tarzı modern ticari dayatmaların izlemesine bu nedenle fazla direnemiyor. Böylece İngiltere henüz kendisi serbest ticarete adım atmadan birçok çevre ülkesinin iç pazarını kendi gereksinimlerine açmış bulunuyor. Bu arada Osmanlı İngiltere'yle yaptığı ticaret sözleşmesini Avrupa'nın diğer güçleriyle imzalamakta gecikmiyor.

İngiltere'nin esas derdi ise, sanayi devrimi sürecine girmiş, dolayısıyla kendisine rakip olma potansiyeli bulunan güçleri aynı mindere çekerek üstünlüğünü pekiştirmek. Kendisinden daha zayıf güçleri kendisiyle aynı koşullarda ticaret yapmaya zorlamak yani onların iç pazarlarını korumalarını sınırlamak. Bu nedenle önce kendisi serbest ticaret deneyimini başlatıyor. 1846'dan itibaren pazarlarını tedricen serbest ticarete açıyor. Özgüveni tam, korkusu yok, dayatması var.

1860'tan itibaren birçok ülke İngiltere'yi izlemek zorunda kalıyor. Ancak bu deneyim genelde çok uzun sürmüyor. 1877'den itibaren çok sayıda ülke anlaşmanın aleyhine çalıştığını farkederek uygulamadan ayrılıyor. ABD sürece en az katılan ülkeler arasında bulunuyor. Fransa, bazı kapsam daraltmalarına rağmen 1892'ye kadar İngiltere ile serbest değişimi sürdürüyor. Ancak bir bütün olarak bu uygulamanın sonuçları İngiltere lehine Fransa aleyhine gelişiyor.

Dış ticarette bu kısa süreli liberalleşme bilinen bir doğruyu pekiştirme işlevini görüyor: Sanayileşme süreci iç pazarları korumaksızın gerçekleşmiyor.

Gene de 1892 ile Birinci Dünya Savaşı arasındaki çeyrek yüzyılda dünya ticaret hacmi hızla gelişiyor. Dışa açılma oranları büyüyor. Herbir ülke için dış ticaret hacminin milli gelire oranı yükselmeye devam etmekle birlikte ülkeler açısından farklı dış ticarete açılma düzeyleri sözkonusu oluyor. Bununla birlikte, Birinci Dünya Savaşı öncesinde dünya ölçeğinde dış ticarete açılma oranı (dünya dış ticareti bölü dünya toplam hasılası) yüzyıl sonuna dek egale edilemeyecek bir düzeye yükseliyor.

Kapitalist sistemin doğasında olan küreselleşmeyi yüzyıl içinde kesintiye uğratan bellibaşlı dört olay ortaya çıkıyor: Birinci ve İkinci Dünya Savaşları, 1917 Devrimi ve 1929 Krizi. Dolayısıyla dünya ticareti yüzyıl ortasına doğru önemli ölçüde daralmış bulunuyor. Yüzyılın ikinci yarısı ile yeni bir toparlanma dönemi başlıyor. Yüzyıl sonuna dek dış ticaret hacmi büyük ölçüde genişliyor. Uzun dönemli trendleri gözden kaçıranlar için bu gelişme benzersiz bir gelişme olarak algılanıyor. Oysa yüzyıl başı değerleri yüzyıl sonunda ancak yakalanıyor. İngiltere, Almanya, Fransa yüzyıl başındaki yüksek dış ticarete açılma oranlarını yakalarken, ABD çok düşük dışa açılma oranını ikiye katlayabiliyor (yüzde 10'dan yüzde 20'ye), buna karşılık

Japonya'da yüzyıl başında yüzde 30 olan dışa açılma oranı yüzyıl sonunda ancak yüzde 15 düzeyinde kalıyor. Yüzyılın ikinci yarısı ulusötesi şirketlerin (UŞ) hızlı gelişimine de tanık oluyor. Bunlar her ne kadar tamamen yeni olgular değillerse de, dünya ticaretindeki paylarının üçte bir gibi bir orana yükselmesi nedeniyle giderek kendi koşullarını dayatmaya başlıyorlar. Ancak bunları sistemin hakim güçlerinden yalıtarak ele alanlar ya yanılgıya düşüyorlar ya da yanıltma yapıyorlar. UŞ aslında sistemin hegemonik gücü olan ABD'nin arzusu hilafına davranma özgürlüğüne pek sahip değil.

İşte bu nedenle de Çok Taraflı Yatırım Anlaşması ABD'nin güdümünde başlatılan bir operasyon özelliği taşıyor. En çok UŞ üreten ABD şimdi kendi karşısında ayakbağı olarak gördüğü ulus devletlere savaş açmak için bu truva atlarını kullanmaya çalışıyor. İşte bu nedenle "küreselleşmenin anayasası" olarak sunulan bu dayatmaya karşı durmak gerekiyor.

"Küreselleşmenin anayasası" ifadesi bize ait değil. Dünya Ticaret Örgütü (DTÖ veya WTO) genel müdürü Renato Ruggerio'nun. Ruggerio, OECD bünyesinde taslağı oluşturulan Çoktaraflı Yatırım Anlaşması (ÇYA veya MAI) ile ilgili olarak tam olarak şunu söylüyor: "Tek bir küresel ekonominin anayasasını yazıyoruz".

Uluslararası İş için Amerikan Konseyi (USCIB)'nin değerlendirmesi ise şöyle: "ÇYA, sonuçlandığı zaman, ticaret, finans ve yatırıma ilişkin küresel sistemin yeni temel direği olacak".

ÇYA, bugünlerin gündemini oluşturuyor. Gündeme girişi gecikti, çünkü 1995'ten bu yana tam bir gizlilik içinde görüşülüyordu. Amerikan hükümetinin yönlendirdiği müzakerelerden Amerikan Kongresi'nin haberi olabilmesi için bile Ralph Nader'in kurduğu Public Citizen adlı tüketici haklarını koruma örgütünün ÇYA taslağını ele geçirerek Nisan 1997'de internet ortamına vermesi gerekti. Aralık 1997 gibi çok yakın bir tarihte dahi Fransız parlamentosu dış ilişkiler komisyonu başkanı Jack Lang "kim kimin adına müzakere ediyor bilemiyoruz" diyebiliyordu.

Bugün görüşmeler belirli ölçüde tıkanmış gibi gözükse de, artık dünyaya malolmuş bu anlaşma taslağının sadece zenginler kulübü sayılan OECD bünyesinde kalabilmesi zor görünüyor. Zenginler kulübünün Türkiye, Meksika, G. Kore gibi gelişmekte olan ülkeleri de bünyesinde barındırması, istisna sınırları dışına çıkamıyor; sonbahara kadar askıya alınan müzakere sürecinin DTÖ bünyesine taşınması büyük bir olasılık olarak gözüküyor.

190 sayfalık bir metin oluşturan ÇYA'nın çeşitli hükümleri konusunda henüz OECD çerçevesinde de tam bir mutabakata varılmış değil. Esasen tam bir mutabakat yerine önemli maddelerinin mümkün olduğu kadar çekincesiz bir biçimde yürürlüğe girmesi amaçlanıyor. İlk tasavvur bu anlaşmanın önce OECD ülkeleri çerçevesinde yürürlüğe girmesi, daha sonra tedricen diğer ülkelere dayatılmasıydı. Şimdi artık sürecin daha fazla uzaması göze alınacak gibi görünüyor.

ÇYA gerçekten bir küresel anayasa mı? Ya da, bu anayasa çok uluslu (ÇUŞ) veya ulusötesi (UŞ) şirketlerin anayasası mı? ÇYA'nın ulusdevletlere uluslararası hukuk normları dayatacağı tartışılmaz bir gerçek. Bu anlaşmayı imzalayan devletler, a) ekonomilerini yabancı sermayeye tamamen açmak; b) yabancı şirketler ile yerli şirketler arasında ayırım gözetmemek; ve c) yabancı yatırımcılarla doğacak ihtilafların özel uluslararası ticaret mahkemelerinde çözüme bağlanmasına razı olmak gibi ödünleri vermek durumunda olacaklardır.

Bu ödünlerin yerli ve yabancı sermayeyi sadece bir rekabet eşitliği ilişkisi içine sokmakla sınırlı olmayacağı, aslında ulusötesi şirketlere tanınan yeni imtiyazlar anlamına geleceği çok açıktır.

Ama öncelikle eşit ayaklı muamelenin dahi bir rekabet eşitliği sağlamanın ötesinde anlamları olduğuna dikkat çekilmelidir. Dev ulusötesi şirketler yanında en büyüğü dahi küçük kalan ulusal şirketleri böyle bir "eşit" rekabet ilişkisine zorlamak ne denli doğru ve haklıdır? Gelişmiş ülke ekonomileri ve onların ulusötesi şirketleri uzun dönemler boyunca dış rekabete karşı korunarak serpilmişlerdir. Peki şimdi farklı güçteki ekonomik oluşumları aynı minderde güreşmeye çağırmak eşitlik adına mıdır acaba? Ulus-devletlerin küresel gelişmelere uyum sağlayarak ulusal iktisat politikalarından vazgeçmeleri bu kadar kolay olabilecek midir ve olmalı mıdır?

Öte yandan, ulusötesi yatırımcılara tanınacak hakların bir eşit muameleyi aşan yönleri vardır. ÇYA'yı imzalayan ülke, yabancı yatırımcılara, benzer koşullarda, "en az kendi yatırımcılarına gösterdiği muamele kadar iyi bir muamele" göstermeyi taahhüt etmiş olacaktır. Dolayısıyla yabancı şirketlere yerli şirketlerden daha kötü davranılması yolu kapanmaktadır ama daha iyi davranmanın yolu açık tutulmaktadır. Yerli şirketler bu durumu uluslararası mahkemelerde kovuşturabilecekler midir? Anlaşmada böyle bir düzenleme öngörülmemektedir; zira amaç yerli yatırımcının değil yabancı yatırımcının haklarını korumak ve genişletmektir.

Hatta, anlaşmaya göre yabancı yatırımcılara ne kuruluş, ne büyüme, ne işletme ne de hareket tarzı ile ilişkili olarak hiçbir zorunluluğun veya herhangi bir taahhüt veya sorumluluğun dayatılamayacağı öngörüldüğü için, yabancı şirketlere yerli şirketlerden daha ayrıcalıklı davranılması yasa hükmü haline getirilmiş olacaktır. Çünkü herbir ulus-devlet şimdiye kadar yerli olsun yabancı olsun şirketlere belirli iktisadi, çevresel, siyasi, mali normlara uyma konusunda çok çeşitli yükümlülükler getirebilirken, bundan böyle bunu yabancı yatırımcılar için yapmaları engellenmiş olacaktır. Bunun adı imtiyazdan başka bir sözcükle tanımlanabilir mi?

EK 4 : MAI HAKKINDA KAYGILANMAK İÇİN 10 NEDEN[*]

MAI NEDİR?

Dünyanın en zengin sanayileşmiş ülkeleri, büyük tekellere daha çok güç verecek bir dış yatırım anlaşması üzerinde görüşüyorlar. Bu anlaşmanın adı, Çoktaraflı Yatırım Anlaşması (ÇYA).

MAI'yi imzalayan ülkeler

1. tüm ekonomilerini yabancı yatırımcılara açmak,
2. yabancı şirketlere, yerli şirketlere davrandıkları gibi davranmak
ve
3. yabancı yatırımcıların, özel uluslararası mahkemelerde yeni haklar kazanmasına boyun eğmek

durumunda kalacaklar.

MAI, çokuluslu tekeller ve zengin yabancılara yeni haklar veriyor. İşte anlaşmanın gizli taslaklarından alınma on madde. MAI'nin gerçekte ne yapacağını açıklamak için, kullanılan hukuk dilini basite çevirdik.

1. KAPSAMI NE? - HERŞEY

MAI diyor ki: "Yatırım: Bir yatırımcı tarafından sahip olunan veya doğrudan kontrol edilen her tür varlık."

---

[*] Bu yazı bir Amerikalı tarafından yazılmıştır. ABD ulus devletinin ulusötesi şirketler konusunda egemenlik erozyonuna uğraması kuşkusuz bugünün en uzak olasılığıdır. Ama bir ABD aydınının kendi ulus devletinin egemenliği üzerine titizlenmesi, acaba bizim "kraldan çok kralcı" azgelişmiş ülke liberallerimize ders olur mu?

Çeviri: Dış yatırım denince akla ne gelir? Büyük olasılıkla, yabancı bir şirketin bir yerli şirketi satın alması veya ilgili ülkede yeni bir fabrika kurması. MAI, tanımda görüldüğü üzere bunu ve daha fazlasını kapsıyor: Hisse senedi, tahvil, kültürel-sanatsal mülkiyet hakları, imtiyazlar... Yani bir hükümetin yaptığı ve tüm bu "varlık"ları etkileyen her şeye, MAI'ye dayanılarak müdahale edilebilecek.

Yabancı mülkiyetli fabrikalara getirilen çevreyi koruma koşulları, uluslararası mali spekülasyona getirilen kısıtlamalar ve diğer birçok düzenleme, anlaşmada getirilen standartlara uymak zorunda kalacak.

Pratik: Herhangi bir ülkede şirket alan, satan, yatırım yapan bir yabancı yatırımcı bir kuraldan olumsuz etkilendiğinde, ilgili ülkenin yasalarını geçersiz kılmak için MAI'yi kullanabilecek.

2. EŞİT MUAMELE Mİ, İMTİYAZ MI?

MAI diyor ki: MAI anlaşmasını imzalayan ülke, yabancı yatırımcılara "en az (benzer koşullarda) kendi yatırımcılarına yaptığı muamele kadar iyi bir muamele gösterecektir."

Çeviri: MAI'nin temel standartlarından biri, "ulusal muamele", yani teknik dilde, ülkelerin, yabancı yatırımcılara kendi yatırımcılarına davrandığı gibi davranması. Yabancı yatırımcılar bir toplumun ihtiyaçlarını fazla göz önünde bulundurmuyorsa, hükümetler onlara çeşitli şartlar koşar. MAI, bu hakkı yok edecek. Kullanılan terim "en az" olduğu için, hükümetler yabancı şirketlere yerli şirketlerden daha kötü davranamayacak, ancak daha iyi davranabilecekler. Böylece, ülkeye yabancı sermaye çekmek için hükümetler özel anlaşmalar yapabilecekler. Standart "muamele" muğlak olduğu için, "en az"ın neyi işaret ettiğini anlamak için MAI'nin geri kalanına bakmak gerek. Az sonra görüleceği gibi, aslında MAI, yabancı yatırımcılara özel haklar tanımakta.

Pratik: Bazı ülkeler, yeni yatırımların ulusal çıkarlara uygun olduğundan emin olmak için yabancı yatırımcıları gözlemler veya medya ve diğer bazı sektörlerde yabancı mülkiyeti yasaklar. Bu davranış "en az" kavramına aykırı olduğu için, MAI'ye göre yasadışı sayılacak. Bu arada, yabancı şirketler için serbest bölgeler oluşturan ve özel vergi indirimleri sağlayan ülkeler de teşvik edilecek.

3. KAYITSIZ ŞARTSIZ!

MAI diyor ki: Anlaşmaya üye olan bir ülke, "bir yabancı yatırımın kuruluşu, edinimi, büyümesi, idaresi, işletimi veya hareket tarzı ile ilgili aşağıda sıralanan hiçbir gerekliliği dayatamaz, empoze edemez veya savunamaz, yahut herhangi bir taahhüt veya sorumluluğu dayatamaz."

Çeviri: Bu madde, MAI'nin yabancı şirketlere yerli şirketlerden "daha iyi" davranılmasını dayattığına bir örnek. Hükümetler, yabancı şirketlerden belli performans gereklilikleri veya şartlarına uymalarını isteyemeyecek; aynı şartları yerli şirketlerden isteseler dahi. "Aşağıda sıralanan" gereklilikler arasında yerli tedarikçileri kullanma, yerli ortak edinme veya belli bir sayıda yerli işçi çalıştırma şartı da bulunuyor.

Pratik: Örneğin ABD'de bankalar, Toplumsal Yeniden-Yatırım Yasası'na göre, kasalarına giren paranın belli bir miktarını toplumsal yarara harcamak zorundadır. Bu zorunluluk, MAI'deki şu ifadelere göre yasadışı sayılabilecektir: "yabancı yatırımcıların... ilgili bölgede... belli bir miktarda... yatırım yapma"

4. KAMULAŞTIRMA NE DEMEK?

MAI diyor ki: "Sözleşmeye taraf ülke, kamu çıkarı dışında bir amaçla... bir yatırımı doğrudan veya dolaylı olarak kamulaştırmayacak veya millileştirmeyecek yahut bunlara eşdeğer etkideki herhangi bir uygulamada bulunmayacaktır... Kamu çıkarı durumunda ise bedeli; çabuk, yeterli ve etkili bir biçimde ödenecektir."

Çeviri: MAI'ye taraf olan ve bir yatırımcının mülkünü "kamulaştıran" hükümetler, piyasa bedelini ödemek zorunda olacaktır. Çevreci bir bakışla, "dolaylı" kamulaştırma ve kamulaştırmaya "eşit etki taşıyan uygulamalar"ın zikredilmesi, sorunlar yaratmaktadır. ABD'de, kamulaştırma için kullanılan hukuksal terim olan "alımlar" kavramı üzerinde ve mülkün kullanımını kısıtlayan çevresel düzenlemelerin, hükümetin yatırımcıya belli bir bedel ödemesinin gerekip gerekmediğine dair bir tartışma sürmektedir. MAI, kamulaştırmayı tanımlarken dolaylı kamulaştırmaları da kapsayarak, yabancı yatırımcıların, alımlar üzerindeki savaşı normal politik ve hukuki süreçlerimizin dışına çıkarmasına olanak tanımaktadır.

Pratik: Kanada, Meksika ve ABD arasında imzalanan NAFTA anlaşmasındaki kamulaştırma düzenlemelerinde, MAI'dekilerine benzer özellikler taşıyan yatırım kuralları bulunmaktadır. Yabancı şirketlerin, çevresel düzenlemelerin yatırımlarını diledikleri gibi kullanmalarını önlediğini iddia etmelerinin pratik bir örneğini hatırlayalım: ABD'li bir şirket, Kanada'da karıştırıp sattığı MMT'nin (zehirli bir benzin bileşeni) ithalatı ve naklini yasakladığı için Kanada hükümeti hakkında 251 milyon dolarlık tazminat davası açmıştır.

5. SERBEST PARANIN BEDELİ: SERMAYE MOBİLİZASYONU VE MALİ İSTİKRAR

MAI diyor ki: "Her taraf ülke, kendi egemenlik sahasında bulunan ve başka bir taraf ülkenin yatırımcısına ait bir yatırımla ilgili tüm ödemelerin, gecikme olmadan, serbestçe egemenlik sahasına girip çıkmasını sağlayacaktır."

Çeviri: Birçok ülke, istikrarlı bir ekonomik büyümeye katkı sağlaması için, uzun vadeli yabancı yatırım çekmek istemektedir. MAI'nin bu maddesi, yabancı sermayenin "sıcak" bir pazara akıp, ekonomi soğuyunca hızla çekip gidebileceği, çok daha riskli ve spekülatif yatırımı garanti altına almaktadır. MAI, ülkelerin, ekonomilerine aşırı miktarda para girip çıkmasını engellemesini yasaklamaktadır.

Pratik: Meksika'daki krizi hatırlayalım: Pezonun değeri dibe vurmuş, tasarruflar yok olmuş ve maaşlar bir anda düşmüştü. Bu mali krizin en büyük nedenlerinden biri, yabancı yatırımın ani ve dengesiz bir biçimde ülkeye girip çıkmasıydı. Şili gibi bazı ülkeler, bu sorunla karşılaşmamak için, yabancı yatırımcıların, ülkedeki yeni yatırımlarının en az bir yıl süreli olmasını şart koşmaktadır. MAI, böylesi bir güvenlik önlemini yasadışı ilan edecek ve Meksika'daki çöküşün diğer ülkelerde yinelenmesine neden olacaktır.

6. YABANCI YATIRIMCI HAKLARINI DAYATMAK

MAI diyor ki: BÜYÜK BİRADERE KOŞMAK: HÜKÜMET-HÜKÜMET SORUNLARI:

"Taraf ülkeler arasında... bu anlaşmayla ilgili herhangi bir anlaşmazlık, anlaşmazlığa taraf olan herhangi bir taraf ülkenin isteğiyle... bağlayıcı karara bağlanmak üzere hakem mahkemesine götürülecektir."

ÖZEL ŞİRKET MAHKEMELERİ: YATIRIMCI-HÜKÜMET SORUNLARI:

"Yatırımcı, ...(bir hükümetle arasındaki anlaşmazlığı) çözüm için şu mercilere götürebilir: a. Anlaşmazlığa taraf olan taraf ülkenin yetkili mahkemeleri veya idari mahkemeleri... c. bu maddeye uygun olarak hakem yolu ile."

Çeviri: Yabancı yatırımcı, yatırım yaptığı ülkenin MAI'yi ihlal ettiğine karar verirse, önünde bir tercih vardır. O ülkeyi kendi hükümetine şikayet eder ve hükümeti de, diğer ülkeyi bağlayıcı uluslararası mahkemeye götürür. Veya yatırımcı doğrudan yatırım yaptığı ülkenin karşısına çıkar. İki durumda da, hakemlik, kapalı bir oturumda anlaşmazlığı dinleyen birkaç ticaret uzmanından oluşur. Burada, her iki ülkenin yurttaşlarının da yorum yapma hakkı yoktur. Oturumda, hükümetlerin anlaşmayı ihlal edip etmediğine karar verilir. Ortada bir ihlal varsa, mahkeme, hükümetlere yasalarını değiştirmelerini tavsiye edip, davacı ülke veya yatırımcı lehine tazminata hükmeder.

Pratik: Gizli kuralları olan hükümet-hükümet mahkemeleri, uluslararası ticaret anlaşmalarından doğar. Diğer ülkelerin bu mahkemeleri kullanarak bir ülkenin çevre koruma yasalarını değiştirttiği çok görülmüştür. Örneğin, ABD'de, ton balıkçılarının avlanırken yunusları öldürmeyecek yöntemler kullanmalarına ilişkin yasa ve Temiz Hava Yasası, bu yolla değiştirilmiştir. Bu mahkemelerin MAI bünyesinde de kurulması, daha da tahrip edici olacaktır. Ticaret anlaşmaları, ihraç mallarının muamelesine ilişkin kısıtlı bir görüye sahiptir. MAI, bir ülkedeki tüm yabancı yatırımları kapsadığı için, yabancı şirketlerin çevreyi etkileyen tüm faaliyetleri, yabancı ülkeler tarafından uluslararası bir uyuşmazlığa dönüştürülebilir. Yabancı şirketlerin, özel uluslararası "şirket mahkemeleri"ni kullanarak bir ülkenin yasalarını delmesine izin vermek ise yeni ve tehlikeli bir fikir. Örneğin, ABD'de yeni bir çevre yasası düzenlendiğini varsayalım. Şirketler ise bu yasaya karşı çıkıyor. Bugüne dek, taraflar mücadelelerini politik arenada ve ABD mahkemelerinde yürütmekteydiler. Ancak MAI imzalandığında, yabancı şirketler, sadece kendilerinin kullanabileceği yeni bir silaha sahip olacak. Böylece, MAI'nin özel, tek yanlı kurallarıyla yasaları değiştirebilecek, veya milyonlarca dolarlık tazminat sopalarını sallayarak hükümetleri sindirebilecekler.

7. YURTTAŞ HAKLARI

MAI diyor ki:...

Çeviri: Yukarıdaki bölümün boş olmasının nedeni, MAI'nin yurttaşlara herhangi bir hak vermemesi. Bir başka deyişle, yurttaşların ve hatta hükümetlerin, MAI'nin uzlaşmazlık çözüm kurallarını kullanarak yabancı yatırımcıları zorlayabileceği herhangi bir davranış biçimi yoktur.

Pratik: Herhangi bir şirket denizaşırı bir projeye yatırım yaptığında, bundan etkilenen bir dizi grup vardır. Yatırım yapılan alandaki insan topluluğu, şirketin çalıştırdığı işçiler, şirketin hükümeti ve yatırım yapılan ülkenin hükümeti. Bir anlaşmazlık durumunda, tüm bu seslerin işitilebileceği açık, dengeli forumlar yapılmalıdır. Ancak MAI, tek yanlı (sadece yatırımcının çıkarlarını dayatmak için kullanılabilir) ve dışlayıcı (yurttaşlar dışlanmaktadır) bir sistem yaratmaktadır.

8. DİKTATÖRLERLE YATIRIM YAPMA HAKKI

MAI diyor ki: Hükümetler, "başka bir taraf ülkenin yatırımcısının, doğrudan veya dolaylı bir biçimde üçüncü bir ülkede yaptığı, sahip olduğu veya kontrol ettiği yatırımlar nedeniyle" yaptırım getiremez veya imtiyazlardan mahrum bırakamaz.

Çeviri: Demokratik olmayan ülkelere yapılan yabancı yatırım, diktatörlerin çoğalmasına yardımcı olabilir. Bu nedenle, bazı uluslar, ülkeler ve şehirler, şirketlerin diktatörlük rejimlerinde yatırım yapmasını önlemek için yasalarını kullanırlar. Ancak MAI'ye göre, yabancı şirketler, diğer ülkelerde yaptıkları yatırımlar nedeniyle cezalandırılamayacak. (MAİ uygulamada olsaydı, Mandela hâlâ hapiste olurdu!)

9. ASIL HEDEF GELİŞMEKTE OLAN ÜLKELER Mİ?

MAI diyor ki: MAI'yi imzalayan ülkeler, "Nihai Sözleşme'yi imzalamamış ilgili ülkelerle görüşmeler yürütecek ve onların da taraf ülke olma yeterliliği hakkında kararlar verecektir."

Çeviri: MAI, 29 zengin ülkeden oluşan OECD üyeleri arasında görüşülüyor. Plana göre, anlaşma OECD içinde nihai şeklini alacak ve ardından da gelişmekte olan ülkeler anlaşmaya davet edilecek.

Gelişmekte olan birçok ülke, yabancı yatırımlarla ilgili daha fazla kural koymaktadır. MAI'nin temel amaçlarından biri, sanayileşmiş ülkeler arasında bir uzlaşmaya vardıktan sonra, gelişmekte olan ülkeleri "ekonomilerini açmak" ve yabancı yatırım yasalarını değiştirmeye zorlamaktır.

Pratik: Yabancı sermaye, giderek daha fazla miktarda, gelişmekte olan ülkelere yöneliyor. Bu ülkeler MAI'yi imzalarlarsa, hem zengin ülkelerin(?) hem de fakir ülkelerin hakları kaybolacak. MAI, şirketlere, ücretlerin yüksek olduğu ülkeleri terketmek için daha çok hak ve özgüven sağlayarak, ucuz emek arayışında denizaşırı ülkelere yönelmelerini hızlandıracak. Gelişmekte olan ülkeler ise, oluşturulmasında katkı sunmadıkları bir anlaşmayı imzalamış olacak ve yeni yabancı yatırımları belli şartlara bağlama haklarını yitirecekler.

10. GERİ ÇEKİLME: BİR KEZ GİRDİN Mİ BİR DAHA ÇIKAMAZSIN

MAI diyor ki: "Bu anlaşmanın bir taraf ülke için yürürlüğe girdiği tarihten itibaren beş yıl içinde, o taraf ülke... anlaşmadan çekileceğine dair... yazılı bir istekte bulunabilir... Bu anlaşmanın hükümleri, çekilme isteğinin verildiği tarihten itibaren 15 yıl süre boyunca geçerli olmaya devam edecektir."

Çeviri: Birçok uluslararası anlaşma, çekilmek isteyen bir ülkeden, bunun altı ay önceden bildirilmesini talep eder. MAI'yi imzalayan bir ülke ise, çekilmek istese bile, imza tarihinden itibaren en az beş yıl beklemek zorunda. Bu noktadan itibaren MAI'nin kuralları yeni yabancı yatırımlar için geçerliliğini yitiriyor; ama mevcut yatırımlar için, daha 15 yıl boyunca MAI Hükümleri uygulanacak. Çünkü MAI, "yatırımcı için uzun vadeli güvence"ye önem veriyor.

Pratik: Diyelim ki ABD, 1998 yılında MAI'yi onaylıyor. 2000 yılında yeni bir başkan ve kongre seçiyoruz ve onlar, yabancı şirketlere ilişkin farklı görüşlere sahipler. Ne yazık ki, ülkeyi 2003 yılına dek

MAI'den kurtaramayacaklar. Zaten ülkede olan yabancı şirketler ise, 2013 yılına dek MAI'nin tanıdığı özel haklardan yararlanabilecek. Elbette, yasalarımızı MAI'yi ihlal edecek bir biçimde değiştirmemize bir engel yok. Ancak bu durumda MAI mahkemesine çıkarılacak, cezalandırılacak ve sonraki 20 yıl boyunca yabancı şirketlere tazminat ödemek zorunda kalacağız!

MAİ BAŞKA BAHARA MI KALDI?

"Küreselleşmenin Anayasası" denilen Çoktaraflı Yatırım Anlaşması (ÇYA veya MAİ) galiba yasalaşma sürecini tamamlayamadan kadük olma noktasına geldi. OECD'nin merakla beklenen 20 Ekim 1998 tarihli toplantısı bugün için tam bir başarısızlıkla sonuçlanmış bulunuyor.

Başarısızlığın başrolünde ilk bakışta Fransa gözüküyor. İki nedenle: Birincisi, Fransa önce müzakerelerin 6 ay süreyle ertelenmesini isteyerek süreklilikte bir kırılmayı ve uluslararası düzlemde bir anti-MAİ muhalefetin örgütlenmesinin koşullarının oluşturulmasını sağlarken, ikinci olarak Ekim'deki devam toplantısına Başbakan Lionel Jospin'in katılmama kararını açıklayarak OECD bünyesinde başlatılan müzakere sürecinin tıkanmasını kesinleştirmiş bulunuyor. Fransa'nın bu tavrının arkasında (en azından başlangıçtaki çıkış noktasında) öncelikle kültürel alanın ve özellikle sinema sektörünün Amerikan üretim ve dağıtım şirketlerinin tekelci eğilimlerinden korunması kaygısının bulunması çok anlamlı. Fransız toplumunun, kendini, kültürleri hiçe sayılan azgelişmiş ülke toplumları düzeyinde görmemesi/görmek istememesi, küreselleşmenin getirdiği tekdüze kültür emperyalizmine karşı verilmiş ciddi bir yanıt niteliğinde.

Kuşkusuz başka nedenler de var. Fransa, ABD'nin ülke dışı yasaları Helms-Burton ve d'Amato'nun kaldırılması ya da çevresel ve sosyal kriterlerin anlaşmalarla gözardı edilmemesi gibi somut taleplerine de yanıt almak istiyordu.

Fransa dışı gelişmiş ülkelerde de anlaşmanın birçok maddesine rezervler konulması, bu arada OECD'de temsil edilmeyen ülkelerin müzakere sürecinin Dünya Ticaret Örgütü'ne (WTO) taşınması yönünde baskı yapmaları da MAİ'nin baş destekçisi ABD'nin pozisyonunda önemli gedikleri açılmasına yol açtı. Liberalliğiyle tanınan AB'nin OECD ve WTO ile ilişkilerinden sorumlu komisyonu yardımcı başkanı Leon Britan'ın bile 20 Ekim'de Avrupa Parlamentosu'nda yaptığı konuşmada "WTO yatırımlarla ilgili sorunları çözmek açısından en uygun kuruluştur, çünkü gelişmekte olan ülkeler orada bulunmaktadır, dolayısıyla onların çıkarları orada savunulabilir" diyebilmesi, Fransa'nın tepkilerinde yalnız olmadığını gösteriyordu.

MAİ müzakerelerinin durdurulmasının çok önemli bir nedeni de kitlesel tepkilerin uluslararası düzlemde örgütlenebilmesiydi. Birçok uluslararası sivil kuruluşun anlaşmanın tamamen iptali yönünde değişik eylem biçimleri geliştirmeleri ve Paris'te 15 Ekim sonrasında kitlesel gösterileri yoğunlaştırmaları sonuç veriyordu. Fransa'nın tavrının bu denli sert olmasında bu tepkilerin de bir rolünün olduğu hesaba katılabilir. Dünya yurttaşlarının, onların demokratik kuruluşlarının, örgütlenme düzeylerini bu kadar kısa süre içinde uluslararası bir platforma sonuç alıcı bir biçimde taşıyabilmeleri ilk defa gerçekleşiyordu. Bunda kuşkusuz elektronik iletişim ağının etkin bir biçimde kullanımı rol oynuyordu. "Küreselleşmenin" temel payandası sayılan elektronik haberleşmenin, "küreselleşmenin anayasası"nın engellenmesinde oynadığı belirleyici rol, kaderin bir cilvesi olarak kabul edilebilir.

Türkiye'nin uluslararası tepkilere katkısı ise hem resmi hem de sivil örgütlenmeler düzeyinde çok cılız kalmıştır. Son 6 aylık sürecin bir diğer özelliği ise, demokratik kamuoyu ve demokratik haber üretme süreçleri yeterince gelişmemiş olan Türkiye gibi çevre ülkelerde MAİ'nin kamuoyunca tartışılması ve anlaşılmasının mümkün olmamasıydı. Türkiye'de iktisadi, idari ve siyasi bilimler okuyan son sınıf öğrencilerinin büyük bir bölümünün dahi MAİ adını şimdiye kadar duymamış olmaları, bir anlamda **geri kalmışlığın ve dünyanın** egemen güçlerine karşı bağımsız tavır geliştirme refleksinin köreltilmesinin bir sonucudur. Türkiye'de, MAİ'den en çok yarar sağlayacak ABD toplumunda olduğu kadar dahi bir tepkinin ortaya çıkmamış olması, siyasal iktidarın medya destekli "eksik ve çarpık bilgilendirme" geleneğinin bir devamı olduğu kadar, toplumun, hakim ideolojinin uyuşturucu etkilerine kayıtsız kalmasının da bir sonucudur.

20 Ekim 1998 tarihli Paris toplantısı başarısızlıkla sonuçlanmıştır. OECD Genel Sekreteri, ancak bir gün sürebilen toplantıda "yeni bir evreye geçildiğini ve ileride ne olacağının belli olmadığını" ifade etmiştir. Beynelmilel sermayenin ve dünyanın egemen gücü ABD'nin bugün için set çekilen niyetlerinin başka bir düzlemde ortaya çıkmayacağının bir garantisi ise bulunmamaktadır. Ancak OECD başarısızlığı ve küreselleşmenin bugün içine girdiği bunalım, bu niyetlerin bir süre için dondurulacağını göstermektedir.

Sonucun sonucu ise, özgür dünya yurttaşları olarak kalabilmenin koşulunun bugün için ulus-devlete sahip çıkmaktan geçtiğidir. Bu nedenle, Fransa'nın verdiği başarılı örneğe ve derse sahip çıkılmalıdır.

EKONOMİK KRİZ: NEREYE KADAR?

Dünya ve Türkiye ekonomisi açısından oldukça önemli sayılabilecek bir dönemden geçilmektedir. Mali piyasaların merkezinde olduğu kriz konjonktürü, 10 yıllık yoğun finansal serbestleşme döneminin sonucu olarak ortaya çıkmaktadır.

Doğu Asya'dan başlayan kriz Rusya başta olmak üzere birçok bölge ülkesini de etkisine almış, New York Borsası 1929 sonrasının en büyük günlük düşüşünü yaşamış, Japonya gibi dünyanın ikinci büyük ekonomik gücü sayılan bir ülkesinde ekonomik sıkıntılar ve kaygılar atlatılamamış, Brezilya gibi Latin Amerika ülkeleri şok bir kriz patlamasına hazır duruma gelmiş, AB ülkelerinin finansal sistemleri Doğu Asya ve Rusya krizinden yakından etkilenmiş, finansal alanda başlayan bunalım ülkesine göre derece derece reel ekonomiyi etkisi altına almaya başlamıştır.

Finansal kriz olarak adlandırılan, ancak gelir dağılımının, ücretlerin ve satın alma güçlerinin aşırı bozulmasına bağlı olarak bir talep krizi özelliği gösteren bu krizin oluşmasında önemli bir rol oynadığı düşünülen IMF'nin dahi bir politika değişikliğine hazırlandığı mesajları alınmaya başlanmış olmakla birlikte, bunlar henüz çok yetersizdir. Dünya Bankası ise bu açıdan (her zaman olduğu gibi) daha esnek bir politika sergilemektedir.

Krizin Türkiye üzerinde de etkileri olmuştur. Bu ilk aşama etkiler daha ziyade mali piyasalar ve özellikle İstanbul Menkul Kıymetler Borsası üzerinde hissedilmiştir. Reel sektör üzerindeki etkiler de, demir-çelik ve tekstil sektörü başta olmak üzere gündeme gelmeye başlamıştır.

Bununla birlikte, Türkiye'de siyasal yönetim düzeyinde krizle ilgili önlem almaya yönelik yeterli hazırlıklar yapılmadığı, başlangıçta "bu kriz bizi fazla etkilemez" tavrının hakim olduğu; buna karşılık mali sektörün de krizin faturasını yeni vergi yasasına yükleyerek yasa öncesi durumun da gerisine gidecek ödünler koparmaya çalıştığı görülmüştür.

Türkiye'de lobiler iş başındadır. Bu türlü derinliğe kavuşamayan İMKB için yapay solunum peşinde koşmaktan bıkılmamıştır. Geçtiğimiz yıllarda yabancı fonların devreye sokulması borsaya geçici bir ferahlama ve uzunca bir yükseliş trendi sağlamıştı. Bunun bedelini ise kimse tartışmak istememiştir. Uluslararası piyasalarda paranın getirisi yıllık yüzde 5-6 düzeylerinde kalır, bilemediniz yüzde 10'a yaklaşırken, Türkiye'de borsanın ve kamu borçlanmasının yüzde 30-40 düzeylerinde reel verim sağlaması, bir sorun olarak görülmemiştir. Türkiye'nin dış piyasalardan en kötü olasılıkla yüzde 10 maliyetlerle uzun vadeli fon sağlaması mümkünken, spekülatif sermayeye (bunun içinde yerli sıcak paranın olduğu da unutulmadan) bunun üç-dört katı bedel ödenmesinin sürdürülebilir olup olmadığı sorusu mali piyasalarımızın umurunda bile olmamıştır. Bu değirmenin suyunun nereden geldiğini merak edenlerin veya bu suyun uzak olmayan bir vadede kuruyacağının hesabını yapabilenlerin sayısı fazla olmamıştır.

Uzakdoğu Asya krizi İMKB'de beklenen çöküş sürecini hızlandırdı. En profesyonel olanlar en önce piyasayı terketmeye başladılar. Gerçekleştirdikleri kârı yeterli gördüler. Bunların başında yabancı yatırımcılar (veya döviz cinsinden borçlanarak borsada oynayanlar) bulunuyordu. Nasıl olsa TCMB piyasayı dövize doyurarak TL'nin aşırı değer kaybını önlüyordu. Böylece, hiç zarar etmeden TL'den dövize geçmeyi de başardılar. Merkez Bankası'nın binbir maliyetle biriktirdiği (net) rezervlerin bir haftada yarısının, yaklaşık 5 milyar dolarlık bir birikimin eritilmesi pahasına...

Şimdi bununla ilgili bir değerlendirmeyi sunalım.

GİREN SERMAYE NEREYE GİDİYOR?(*)

Bugün Türkiye'nin ödemeler dengesiyle ilgili basit görünüşlü, ama aslında ciddi bir soruyu tartışmak istiyorum: Türkiye'ye giren dış kaynaklar nasıl kullanılmaktadır?

Ülkemiz *"cari işlemlerde"*, yani ihracat, ithalat, faiz ödemesi, kâr transferi ve işçi dövizleri gibi işlemlerde dış dünyaya karşı açık verirse, bu açığı *"sermaye girişleri"* ile kapatır. Sermaye girişi cari açığı aşarsa rezerv birikir; onun altında kalırsa rezervler erir. Son iki yıldaki durumu, 1996 ve 1997 rakamlarını **milyar dolar** olarak veren basit bir tabloyla gözden geçirelim.

	Sermaye Girişi	Cari Açık	Rezerv Artışı	Net Hata
1996	8.8	2.4	4.6	1.8
1997	8.6	2.7	3.7	2.6

Sermaye girişleri net olarak 1996'da 8.8, 1997'de ise 8.6 milyar dolar olmuştur. Önce şunu belirleyelim: Türkiye'ye dış dünyadan kaynak girişi maliyetli midir? Sermaye girişlerinin dış borç yaratmayan iki ana kalemi vardır: Dolaysız yatırımlar ve borsaya yapılan plasmanlar. Bu iki kalemin toplamı 1996'da negatif bir değer veriyor; yani borsadan çıkışlar, dolaysız yatırımları aşıyor. 1997'de ise net olarak sadece 0.4 milyar dolara ulaşıyor. Demek oluyor ki, Türkiye'ye dış dünyadan giren sermayenin hemen hemen tümü ya doğrudan doğruya ya da dolaylı olarak dış borç doğurmaktadır.

Peki, dokuz milyara yaklaşan net sermaye girişlerinin ne kadarı cari işlemleri kapatmada, ne kadarı da rezerv biriktirmekte kullanılmıştır? Tablonun bir sonraki iki sütununa bakalım: Giren sermayenin

---

(*) Prof.Dr. Korkut Boratav, 21 Ekim 1998, *Cumhuriyet*. Boratav Hoca'ya, yazısını alıntılama olanağı verdiği için teşekkür ediyoruz.

1996'da 2.4, 1997'de 2.7 milyarı cari işlemler açığının kapatılmasına tahsis edilmiştir. Ne var ki sermaye girişlerinin cari açığı da aşan bir bölümü, yani geçen yıl 3.3 milyar doları, önceki yıl ise 4.6 milyar doları rezerv biriktirmek için kullanılmıştır.

Bu noktada, Türkiye'de ödemeler dengesinin hastalıklarından birini yakalamış bulunuyoruz: Türkiye dış dünyadan borçlanmakta; ancak bunun yüzde 40-50 civarında bir bölümünü rezervlerini artırmak için kullanmaktadır. Çünkü Türkiye ekonomisi sermaye hareketleri bakımından bir *"yol geçen hanı"* dır; giren çıkan belli değildir ve bu koşullarda döviz piyasalarının istikrar bozucu baskılar altına girmemesi için Merkez Bankası yüksek düzeylerde rezerv biriktirmek zorunda kalmaktadır. Ve zaman zaman karşılaştığımız *"dövize saldırı"* dönemlerinde MB rezervlerini kullanarak döviz piyasalarında istikrar sağlayabilmektedir. 1994 krizi ile 1998 Haziranı arasında bu nedenle, yani *"korku dağları beklediği için"* Türkiye 21 milyar dolar civarında resmi rezerv biriktirmiştir.

Peki, yüksek ve artan bir rezerv düzeyinin ne zararı vardır? İki sakınca söz konusudur: İlk olarak, rezerv edinme maliyeti, Merkez Bankası'nın rezervlerden sağlayabileceği getiriyi aşmaktadır. Bu rezervlerin ulusal ekonomiye maliyeti (en azından) dış dünyadaki kredi faizlerine eşittir. Getirisi ise, bunun çok daha altındadır ve kabaca dış dünyadaki mevduat faizlerine eşittir.

İkincisi, rezerv biriktirmek başka tür istikrarsızlıklara neden olmaktadır. İlk aşamada MB döviz toplarken piyasaya TL sürer ve ekonomiye yeni bir istikrarsızlık etkeni aşılar. Parasal genişlemeyi *"sterilize"* etmeye kalkıştığında bunu ancak, devlet borç senetlerini piyasaya sürerek gerçekleştirir. Ancak bu işlem de faiz hadlerinin yükselmesine yol açar ve esasen faiz yükü altında ezilen Hazine'nin borçlanma maliyeti zincirleme tırmanır. Kısacası, rezerv biriktirmenin maliyeti her anlamda yüksektir ve döviz piyasalarındaki istikrar çok pahalıya satın alınmaktadır.

Ancak, yukarıdaki basit tablo bir hastalık daha saklıyor: Net sermaye girişinin tümü cari açığın finansmanında ve rezerv biriktirmede kullanılmıyor. Bu iki kullanıma ayrılan rakamları toplayın ve sermaye girişi rakamlarından çıkarın: 1996'da 1.8, 1997'de 2.6 milyar dolarlık bir fark göreceksiniz. Bu rakamlar, tablonun son sütunundaki *"net hata"* rakamına eşittir.

Bu para nereye gitti? Basit yanıt şudur: "Kayıtlara girmeden yurtdışına kaçtı veya yastık altına, banka kasalarına girerek ülke içinde sistem dışına kaydı". Bir anlamda bu rakamı "kayıt dışı sıcak para" olarak nitelendirebiliriz. **"Sıcak para"** kayıt içi olabilir mi? Elbette... Ödemeler dengesinin kısa vadeli sermaye hareketleri, portföy yatırımları ve hatta *"bavul ticareti"* kalemleri içinde yer alan kimi öğeleri *"kayıt içi"* sıcak paradır.

"Net hata ve noksan" başlığı altında yer alan rakamlar son beş yılda artı ve eksi değerler arasında gelip giderek iki milyar civarında dalgalanmaktadır. Sermaye hareketlerinin serbest bırakıldığı 1989 öncesiyle sonrasını karşılaştıralım ve (artı-eksi ayrımı yapmadan) *"hata"* kaleminin büyüklüğünü ihracat gelirlerine oranlayalım. Bu oran, ortalama olarak 1983-88 arasında yüzde 6, 1989 sonrasında ise yüzde 9 dolaylarındadır. Kısacası, göreli önemi artmaktadır.

Sorun ödemeler dengesine ilişkin kayıtların yetersizliği ve bunların giderek bozulmasıyla açıklanamaz. Sermaye hareketleri bakımından kevgire dönmüş bir ekonomide kaynak tahsisi adım adım mafyanın veya karanlık güçlerin denetimine giriyorsa, *"net hata noksan"* rakamları da *"kara para"* giriş ve çıkışlarını yansıtmaya başlar; dalgalanarak büyür. Uzun lafın kısası: Son iki yıl boyunca Türkiye'nin dış dünyadan borçlanarak sağladığı kaynakların yüzde yetmişi döviz piyasalarında kargaşayı önlemek için atıl rezervlere dönüştürülmüş veya kayıt dışına kaçıp gitmiştir. Hayırlısı...

SONSÖZ: SİSTEMİN KURUMLARI ÇARESİZ

Uluslararası finans kuruluşları halen yayılma eğilimi gösteren küresel krizden gerekli dersleri çıkardılar mı? Veya herşeyin muhasebesini yeniden yapma gibi bir eğilim içine girdiler mi? Henüz herşey çok net değil. Dünya Bankası'nın IMF'ye kıyasla bu konuda biraz daha esnek olduğu, kendini dönüştürmeye daha istekli olduğu görülüyor. IMF üst yönetimi krizde kendi sorumluluğunu görme konusunda hevesli gözükmemekle birlikte, içerden bazı sesler de çıkmıyor değil.

Bugünkü finansal krizin oluşmasının baş oyuncusu olan IMF, başdemediği olaylar karşısında yeni reçeteler oluşturmaya zorlanacak gibi görünüyor. 15 Eylül 1998 tarihli gazetelerin ekonomi sayfalarında baş köşeye oturan IMF Asya-Pasifik Direktörü Hubert Neiss'in Seul'de yaptığı basın toplantısında söylediklerine bakılırsa, "kısa dönemli sermaye hareketlerinin kontrolünün bölgesel krizlerin benzerinin ortaya çıkmasını önleyebileceği" saptaması yapılıyor ve "Fon, kısa süreli sermaye hareketleri üzerinde kontrolün uzatılmasını düşünüyor" sonucuna varılıyor.

Günaydın. Kısa süreli sermaye hareketlerinin kontrol edilmemesi halinde potansiyel kriz tohumlarının oluşacağını bağımsız iktisatçılar 10 yıldır bıkmadan usanmadan yazdılar. Ama yazdıkları/söyledikleri liberal medyanın kapılarından girme olanağını pek bulamadı. Esasen küreselleşmenin katıksız savunucuları bu tür uyarıları duymamak için özel çaba gösterdiler. Kulaklarını ve gözlerini tıkamak yanında bağımsız iktisatçıların ağızlarını tıkamak, onları tartışma platformlarından dışlamak için de oldukça kararlı davrandılar. Türkiye de bu genel tavrın dışında kalamadı. Peki şimdi herşey değişecek mi?

Tekrar soralım: IMF ne düşünüyor peki? H. Neiss'in sözünü ettiği şu: "düşünülen kontrol, aşırılıkları ve sistimalleri önlemeye yöneliktir. Bunun, genel sermaye hareketleri içindeki kontrolünü arttırmaması önemlidir". Bunların açıklanmaya gereksinimi var. Ama, görünen o ki, şimdilik ihtiyatlı bir orta yol tavrı egemen olacak gibi görünüyor. Yani bir yandan ülkelerin kısa süreli spekülatif sermaye akımlarından etkilenmemesi için ülkelerin bazı kontrollere gitmelerine yeşil ışık yakılacak, diğer yandan ise sermayenin hareketinin önüne fazla engeller çıkarılmaması, ulus devletlerin mali kontroller bakımından çok fazla güçlenmemesine dikkat edilecek.

IMF'nin bu bakımdan birazcık ciddiye alınabilmesi için aşınan fon imkanlarının yeniden anlamlı boyutlara çıkarılması gerekiyor. ABD ve Japonya başta olmak üzere zenginler kulübünün IMF'ye yeni fonlar enjekte etmeleri gerekiyor. Bu bir asgari koşul. Bunu sağlamak o kadar zor olmayabilir. Başarı ölçütleri ise, krizin sınırlı tutulabilmesine ve fonların doğru kullanılmasına bağlı olacakmış gibi sunuluyor.

Oysa her iki açıdan da büyük belirsizlikler var. Krizi salt finansal veçhesiyle algılamak, çözüm üretmek için yeterli değil. Bugün, kitlelerin gelir ve refah düzeylerini yükseltebilecek gelir ve kamu maliyesi politikaları yeniden öncelik kazanmaya başlamak zorunda. Yeni-keynescilik bugün sistemin ihtiyaç duyduğu yeni birikim modeli olarak ortaya çıkabilir. Ancak henüz böyle bir genel algılama yok.

Bu nedenle, uluslararası finans kuruluşlarının tanımını iyi yapamadıkları veya liberal dogmaları yıkmak pahasına yapmak istemedikleri bugünkü yeni tür krizle başetmeleri oldukça zor görünüyor.

SONSÖZ: SİSTEMİN KURUMLARI ÇARESİZ

Uluslararası finans kuruluşları halen yayılma eğilimi gösteren küresel krizden gerekli dersleri çıkardılar mı? Veya herşeyin muhasebesini yeniden yapma gibi bir eğilim içine girdiler mi? Henüz herşey çok net değil. Dünya Bankası'nın IMF'ye kıyasla bu konuda biraz daha esnek olduğu, kendini dönüştürmeye daha istekli olduğu görülüyor. IMF üst yönetimi krizde kendi sorumluluğunu görme konusunda hevesli gözükmemekle birlikte, içerden bazı sesler de çıkmıyor değil.

Bugünkü finansal krizin oluşmasının baş oyuncusu olan IMF, başdemediği olaylar karşısında yeni reçeteler oluşturmaya zorlanacak gibi görünüyor. 15 Eylül 1998 tarihli gazetelerin ekonomi sayfalarında baş köşeye oturan IMF Asya-Pasifik Direktörü Hubert Neiss'in Seul'de yaptığı basın toplantısında söylediklerine bakılırsa, "kısa dönemli sermaye hareketlerinin kontrolünün bölgesel krizlerin benzerinin ortaya çıkmasını önleyebileceği" saptaması yapılıyor ve "Fon, kısa süreli sermaye hareketleri üzerinde kontrolün uzatılmasını düşünüyor" sonucuna varılıyor.

Günaydın. Kısa süreli sermaye hareketlerinin kontrol edilmemesi halinde potansiyel kriz tohumlarının oluşacağını bağımsız iktisatçılar 10 yıldır bıkmadan usanmadan yazdılar. Ama yazdıkları/söyledikleri liberal medyanın kapılarından girme olanağını pek bulamadı. Esasen küreselleşmenin katıksız savunucuları bu tür uyarıları duymamak için özel çaba gösterdiler. Kulaklarını ve gözlerini tıkamak yanında bağımsız iktisatçıların ağızlarını tıkamak, onları tartışma platformlarından dışlamak için de oldukça kararlı davrandılar. Türkiye de bu genel tavrın dışında kalamadı. Peki şimdi herşey değişecek mi?

Tekrar soralım: IMF ne düşünüyor peki? H. Neiss'in sözünü ettiği şu: "düşünülen kontrol, aşırılıkları ve sistimalleri önlemeye yöneliktir. Bunun, genel sermaye hareketleri içindeki kontrolünü arttırmaması önemlidir". Bunların açıklanmaya gereksinimi var. Ama, görünen o ki, şimdilik ihtiyatlı bir orta yol tavrı egemen olacak gibi görünüyor. Yani bir yandan ülkelerin kısa süreli spekülatif sermaye akımlarından etkilenmemesi için ülkelerin bazı kontrollere gitmelerine yeşil ışık yakılacak, diğer yandan ise sermayenin hareketinin önüne fazla engeller çıkarılmaması, ulus devletlerin mali kontroller bakımından çok fazla güçlenmemesine dikkat edilecek.

IMF'nin bu bakımdan birazcık ciddiye alınabilmesi için aşınan fon imkanlarının yeniden anlamlı boyutlara çıkarılması gerekiyor. ABD ve Japonya başta olmak üzere zenginler kulübünün IMF'ye yeni fonlar enjekte etmeleri gerekiyor. Bu bir asgari koşul. Bunu sağlamak o kadar zor olmayabilir. Başarı ölçütleri ise, krizin sınırlı tutulabilmesine ve fonların doğru kullanılmasına bağlı olacakmış gibi sunuluyor.

Oysa her iki açıdan da büyük belirsizlikler var. Krizi salt finansal veçhesiyle algılamak, çözüm üretmek için yeterli değil. Bugün, kitlelerin gelir ve refah düzeylerini yükseltebilecek gelir ve kamu maliyesi politikaları yeniden öncelik kazanmaya başlamak zorunda. Yeni-keynescilik bugün sistemin ihtiyaç duyduğu yeni birikim modeli olarak ortaya çıkabilir. Ancak henüz böyle bir genel algılama yok.

Bu nedenle, uluslararası finans kuruluşlarının tanımını iyi yapamadıkları veya liberal dogmaları yıkmak pahasına yapmak istemedikleri bugünkü yeni tür krizle başetmeleri oldukça zor görünüyor.